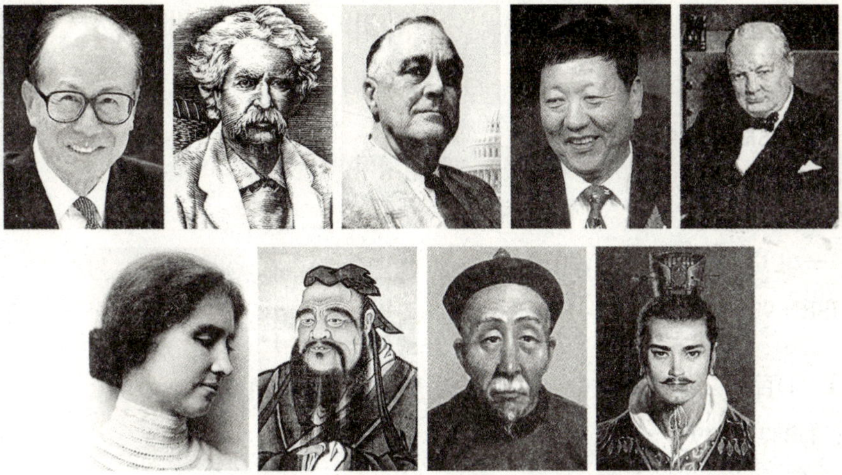

常晓玲◎编著

U0876348

百位名人的处世智慧

西苑出版社
XI YUAN PUBLISHING HOUSE

图书在版编目(CIP)数据

百位名人处世智慧/常晓玲编著.—北京:西苑出版社,2010.12

ISBN 978-7-80210-864-6

Ⅰ.①百… Ⅱ.①常… Ⅲ.①人生哲学-通俗读物 Ⅳ.①B821-49

中国版本图书馆 CIP 数据核字(2010)第 230090 号

百位名人的处世智慧

编　　著　常晓玲
出版发行　西苑出版社
通讯地址　北京市海淀区阜石路 15 号　　邮政编码:100143
　　　　　电　　话:010-88624971　　传　　真:010-88637120
网　　址　www.xycbs.com　　E-mail:xycbs8@126.com
印　　刷　北京龙跃印务有限公司
经　　销　全国新华书店
开　　本　710mm×1000mm　1/16
字　　数　270 千字
印　　张　19
版　　次　2011 年 1 月第 1 版
印　　次　2011 年 1 月第 1 次印刷
书　　号　ISBN 978-7-80210-864-6
定　　价　29.80 元

(凡西苑版图书如有缺漏页、残破等质量问题,本社邮购部负责调换)

版权所有　　翻印必究

前言

人不可能完全独立地存活于人群之外，我们活在社会上，陷入的就是一张关系网，所以如何处理好人与人之间的关系就是一个永恒的话题。在人与自然的关系上，人们曾经坚信人定胜天，只是单从人类一个方面来说的。在人与人的交际关系中，实在是复杂得多。如果能处理好，生活就能愉快；否则，生活就有苦恼。

一个人与周围人相处、交流得如何，以及在社会中谋事的情况如何，在一定程度上决定了心情的好坏，工作是否顺心，感情是否顺利，事业能否成功。生活在充满竞争的现代社会中，面对无处不在、无时不在的竞争，如何在竞争中取胜，如何在竞争中应对尔虞我诈，就是我们不得不要思考的问题。其实，一个人的成功，并不单单决定于专业知识是否扎实，更多的是如何在很好的为人处世中把握自己成功的机遇。人际关系在社会中很重要，若是能够把人际关系搞好，在很大程度上就成功了一半。很多人常常对如何能够领先于人、求功立名等事情苦苦思索，更多地关注事业的成败、股市的涨幅，往往忽略了人际关系等为人处世方面的修炼。

但丁告诉我们：人不能像走兽那样活着，应该追求知识和美德。为人处世作为一门哲学、一门艺术由来已久，发展到今天，它已形成一种文化，为人们所追崇。恰到好处的为人处世之道，不是让你变得圆滑世故，而是让你更好地适应社会的变化，让你在追求成功的道路上事半功倍。但话说回来，它更像是一个花园，有人乘兴而入，尽兴游览；有人却被拒之门外，或败兴而归。许多深谙人性、城府极深的人，凭着对人对事的聪明练达和老于世故，以积极的心态去做人做事，早已跻身于为数不多的成功人士行列。但还有一些人正如刘墉先生所说："要知道，这世界上不知有多少人，甚至已经入社会很久的老鸟，还不懂得怎么把光芒留给别人，结果他明明是去捧场、去帮忙，甚至去牺牲奉献，到头来却得罪人，甚至掉了脑袋。"

本书从名人角度出发，阐述了他们的处世智慧，名人有正面的，当然也有反面的例子。学习正面名人的处世智慧，对处世失败的名人的教训引以为戒。不管正反，我们都要从其中得到自己的处世感悟，从而在自己的处世生涯中好好地运用。

目录

第一章 忍的智慧

第二章 名人之舍得智慧

第三章 名人之巧办事

第四章 名人之善施谋略

第五章　名人之说话艺术

第六章　名人之搞好关系巧办事

第七章　名人之巧用契机

第八章　名人做人之道

第九章 名人中庸之道

第十章 名人的方圆之道

第一章

BAIWEIMINGRENCHUSHIZHIHUI

忍的智慧

忍是智慧，忍是力量，忍是认识、担当、负责、化解的意思。佛教讲“忍”有三个层次：即生忍、法忍、无生法忍。所谓“生忍”，一个人要维持生命，必须能忍。所谓“法忍”，就是除了维持基本的生存条件之外，还要活得自在，所以心理上的贪嗔痴成见，都要能自我克制、自我疏通。对于时间上的生老病死、忧悲苦恼、功名利禄、人情冷暖等，不但不为所动，而且要能真正地认知、处理、化解、消除。能够拥有“生忍”，就具备面对生活的勇气；能够拥有“法忍”，就具备斩除烦恼的力量；能够拥有“无生法忍”，则到达了处处桃源、自由自在的世界。

舍恚行道，忍辱最强。《维摩经》上说：佛法在众生身上求。没有众生就没有佛道，尤其对于思想、意志、立场不一样的人，如何能够理清矛盾、误解和隔阂，感化对方，使双方抛弃成见，重新认知彼此，更是考验彼此肚量的机缘。如果能有和他人殊途同归、并肩合作的勇气和气度，那么，二者之间的关系，就不再只是为了容忍而容忍。

张良之大将之忍

张良（？—前186）字子房，汉族，城父（传为汉初城父（《后汉书注》云“张良出于城父”，城父县属颍川也。

张良先祖原为韩国颍川郡贵族，其祖三代为韩丞相本姓姬。秦灭韩后，他图谋恢复韩国，结交刺客，在古博浪沙（在河南原阳东南）狙击秦始皇未遂，逃亡至下邳（今江苏徐州市睢宁县古邳镇）。秦末农民起义中，率部投奔刘邦，不久游说项梁立韩贵族成为韩王，为韩申徒。以韩申徒之职率军协助平定关中，刘邦西入武关后，在峣下用计破敌；鸿门宴上帮助刘邦脱离险境；灞上分封时“为汉王请汉中地”。后韩王成被项羽杀害，复归刘邦，为其重要谋士。楚汉战争期间，“长计谋平天下”，都为刘邦所采纳，提出不立六国后代，联合英布、彭越，重用韩信等策略，又主张追击项羽，歼灭楚军。汉朝建立，封留侯。见刘邦封故旧亲近，诛旧日私怨，力谏刘邦封夙怨雍齿，释疑群臣。刘邦曾赞其“运筹帷幄之中，决胜于千里外，子房功也”。（传见《史记·留侯世家》、《汉书·张良传》。）

《说苑·从谈篇》说：“善于忍耻的人一生平安，善于忍辱的人才能生存下去。”

张良是一位既有血气之勇，又具深谋远虑的传奇人物。为报亡国之恨，他“弟死不葬，悉以家财求客刺秦亡”，博浪沙一击，差一点要了秦始皇的命；为酬知遇之恩，他“运筹帷幄之中，决胜千里之外”，终于辅佐刘邦战胜项羽，登基称帝；为消除刘邦易太子之念，他略施小计，让太子请来商山四皓，刘邦一见而易念顿失。以三寸舌为帝王师，封万户，位列侯，功成身退，乃学道术。张良的传奇经历，怎不让人敬慕？

人们大概都熟悉张良拾履的故事。故事中的张良讲的就是汉高祖刘邦的重要谋臣张良。

传说张良闲暇时在桥上散步，有一位老年人，身穿粗布短衣，走到张良呆的地方，把鞋子扔到桥下，对张良说："小子，下去拾鞋。"张良猛然一惊，真想揍他，一见如此大的年纪，就给他拾了鞋。老人要张良替他穿上，张良既已为他拾鞋了，也就跪下来为他穿鞋。穿好后，老人笑着走了。走了一里远，又返回对张良说："你这个孩子很可以培养，过 5 天，天一亮你来等我。"过了五天，张良来时，老人已先到，批评他说："和老人约会，怎么能迟到？过五天，你再来等我。"第二次，张良又迟到了。第三次，他半夜就去了。老人很高兴，送给张良一部书，并且告诉他说："读了这部书，就可做帝王的老师了。后十年你会发迹。13 年后，你会在济北遇到我，谷城山下有块黄石就是我。"天亮后，张良一看，原来是一本兵书，叫《太公兵法》。张良得到这本书后. 认真阅读，终于学到了运筹帷幄，决胜千里的本领，据传说，13 年后，张良跟随高祖路过济北，果真在谷城山下看见一块黄石，张良取回它，并把它当做珍宝供奉，张良死后，就和这块黄石合葬在一起。

秦始皇灭掉韩国时，张良还年轻，他一心想为韩国报仇。秦始皇巡游东方、张良与刺客在博浪沙（今河南省原阳东南）窥伺袭击秦始皇，误中随从的车辆。秦始皇大为震怒，在全国大肆搜捕刺客。张良隐姓埋名，逃到下邳（今江苏省邳县南）。于是发生了上面所说的拾履的故事。

十年后，陈胜起义。刘邦在沛县响应。张良也聚集了 100 多名少年，准备归从自立为代理楚王的景驹。在路上遇见了刘邦，很得刘邦的赏识。张良认为，沛公的智慧大概是上天授给的，因而从此就跟从了刘邦。在进兵咸阳的过程中，尧关是最后一道关口，张良向刘邦献计，用重金收买秦将，并乘秦兵松懈之机袭击秦军。结果秦军大败，使刘邦早于项羽进入咸阳；在咸阳，又是张良力劝刘邦放弃皇宫里声色犬马的富贵生活，还军灞上；在鸿门宴上，张良利用好友项伯使刘邦虎口脱险；刘邦被封为汉王后，张良又建议刘邦烧掉经过的栈道，麻痹项羽，以建立巩固的汉中根据地；刘邦移驻汉中后，张良发现韩信是个军事人才，便和萧何一起劝说刘邦重用韩信，让韩信单独指挥一路兵马，进军黄河北岸，从侧翼配合刘邦进攻楚军。刘邦彭城战败后，曾问张良："我愿捐弃函谷关以东一带地方给人，看谁可以和我共同建功立业?”张良进言说：“九江王黥布，是楚国的猛将，与项王有隔阂，彭越与齐王田荣正在梁地反抗楚军，这两人立即可用。汉王的将领只有韩信可以委托大事，独当一面。如果要捐弃关东一带地方，就给这三个人，这样楚军就可以打败了。”于是汉王派萧何去游说九江王黥布，又派人去联合彭越。等到魏王豹反叛，汉王就派韩信带兵攻击他，接着拿下了燕、代、齐、赵四国。最后打败楚国，也正是依仗这三个人的力量。

公元前205年，项羽紧急围困刘邦于荥阳，刘邦恐惧忧愁、同郦食其商量如何削弱楚国的权势。郦食其主张采用恢复韩、魏、燕、赵、齐、楚六个诸侯国的办法，以分散楚军的兵力。张良听说后，对刘邦说：“谁给大王出的这种馊主意，大王的大事这样不就全完了吗?”张良分析说采用这种办法，同样也会分散汉军的兵力，得不偿失。刘邦最后同意了张良的意见，并骂郦食其是个书呆子，几乎坏了他的大事。公元前203年，韩信攻占了齐地，写信派人送给刘邦，要求刘邦封他为齐国假王（临时王）。刘邦大怒说：“我被困在这里，日夜盼他来帮助，他却想自立为王。”张良附在刘邦耳边说：“现在的战争形势对我们不利，怎么能禁止韩信称王呢?不如立他为王，以稳定他的心，不然的话，他一定会倒戈变乱。”于是刘邦改口说：“大丈夫平定诸侯，就当真王，哪里有当假王的。”随后就派张良去授给韩信齐王的封印，叫韩信带兵从东边攻击楚军的后方。这样，不仅稳住了韩信，还减轻了楚军对刘邦正面战场的压力。

公元前202年，刘邦追击项羽到了固陵（在今河南省太康南），韩信、彭越二人却按兵不动，没有按期与刘邦军队会合。张良又向刘邦建议立即增封韩信、彭越以土地，诱使他们出兵。刘邦采纳了这个建议。果然，韩信、彭越率领军队迅速地赶来会师。刘邦的主力部队与韩信、刘贾、彭越、英布诸军会合以后，在垓下包围了项羽，垓下之战彻底击败楚军，迫使项羽逃到乌江自杀。

公元前201年，刘邦大封有功之臣。张良没立过战功，刘邦说：“运筹帷幄之中，决胜千里之外，这是子房的功劳，你自己在齐地选择三万户作为封地吧!”其实，张良虽未效命疆场，可是他所提出的计谋，对刘邦都起了决定性的作用，比攻杀战场的将军高明万倍，受封也当之无愧。可是张良说："当初我在下邳起事，和陛下在留相会，这是上天把我授给陛下。陛下采用我的计策，只不过是我侥幸料中的，我希望只封给我留就足够了，不敢承当三万户的封地。"于是刘邦就封张良为留侯。

刘邦已封大功臣20多人，其余的人日夜争执不休。刘邦在洛阳南宫，从阁道上看见各位将军常常一起坐在沙地上议论。刘邦问张良："这些人在议论什么?"张良说："陛下还不知道吗？这些人在密谋反叛。"刘邦："天下已安定为什么要谋反?"张良说："陛下以平民起事，依靠这些人夺取了天下，如今陛下是天子，而所封的都是萧何、曹参等和陛下亲近的老熟人，而所惩罚的都是陛下平时仇恨的人。如今军官都在计算功劳，他们认为拿出全天下也不够人人封赏，又怕平生有过失被怀疑而受诛杀，因此就聚在一起谋反了。"刘邦焦急地说："对他们怎么办呢?"张良说："陛下平生最痛恨的是谁？这件事又是群臣所共知的。"刘邦说："雍齿和我是旧交，曾经多次侮辱我，我想杀掉他。因为他功劳大，因此又不忍心。"张良说："如今赶快先封雍齿给群臣看，群臣看见雍齿被封，人人都会安定下来。"于是刘邦设酒宴，封雍齿为十万侯，又赶忙催促丞相、御史给其他人定功封赏。群臣都高兴地说："雍齿都封侯了，我们这些人没有什么担忧的了。"张良的计策及时有效地消除了一场内乱。在分封功臣之后，刘邦考虑建都于何处的问题。许多大臣和将领都主张在洛阳建都。张良建议刘邦定都关中，刘邦采纳了他的建议，建都长安。

公元前197年，陈稀反汉，自立为王。次年，张良跟随刘邦出兵，消灭了陈稀。这年正月，刘邦的妻子吕后杀韩信，三月杀彭越；七月，英布反汉，第二年败死。张良看到这种情况，便采取明哲保身的态度。他说："我的祖先是韩国宰相，韩国亡后，我舍去万金家财，为韩国报仇。我只有三寸之舌，就封万户侯，对一个普通人来说已达到极点了。我的愿望已经达到了，我想学道去。"后来，张良学道八年后去世。

汉朝初年，张良和韩信整理过古代兵法。据载，自春秋至战国，有兵法128家，经过张良、韩信审查删订，保留35家。张良对于整理古代兵法也是有很大贡献的。

张良确实是一个具有战略眼光的出色的军事人才，他在刘邦建立和巩固汉朝的过程中，深谋远虑、运筹帷幄，起了很大作用。战争胜利后，他谦虚谨慎，不要三万户侯，而要一万户。他的“学道”也是一种避祸的巧妙方法，终于没被刘邦和吕后杀掉，落了一个善终的结局。张良一生出谋划策，建立了不世之功，就连司马迁都想象他一定是一个相貌魁伟、风采夺人的奇男子，然而事实上他却是“状貌如妇人”。这正印证了孔子的话：“以貌取人，失之子羽。”

韩信忍胯下之辱

汉朝楚王韩信（？—前196年），汉族，古淮阴（今江苏省淮安市楚州）人，齐王、楚王、上大将军。楚州区淮城现尚存有韩信故里、祠堂。西汉开国功臣，初属项羽，后归刘邦。公元前3世纪世界上最杰出的大军事家、大战略家。中国历史上伟大军事家、战略家、战术家、统帅和军事理论家。中国军事思想“谋战”派代表人物。被后人奉为兵仙、战神。“王侯将相”韩信一人全任。“国士无双”、“功高无二，略不世出”是楚汉之时人们对其的评价。

（清）金兰生《格言联璧·接物》中有：人之侮我也，与其能防，不如能化。

西汉时的韩信，淮阴人，家里很贫穷，因无聊，出去到城外钓鱼。一次有个屠夫欺侮他，说：“你虽长得又高又大，喜欢佩剑，其实心里很怯懦。”并且当着众人面前挑逗韩信说：“你若是不怕死，就与我拼刺一番；要不从我裤裆里钻过去。”韩信仔细思量，最后俯下身子，从屠夫裤裆里爬出去，这下惹得通街的人都笑韩信胆怯懦弱。后来滕公向高祖荐举韩信，开始高祖确实不太了解韩信其人。这时韩信已出走了，萧何亲自去追，并对高祖说：“韩信是无双的国士，你想保守天下，非要韩信不可。

凡参与计谋做事的人，都得拜请他为师。选个日子，那天要斋戒。设立祭坛，施行数礼方可。”高祖答应了，随后封韩信为大将。后来取得了天下，并且天下归顺。这时高祖对诸将说：“有百万兵士，又聚集好计谋精英，战争一定能胜利，进攻一定所向披靡。指挥战斗方面我不如韩信，他是个真正的军事指挥家。”

胯下之辱对一个男人来说那是奇耻大辱啊，谁都知道有这么一句话：士可杀不可辱！韩信为什么接受这样一个奇耻大辱呢？他究竟是英雄还是懦夫呢？

柏杨先生有个说法很有意思，不要认为弯下膝盖就是懦弱，这其中分两种情况：第一种是心肝俱裂，胆战心惊，丢掉了灵魂，“扑通”一声跪下来，这是懦夫；还有一种是先弯下来，然后往上一蹦——因为人只有蹲下来以后才能跳得高——如果是为了将来跳得高点而蹲下来，这是英雄。如果是别人惹你一下，你就一下扑上去，一口咬住死死不放，这算是什么？是螃蟹。

苏东坡在《留侯论》中写道：“古之所谓豪杰之士，必有过人之节，人情有所不能忍者。匹夫见辱，拔剑而起，挺身而斗，此不足为勇也；天下有大勇者，卒然临之而不惊，无故加之而不怒，此其所挟持者甚大，而其志甚远也。”这虽然写的是张良，但对于韩信，对于任何一位英雄人物都是可以套用的。苏东坡这段话是什么意思呢？“匹夫见辱，拔剑而起”，就是说那些普通人，小人物，受到一点侮辱以后，第一个反应就是这样：拔刀子或者掏拳头。其实这个不算勇敢，这叫做鲁莽，这叫盲动，但不是真的大智大勇。真正的大智大勇是什么呢？是“卒然临之而不惊，无故加之而不怒”——突然面临一件什么事情，神色不变，并不惊惶失措，别人无缘无故把一个罪名加在你身上也不生气，这才是君子之勇、英雄之勇、大丈夫之勇。为什么这么说呢？ “此其所挟持者甚大，而其志甚远也”——这样的人他怀着远大的志向和理想，有长远的目标，他不会为眼前的这点小是小非或小恩小怨鲁莽地盲动，所以有句话说叫“小不忍则乱大谋”。韩信这个时候面临的选择是什么？要么杀了那个无赖，要么爬过去。杀了这家伙的结果是什么？是解了一时之气，但他也要被杀头，将来的远大理想也不能够实现了。一个怀有远大理想的人是能够忍受的。司马迁就是这样的人，他遭到了宫刑——这也是一个男人的奇耻大辱，是一个男人不能接受的东西——他也忍下来了，为什么？他是要完成《史记》这部伟大的著作。韩信同样有远大的理想，所以他“孰视之”——盯着那个无赖看了很久——思想斗争很厉害，最后为了自己的远大理想牺牲了眼前的荣辱。我想韩信当时心里面一定有个声音在说，韩信啊韩信，心字头上一把刀，你就忍了吧！这叫做忍辱负重。韩信是一个英雄，是一个有着远大理想抱负的英雄！

我们是普通人，但英雄也是人。我们也有我们的理想。虽然我们现在血气方刚，容易冲动，但我们在处理问题的时候是不是也该想一想，三思而后行呢。有一句话叫退一步海阔天空，这也应该是我们所报的态度和追寻的目标。控制自己的情绪是一门学问。

韩信很小的时候就失去了父母，主要靠钓鱼换钱维持生活，经常受一位靠漂洗丝棉老妇人的周济，屡屡遭到周围人的歧视和冷遇。一次，一群恶少当众羞辱韩信。有一个屠夫对韩信说：你虽然长得又高又大，喜欢带刀配剑，其实你胆子小得很。有本事的话，你敢用你的配剑来刺我吗？如果不敢，就从我的裤裆下钻过去。韩信自知形只影单，硬拼肯定吃亏。于是，当着许多围观人的面，从那个屠夫的裤裆下钻了过去。史书上称“胯下之辱”。

后来韩信成就一番伟业，回到家乡后，先是拿重金酬谢当年救他的老婆婆，接下来便是去寻找那个叫他钻裤裆的人。所有人都以为韩信必是要去雪“胯下之辱”，怎料到，他竟然用比给老婆婆更多的银两，感谢当年侮辱他的人。因为韩信认为，虽然老婆婆救了他的命，可那个叫他钻裤裆的人却成就了他一番事业。对于胯下之辱，韩信后来说，我当时并不是怕他，而是没有道理杀他，如果杀了他，也就不会有我的今天了。

项羽不忍之败霸业

项籍（前232—前202）字羽，通常被称作项羽，中国古代著名将领及政治人物，汉族，秦下相（今江苏省宿迁市宿城区）人。秦末时被楚怀王熊心封为鲁公，在前207年的决定性战役巨鹿之战中统率楚军大破秦军。秦亡后自封“西楚霸王”，统治黄河及长江下游的梁楚九郡。后在楚汉战争中为汉高祖刘邦所败，在乌江（今安徽和县）自刎而死。项羽的勇武古今无双（古人对其有“羽之神勇，千古无二”的评价），他是中华数千年历史上最为勇猛的将领，“霸王”一词，专指项羽。

李白《白头吟》中有：宁同万死碎绮翼，不忍云间两分张。

秦灭后，汉王刘邦、西楚霸王项羽之间烽火再起，逐鹿于中原。刘邦为人奸诈而有计谋，项羽忠勇刚直而好逞匹夫之勇。斗力，十个刘邦也不是项羽的对手，但若论斗智斗心术，项羽只能甘拜下风。

就像古今中外一切大英雄一样，项王的身边也有一个美丽而痴情的女子跟随着他。她姓虞，名字却没有留下来，人们都称她为虞姬或虞美人。虞姬常年和项王一起征战东西南北、不离左右；他们惺惺相惜，是一对感情非常深挚的爱侣。

公元206年，楚汉之争的关键一役——垓下之战爆发了，楚军在这个战役中遭到了毁灭性的打击，随后，陷入汉军的重重包围之中。项羽情知大势已去，但其英雄气概绝不消减，他仰天长叹道：“天亡我也。非战之过！”温柔的虞姬尽己所能地安慰他。一天夜里，陷入重围的楚军忽然听到四面八方传来楚地歌声。以为家乡都已被汉军占领（其实这歌声不过是刘邦的一种心理战术而已），顿时军心涣散、纷纷逃走，连跟随项羽多年的江东八千子弟兵也不例外。这时，项羽才真正心灰意冷了，但是他迟迟不肯突围，因为他放心不下心爱的虞姬。抚今追昔，项羽不禁慷慨悲歌：

力拔山兮气盖世，时不利兮骓不逝。

骓不逝兮可奈何，虞兮虞兮奈若何！

聪慧的虞姬听出了这歌声之中项羽那英雄气短、儿女情长的感伤与犹疑，于是也和了一首歌，歌曰：

汉兵已略地，四面楚歌声。

大王意气尽，贱妾何聊生！

项羽闻歌，泣泪数行，对虞姬说：“我死之后，你小心地侍奉汉王罢！言语之间，甚是惭愧、内疚，同时又非常担心今后虞姬的命运。虞姬悲痛地说：“我这一生只愿意侍奉大王一人，大王决不能留下我在人间受别人的侮辱！”项羽被她的尊严深深感动了，但是他实在不忍心亲手杀死她，就抽出剑，背转过身去，将剑交给虞姬。虞姬接过了剑，毅然自刎。项羽哀恸地安葬了虞姬，自己向东突围。行至长江天险乌江处，追兵逼近，项羽让船夫渡他的爱马过江，自己昂然挺立，也以那柄宝剑自刎。传说，在项羽埋葬虞姬的地方，后来生出了一种能舞的小草，当地人呼为虞美人草。

实可叹：情难忍，霸业败。

司马相如之神仙眷侣之忍

司马相如原名司马长卿，因为仰慕战国时代的名相蔺相如才改名，他是蜀郡（今四川成都）人，少年时代喜欢读书练剑，二十多岁就做了汉景帝的警卫叫“武骑常侍”，不过并不受重用而使他有不遇知音之叹，后来他辞官投靠梁孝王，并与邹阳、枚乘、庄忌等一批志趣相投的文士共事，就在此时他为梁王写了著名的那篇《子虚赋》。后来这篇文章被汉武帝看到大为赞赏，并且以为是古人的文章，经人奏报才知道是出于一个当代的青年才子之笔，惊喜之余马上召他进京，司马相如向武帝表示说：“《子虚赋》写的只是诸侯打猎的事，算不了什么，请允许我再作一篇天子打猎的赋。”这就是内容上与《子虚赋》相接的《上林赋》，不仅内容可以相衔接，文字辞藻也都更华美壮丽、好大喜功的武帝读毕非常高兴，立刻封他为侍从郎。

在中国诗赋史上，这个司马相如可以说是第三个大家，屈原、宋玉之后，便是他了。若单就汉朝而言，他便是开国以来第一号大手笔、大名士了。正是在他那支恣意汪洋、挥洒自由的笔下，才诞生了汉大赋这一代文章。不过，司马相如虽然豪气冲天、才情纵横，却出身清寒。他有个朋友在蜀中临邛当县官，于是，他就投奔到那里去，暂且安身。

临邛的一帮有身份的望族士绅久闻司马相如的文名，现在，听说这位当今第一才子光临本县，无不感到脸上有光；他们都想借机结识司马相如，附庸风雅，日后也好向人吹嘘。这天，由富甲一方、门第高贵的卓王孙做东，在府上设宴款待司马相如，那情景真称得上“群贤毕至，老少咸集”了。当时的大才子，讲究的是琴棋书画样样皆能，而不独是写得一手好文章，司马相如自然也不例外。所以，那些宾客虽然平时早已拜读过司马相如的华章，却不以此为满足，他们欲乘此良机，非亲耳聆听司马相如的一曲清奏不可。司马相如自有其名士风范，毫不忸怩作态，当即焚香净手，为众人抚奏了一首《凤求凰》。

卓王孙有一个女儿，芳名文君，生得风姿绰约。更难得的是，她极其聪慧灵颖，能诗善文，精晓音律。她虽知道今日父亲在家中请客，但是作为一个待字闺中的女孩子，她是不能参与其间的。正当她闲坐内室之时，忽然发觉一直充满寒暄应酬之声的客厅变得静悄悄的，接着便有一缕古远高洁的琴声袅袅传来。她本是行家，一听便知这弹琴之人决非等闲之辈，指法精湛、丝丝入扣，琴声中更兼有一种超世飘逸的胸襟和境界。卓文君听了一会儿，再也坐不住了，款款移步，隔帘一觑，原来竟是这样一个儒雅风流的男子，不觉出了神。

司马相如本来正沉浸在自己的琴声之中，这时他恰好抬头朝帘内看了一眼。这一看不要紧，那两双眼睛早已迸出了火花，两人都是心头一振，谁都不可能再忘掉谁了。不过，弹者有心，听者无意，那些粗鄙浅陋、不解音律的陪客们无一听得出来司马相如已在借琴音传递情意了。

曲终人散，司马相如回到住处，情结难解，他自知以一介寒士的身份，是不可能直截了当地去卓府求婚的。但他又心有不甘。于是，他派人暗中买通文君的侍女，两人由此通了心迹。卓文君确实是一个敢做敢为的女子，既然认定了司马相如是自己所爱之人，当机立断，半夜逃至相如住处，相如喜出望外，连夜同文君一道私奔，离开了临邛。

果然，卓王孙闻讯大怒。他之所以愿意结识司马相如，完全是装腔作势，以骗取虚名，如要他把女儿嫁给这个家徒四壁的穷书生，则是绝对不可接受的。因此，他断然斩断了父女之情，发誓不予文君一文钱。

私奔后，这对大胆的恋人虽直接面临着贫穷的威胁，但他们并不动摇。司马相如卖掉了他仅有的财产——外出游历时必不可少的车马，再用这笔钱买下一家小酒店。文君亲任老板娘，一点也不觉得作为豪门之女干这个丢人现眼；司马相如虽是一代文豪，此时也坦然换上脏兮兮的“工作服”与跑堂的一道刷盘子。

随着时间的推移，卓王孙对女儿与司马相如私奔一事的恼恨渐渐有所平息，再加上很多人一再劝他，说司马相如虽出身低微，可到底是当代才子，文君嫁了他也不见得多么有辱卓门清誉。这样，卓王孙才回心转意，出钱资助文君和相如的生活，使他们摆脱了贫困。

后来，文君渐老，相如意欲纳一茂陵女子为妾。文君写了四首《白头吟》和一封信给相如。其中的第一首有一句为：“皑如山上雪，皎如云间月。”意思就是说，自己的头发虽然是白了，可这一头白发正是纯洁忠贞的爱情的见证。相如读了诗和信，自惭形秽，立刻打消了纳妾的想法。

唐伯虎为佳人之忍

唐寅（1470—1523）中国明代画家，文学家。字子畏、伯虎，号六如居士、桃花庵主，自称江南第一风流才子。吴县（今江苏苏州）人。出身商贩家庭，父亲唐广德，母亲邱氏。少时读书发愤，青年时中应天府解元，后赴京会试，因舞弊案受牵连入狱，出狱后又投宁王朱宸濠幕下，但发现朱有谋反之意，即脱身返回苏州。从此绝意仕途，潜心书画，形迹放纵，性情狂放不羁。擅山水、人物、花鸟，其山水早年随周臣学画，后师法李唐、刘松年，加以变化，画中山重岭复，以小斧劈皴为之，雄伟险峻，笔墨细秀，布局疏朗，风格秀逸清俊。人物画多为仕女及历史故事，师承唐代传统，线条清细，色彩艳丽清雅，体态优美，造型准确；亦工写意人物，笔简意赅，饶有意趣。其花鸟画，长于水墨写意，洒脱随意，格调秀逸。有《骑驴思归图》、《山路松声图》、《事茗图》、《王蜀宫妓图》、《李端端落籍图》、《秋风纨扇图》等绘画作品传世。除绘画外，唐寅亦工书法，取法赵孟頫，书风奇峭俊秀。

明代大画家、大才子唐寅（伯虎）风流倜傥，落拓不羁，不修边幅。有一次，唐寅乘船前往无锡拜会朋友，天晚，舟泊于河边，唐寅弃舟登岸，散步赏景。这时，一乘轿子从他身边经过，后面跟随着许多丫鬟，其中的一个容貌身段让唐寅看了心中直跳，不知不觉就尾随着她们来到一座高门府邸。轿子和众丫鬟一拥而入，唐寅目送着那个少女，心中怅然若失。一打听，原来却是华学士的宅第。他闷闷不乐地回到船上，神情恍惚，一夜都没合眼。

第二天，唐寅把仆人们和船全打发回家，自己却换上一套衣服，扮作一个下人模样，来到华学士家开的当铺，求见掌柜的，对他低声下气地说："小人乃是吴县人，尚能写得几笔字，想投入贵府做书房先生，求您代为引见!”掌柜的就取来纸和笔，让唐寅写了几行字，送进府中请老爷过目。华学士一见这几笔字写得实在的是非同一般。功力极深，就传写书人进见。他一看见唐寅，仪表堂堂，心里便先有了好感，问道：“你平日都干些什么营生啊!”唐寅毕恭毕敬地回答：“小人自幼广读经书，颇善作文，但屡试不中，如今愿在府中充当一名书记。”华学士想了一下，吩咐道：“那么，就留你在府中给大公子做伴读吧。”华学士又按照习惯给唐寅取一个家奴的名字叫“华安”。

于是，唐寅以华安之名在府中住下了。他立刻了解清楚，自己前天看到的那个漂亮的丫鬟名叫桂华，是华学士身边的一个很得宠的使女，不过，一时半会儿，唐寅也没有什么良策，便暂且安心陪公子念书。他看到公子写的文章有粗陋之处，就动手去改，后来索性代公子作文。公子的老师发现学生的作文大有长益，便很得意地拿给华学士去看，华学士的头脑倒还清醒，断言必定有人捉刀代笔，所以叫来儿子细问。那公子不敢隐瞒，承认文章是伴读华安所写。华学士有些吃惊，就专门出了题目来考唐寅。唐寅援笔立成，文章作得词义兼美。华学士大悦，干脆把他调到自己身边当亲随。以后，凡是来往的书信，都让唐寅起草，华学士对他的工作非常满意。又过了些时日，华府当铺的那个掌柜因病去世，华学士便派唐寅接任。唐寅掌管账目十分严明，丝毫不差，华学士更加信任他了。为了笼络唐寅，永远为己所用，华学士决定由唐寅从家里的女仆里任挑一人为妻。唐寅心中暗自高兴，当仁不让，张口就要桂华丫鬟。华学士实在不舍，但他的允诺在先，不好改口，只好忍痛予之。

唐寅夙愿终于实现，结婚后彼此的感情很深，唐寅这才对桂华说出了真情：“我不是什么华安，我姓唐，是一个解元（解元，就是第一名举人)，只因爱慕你的容貌，才委屈了自己，扮成仆人。现在，我终于实现了心愿，真是天作之合。我们已无必要再留在这里了。悄悄地逃走吧，去过我们白头偕老的生活。”桂华欣然愿从。他们暗中买好小船，在一天夜里逃跑了。第二天清晨，华府家人见华安携桂华离去，报告了华学士。华学士过来查看了一番，发现室内所有物什一应俱在，什么都没丢，心里感到费解，弄不懂华安为何要逃走。命人四处寻找，也没有获得踪迹。

一年后，华学士偶然路过苏州阊门，看见在一家书肆里有一个人，酷似华安。他不敢贸然去认，就先命人去调查。仆人回来报告说，那人是名闻天下的才子唐伯虎。于是，华学士递了一个帖子，专程登门拜访。唐寅也大方地出迎。宾主坐定，华学士再三审视此人，觉得他和华安确实长得如同一人，而且连华安一只手有六个手指这一特征也一模一样。华学士坚信他正是华安。酒喝到半酣时，华学士拿话去套唐寅，将华安的故事讲了一遍，然后说："我看那人的相貌以及这个六指特征都和您一样，不知是何缘故？"唐寅仍然支支吾吾，只是说："先喝酒，等一下我再告诉您。"又饮了几杯，这时，唐寅起身，命书童拿着灯烛，在前面引路，华学士随着他们来到后堂，唐寅请夫人出堂拜见客人。只见夫人满头坠满珠饰，看不清她面容长得什么样子。唐寅牵着夫人的手，走近华学士，笑道："阁下说华安长相与我一样，可您还不知道，内人也长得同桂华姑娘一模一样呢！"华学士近前一看，正是桂华。宾主不禁相视大笑。华学士知道桂华嫁的是大名鼎鼎的唐伯虎，感到很荣幸，于是，又像嫁女儿那样送给了桂华丰厚的嫁奁。

唐伯虎一有名的大才子，为了得到佳人，甘愿屈身做一下人，可见就算是名人为了达到目的，也是会放下身段，以忍来实现的。

曹操忍得家仇建大业

曹操，字孟德，公元154年生，沛国谯县（安徽亳县）人，西汉相国曹参之后，祖父曹腾在汉桓帝时担任官职，封为费亭侯。父亲曹嵩本姓夏侯因为成为曹腾养子而改姓并继承侯爵。在三国演义中提到曹操小名阿瞒、吉利，故而有曹阿瞒之说。年轻时期的曹操机智聪敏，有随机权衡应变的能力，而任性好侠、放荡不羁，不修品行，不研究学业，所以社会上没有人认为他有什么特别的才能，只有梁国的桥玄等人认为他不平凡，玄对曹操说："天下将乱，非命世之才不能济也，能安之者，其在君乎！"而在三国演义中，南阳何禺页对他说："汉室将亡，安天下者，必此人也！"许劭，字子将，以知人著称，他也曾对曹操说过："子治世之能臣，乱世之奸雄也。"于公元184年汉末黄巾之乱时显露头角，董卓死后，纵横乱世，南征北战，公元200年，曹操在官渡（河南中牟县东北）以少胜多挫败河北袁绍10万军队，公元201年在仓亭（河南管县东北）再次击破袁绍大军。随后，曹操统一中国北方，并成为东汉朝廷丞相。公元208年7月，曹操南征荆州刘表，12月于赤壁与孙刘联军作战，失利。公元211年7月，曹操领军西征以击马超，构筑了整个魏国基础。公元213年，汉献帝派御使大夫任命曹操为魏王。公元220年，曹操于洛阳逝世，享年66岁，谥号"武王"，葬于高陵。

三国时，曹操历经艰险，在平定了青州黄巾军后，实力增加，声势大振，有了一块稳定的根据地，于是他派人去接自己的父亲曹嵩。曹嵩带着一家老小40余人途经徐州时，徐州太守陶谦出于一片好心，同时也想借此机会结纳曹操，便亲自出境迎接曹嵩一家，并大设宴席热情招待，连续两日。一般来说，事情办到这种地步就比较到位了，但陶谦还嫌不够，他还要派兵五百人护送曹嵩一家。这样一来，好心却办了坏事。护送的这批人原本是黄巾余党，他们只是勉强归顺了陶谦，而陶谦并未给他们任何好处。如今他们看见曹家装载财宝的车辆无数，便起了歹心，半夜杀了曹嵩一家，抢光了所有财产跑掉了。曹操听说之后，咬牙切齿道："陶谦放纵士兵杀死我父亲，此仇不共戴天！我要尽起大军，洗劫徐州。"

将曹操的遭遇与刘备的情况进行比较，不难看出，刘备仅死了一个义弟关羽，曹操却死了一家老小40余人，曹操的恨应该更大、更强烈。然而，当曹操率军攻打徐州报仇雪恨之时，情况发生了变化，吕布率兵攻破了兖州，占领了濮阳。怎么办？这边大仇未报，那边情况又发生了变化。如果曹操被复仇的心态所左右，那么，他一定看不出事情的发展趋势，也察觉不出情况的危急，就同刘备伐吴一样。但曹操毕竟是曹操，他是一个十分冷静沉着的人，也是一个非常会控制自己心态的人。正因如此，他立刻便分析出了情况的严重性，他说："兖州失去了，这就等于让我们没有了归路，不可不早做打算。”于是，曹操便放弃了复仇的计划，拔寨退兵，去收复兖州了。曹操的这个决定正确吗？当然正确。因为，这个决定没有受他复仇心态的任何影响，完全建立在他自己冷静的心态之上。因此，曹操才能够摆脱这次危机，保住了自己的地盘和势力。

事情是复杂多变的，感情常常左右人们的理智。使人们对复杂多变的形势作出错误的分析和判断。因此，一个被感情左右的人一定是一个不成熟的人，所以在做选择时，要理智分析。正所谓：“识时务者为俊杰。”

忍常人不能忍之辱，吃常人不能吃之苦，必能做常人不能做的事，因为忍中蕴涵着无限的力量和机会。

忍学是中国的国粹，是中国两千多年来儒家思想的精髓。中国历史上的许多成名人物都是靠忍字而成大业的。现代世界上许多在事业上非常成功的名人亦将忍字奉为修身立本的真经，均在自己家中室中悬挂着巨大的忍字条幅……可以毫不夸张地说，忍学是世界上成功的企业家、政治家、军事家、外交家、科学家的必修之课。

关于曹操的忍，还有一些事情。如：曹操见过许劭，开口便问：“我何如人?”意思是我和别人比怎样？你看我是一个什么样的人？许邵对曹操也不算陌生，很蔑视他的为人，并不搭理他，一言不发。曹操见许邵如此，不但一点也不难为情，反而紧逼许劭，必要他评论自己一番，否则就不离去，弄得许劭哭笑不得，乃顺口说道：“子，治世之能臣，乱世之奸雄。”

许劭虽不齿其为人，但亦深知此子后必有为，只见如此厚脸皮，知难不退这一点便非常人可比，曹操闻言，方心满意足而去。

青年时代的曹操由于十分工于政治经营，因而，在朝中已是很有名气了。而且评价他的人中尚有一比他年龄大得多的人，这评价对曹操的自信心形成、后来的出仕都有很大的帮助。但许多人并不买他的账，有一次应该算是曹操最没面子的是，他十分想结识南阳名士宗士林。宗土林十分看不起曹操，但比许劭做得还绝。

曹操在即将出仕之前去拜访宗士林。一进屋，见高朋满座，自己排不上辈，而宗士林又不搭理他，自己想说话又找不着机会，便退到门外等候。正赶上宗士林送客出来，曹操上前便拉住他的手，说要和他结为朋友，没想到宗士林竟把手抽回来，转身进入内室而不理曹操。这让曹操实在太没面子，但曹操并不为此而感到有什么耻辱。这也是曹操的一大长处。

为什么要提倡“忍”呢？这是根据某些事物的具体情况而决定的。有的时候，你处于十分尴尬的境地，无论你怎么努力，成效似乎都不大。一直被你信奉不疑的“一分耕耘，一分收获”似乎不再有效，这就好比手中拿着一万块钱却想通过自己的精心测算、分析来撼动股市一样。此时，你所做的最好策略就是不要凭着自己的“蛮劲”，一味地相信自己的判断，投入到某些前途极端凶险的股票中；相反，若你退一步，静观一下股市的变化，先求其次，买一些绩优股，待选定时机再东山再起，投入到选中的冷门中，这时你才能真正获得成功。

忍能成大器。只要你在做人的准则中牢记住忍这一条，你定能成大器。越王勾践，卧薪尝胆，甚至以一国之君的身份为人做马夫，终于赢得了后来的“三千越甲可吞吴”的大业。汉朝时的韩信，若不是能忍得住那“胯下之辱”，怎能从一个贫穷潦倒之人一跃而成淮阴侯。

忍能做大官。这是历史上屡见不鲜的。如果在上司面前不能忍，遇事就仿佛对待路人那样粗暴顶撞，绝对不可能做成大官。古代的相命学在某些角度来看似乎也总结了一点道理。一个脸大耳圆、嘴角上翘的人夸他日后做大官八成有道理，因为这种人一看就是个和事佬，他们绝对不会在非原则的事上和上司争得面红耳赤，也不会为上司的一点点小脾气而大动肝火，四平八稳的他们往往能以最省事的办法登上权力的高峰。

忍能赚大钱。这是一个在商海中遨游多年的朋友的肺腑之言。多年来，他一直坚信，在自己有求于人的时候，一定要付出代价，这个代价就是忍字带来的后果。有时候，从银行贷款，就硬是要忍住审查人员的吹毛求疵。与老板谈生意，稍一不忍就可能损失一笔大钱。如果你非要求助于那个对你挑鼻子瞪眼睛的人，你就忍一忍吧！只要不是原则性冲突，忍过了之后，钱就进来了，这何乐而不为呢？

当然，我们讲一个忍字，并不是劝告你怯懦，真正的忍是以退为进的手段。那些只是一味地退让，而不考虑自己真正的目标、不思进取的人，忍来忍去反而会让他永远不能爬起来。

真的英雄何必气短，善始善终，方为不败！忍能保身，忍能成大事，忍是大智、大勇，更是福，忍是厚，忍是黑，忍小人，忍豪强，忍天下难忍之事，不做性情中人，成常人难成之事。

苏武忍得苦楚终回朝

苏武，中国西汉大臣。（前140—前60）字子卿，汉族，杜陵（今陕西西安东南）人。武帝时为郎。天汉元年（前100年）奉命以中郎将持节出使匈奴，被扣留。匈奴贵族多次威胁利诱，欲使其投降；后将他迁到北海（今贝加尔湖）边牧羊，扬言要公羊生子方可释放他回国。苏武历尽艰辛，留居匈奴十九年持节不屈。至始元六年（前81年），方获释回汉。苏武死后，汉宣帝将其列为麒麟阁十一功臣之一，彰显其节操。

不吃苦中苦，难为人上人。很多人只看到他人舒舒服服地享受，却不知别人背后的辛苦。那些成功的人说起自己的奋斗史，哪一个不是泪眼汪汪？

受得了苦，才能学到知识。赵宋时人胡瑗，字翼之，山东泰州人。当他还是平民时，和孙明夏、石守道一同在泰山读书。刻苦攻读，粗茶淡饭，有时整夜不睡觉。一读就是十年，不回家，收到家信，见信上有平安两个字；就把信仍到山沟里，不再打开看。要珍惜手中的财富，有了钱也不能挥霍无度。西汉哀帝极为宠爱董贤。谏议大夫鲍宣上书说，现在贫苦的农民吃饭都吃不饱，您怎么还私养了这些亲戚和宠臣？赏赐钱财，数有几万，使这些人的仆和食客，把酒当水喝，把肉当野菜吃，这不合天意呀。

韩愈的文章《送李愿归盘谷序》说，弯弯的眉毛，丰满的面颊，身体轻盈灵活，外表秀美，性情也温柔贤惠，飘动着轻柔的衣服，舞动着长长的袖子，抹粉涂脂的女子住在一起，互相妒忌，努力争宠，以自己的美貌来博取皇上的宠爱。大夫能被皇上起用，全靠施用取悦于当权者的手段。我不是讨厌这些而躲开，大概是命吧，不能靠侥幸得到。忠臣为了气节，再多的苦也能忍受。

西汉人苏武，字子卿。汉武帝天汉元年，担任中郎将，手里拿着节，送匈奴的使者回国。到了匈奴，匈奴胁迫他投降，苏武不肯，被投入大地窖中，不供给他饮食。正好天下雪，苏武便以雪和着毡毛一块吃。几天没吃东西也没饿死，匈奴人把他当神看，于是把苏武流放到北海上。那里荒无人烟，让他牧羊，每天他就喝羊奶。

在汉朝的时候，苏武与李陵都担任侍中。苏武出使匈奴的第二年，李陵投降了匈奴，不敢求见苏武。很久以后，单于让李陵与苏武一块儿置宴饮酒。李陵对苏武说，单于听说我与您以前交情很好，所以派我来劝劝您，人在世上，譬如早晨的露水，何必像这样自己苦自己呢？苏武说，我父亲与我没什么功劳，却都当了大官，愿意肝脑涂地以报，纵然是死也没有怨言。希望你不要再多说什么了，大王一定要我投降，那么我就死在你面前了。李陵深深地叹息，流下泪水，打湿了衣服，告辞而去。

后来昭帝即位，几年后与匈奴和亲。汉向匈奴要苏武等人，匈奴谎称苏武已死。后来汉朝派人出使匈奴，随苏武一起出使匈奴而被拘留的常惠，在晚上偷偷见汉朝使者，教他对匈奴单于说，皇帝在上林苑打猎，得到大雁脚上系着帛书，上面说苏武在某个大湖边。汉使依计而行，单于听后非常吃惊，并致歉赔罪，将苏武送回汉朝。苏武羁留匈奴达十九年之久，去的时候还是青壮年，到回来的时候，胡须、头发都白了。朝廷封他典属国。

能够忍受苦难，最终能够成就功业。春秋时的晋文公，名叫重耳，是晋献公的儿子。受到骊姬的诬陷，在外逃亡流浪了十九年。周游了卫、齐、宋郑、秦、楚等国家，各种艰难险阻，全都体验到了；人的真诚虚伪，也都知道了。后来回到自己的国家，被立为文公，于是称霸于诸侯。

历经磨难，才能成就大业。如果不能经受苦难的磨炼，受苦时不能忍耐，就成不了大器。苏武和晋公文在外逃亡时，命运就像露水，早上不能保证活到晚上，生死就在瞬间。但是他们忍受了苦难，终于苦尽甘来，获得了成功。

孟尝君容忍傲慢的有才之人

孟尝君（？－前279年），妫姓，田氏，名文，中国战国四公子之一。齐国宗室大臣。其父靖郭君田婴是齐威王幺儿、齐宣王的异母弟弟，曾于齐威王时担任军队要职，于齐宣王时担任宰相，封于薛（今山东滕州东南官桥张汪一带），权倾一时。田婴死后，田文继位于薛，是为孟尝君，以广招宾客，食客三千闻名，同时也是权倾一时，孟尝君死后，葬于薛国东北内隅，与其父亲的墓冢东西排列，为古薛“四门八堌堆”中两大堌堆。

不轻易拒绝求助者，尽全力帮助他。对求助者倾心相助，既能解他人之难，也能积下功德。如果对于他人的求助不加理会，或者嗤之以鼻，就是没有爱心的表现，也就是没有德行的人。

《诗经·黍离》中写道：“知我者谓我心忧，不知我者谓我何求。”每个人都对物质有所需求。如果一个人对世界有无止境的需求，就应该用道义来予以限制。对于物质，有时候可以获取，有时候不能获取。如果能拿多余的来帮助不足的，就能心安理得。没有贪欲自然悠然自得，不过多地贪求什么也就不会招致耻辱。

当向他人提出要求时，要根据对方的修养提出要求。君子对于要求是尽量满足的。

战国时期，有一个叫冯谖的人，穷得没法再过下去了，听说孟尝君喜欢招揽门客，就去见他，孟尝君把他安排在传舍。住下不久，冯谖一边弹着佩剑一边唱道，长剑啊，我们回去吧。没有鱼吃啊！孟尝君听了，把他转到幸舍，他吃饭的时候就有鱼了。但他又唱道，长剑啊，我们回去吧，出门没有车坐啊！孟尝君听了把他转到代舍，他出门就有车子坐了。但冯谖又唱道，长剑啊，我们回去吧，没有东西养活家人啊！旁边的人都讨厌他，认为他如此之穷还不知满足。孟尝君问冯谖，你还有什么亲人吗？冯谖回答说，还有一个老母亲。于是，孟尝君派人给他母亲送去粮食，并保证他家里不缺乏日用之物。从此，冯谖不再唱了。

有一次，孟尝君问这些门客，谁能替他到薛城去收债，冯谖报名说他能。孟尝君把他请来相见，向他道歉说，我由于事情很多，忙得整天很烦躁，得罪了先生，您不仅不见怪，反而愿意帮助我收取债务？冯谖回答说愿意。于是冯谖准备出发，临走时问孟尝君，催收齐了债务，我买些什么东西回来呢？孟尝君说，看我们家里没有的东西，你就买吧。

冯谖到了薛城以后，看到那些很贫穷以致不能还债的人，就把债契烧毁了。驾车直接回到齐国，清晨求见。孟尝君很奇怪他怎么回来得这么快，就穿好衣服来见他，说，你回来得这么快，是怎么回事？买了什么东西回来？冯谖回答说，您的宫中堆满了金玉宝物，好狗、好马装满了狗窝、马厩。美妾每个房间都是，这些东西您都不缺，您缺少的是仁义，我为您买了仁义，宣扬了您的美名。孟尝君拍着手连声道谢。

后来，孟尝君的声望越来越大。秦昭襄王听到齐国重用孟尝君，很担心，暗中打发人到齐国去散播谣言，说孟尝君收买民心，眼看就要当上齐王了。齐湣王听信这些话，认为孟尝君名声太大，威胁他的地位，决定收回孟尝君的相印。孟尝君被革了职，只好回到他的封地薛城去。

孟尝君回薛城，还差一百来里，老百姓就扶老携幼地在道旁迎候。孟尝君对冯谖说，您为我买的仁义，我今天看见了。正是由于孟尝君有君子的胸怀和修养，所以对于冯谖提出的要求尽量满足，然后又支持冯谖烧毁债契的做法，赢得了好名声。

当别人有需要的时候，即使没有提出要求，君子也会主动帮助。南朝萧惠开，年轻时很有风度，读了很多经书史籍，官拜益州刺史。快要回家的时候，录事参军到希微欠蜀人的债近百万，被债主所逼，没办法一下还清。萧惠开与到希微一起共事但交情不深，但把他所有的六十匹马都给希微，让他还债。

能尽力帮助求助者，是君子之风的表现。做到这一点的人，往往具有很高的德行。唐朝的郭元振，魏州人。少年的时候就有大志。十六岁时与薛稽等同在太学里念书。他家里有一次给他送来四十万钱，正好碰上有一人办丧事向他借钱，说他家已有五代人没有好好安葬过，想借钱来安葬。郭元振将钱全部借给了他，也不问那个人的姓名。薛稷等大为惊叹。郭元振后来在武则天、睿宗、玄宗三朝做官，官至同平章事，封为代国公。

尽力帮助对自己有所求的人，让他们摆脱贫困，渡过难关。这样的人可以赢得他人的尊重。

人有危难，求助于我，将如何对待？应当像孟尝君、萧惠开、郭元振那样尽其所有，周济他人渡过难关。慷慨大方地急人之所急，是高尚的品德。永远为人仰慕。

萨达特韬光养晦做总统

穆罕默德·安瓦尔·萨达特（1918 年 – 1981 年），埃及政治家和总统。

埃及总统萨达特是 1952 年埃及“七·二三”革命的组织者和发起者之一。革命成功后，领导者之间争权夺利十分激烈，唯独他不图大权，恬淡自若。对于大权在握的纳赛尔，他极为尊敬。对纳赛尔所提的建议，他从不提异议，对于纳赛尔的话，他总是唯唯诺诺，纳赛尔为此称萨达特为“毕克巴希萨萨”（即“是是”上校），甚至不满意地讲：“只要萨达特不老说‘萨’（是），而用别的话来表示他的赞成意见时，我就会觉得舒服些。”在日常工作中，萨达特不露声色，表现得平平常常。对于内政问题和外交大事，他从不拿出主见，偶尔自己的公开态度稍有出格。他就会立刻纠正，与纳赛尔的信徒保持一致。

1967 年第三次中东战争后，纳赛尔考虑隐退，将扎克里亚·毛希丁提名为继任者。但 3 年之后，经再三权衡，考虑到顺从及危险性小等理由，纳赛尔出人意料地选萨达特为继任者。出于易于控制和为人温和的考虑，埃及军方也支持萨达特。1970 年 9 月纳赛尔去世，埃及开始了一场激烈的权力之争。毛希丁、巴格达迪、萨布里、候赛因、谢里夫这些人，既有潜在势力，又都大权在握，他们互不相让，争夺激烈。后来出于政治妥协，这些人把平日不起眼的萨达特捧上了总统宝座。

1970 年 10 月萨达特继任总统后，一反平日之态，大刀阔斧地进行了一系列改革和惊人之举。他先是排除异己，将毛希丁、萨布坦克等潜在对手革职或降职，稳固了自己的权力和地位。接着实行了政治、经济改革。政治上实行民主，经济上实行改革开放。特别是外交上，1972 年 7 月他下令驱逐了在埃及的 2 万名苏联专家；1973 年 10 月向以色列发动了“十月战争”，打破了中东“不战不和”的僵持局面；1974 年 6 月与美国恢复外交关系；1977 年 11 月亲访以色列，打破埃、以关系的僵局；1978 年与美、以签订戴维营协议，由此获得“诺贝尔和平奖金”……这一系列的外交上的惊人之举，使他成为 70 年代世界政治舞台上的风云人物。

古人云：“木秀于林风必摧之。”锋芒毕露的人很容易招致别人的非议和敌视，在官场尤其如此。萨达特深知此理，他隐其锋芒，韬光养晦，终于登上了总统宝座，表现了非凡的才能。人类社会的发展一直都处在一种竞争状态，为了维续生存，每一个人都有自己独特的生存本领。在自然界中，当相对弱小的动物受到强大对手的攻击时它往往会以假死来蒙骗敌人、保护自己。同样，韬光养晦实际上也是一种类似假死的行为，人类社会和动物界一样处在竞争的状态，由于人比动物更聪明，这种竞争也更加复杂和残酷！

在人类社会的生存竞争中，几乎所有的人都往高处爬，这过程要牺牲许许多多弱小或者不幸的人！每当这种生存竞争经历过一次较大的动荡之后，社会便走向有序化和规范化，社会或者国家的组织秩序、尊卑贵贱也都已经确立下来，按理说至此天下就该太平无事了，可是问题的复杂性在于这种生存竞争的延续性和永恒性，高高在上的统治者虽然大权在握，但是因为担心周围的人侵犯到自己、把自己拉下马，故时时充满恐惧、没有安全感！他们警惕四周的人，看哪些人可能对自己构成威胁！如果他发现目标，就会展开清洗，这种流血事件在历史上举不胜举。

如果说弱势群体为了保护自己有向强势群体示弱的必要，强势群体何必韬光养晦呢？这里面也有很多奥妙。一般来说，强势群体大权在握，处在比较显眼的位置。这样，他受人关注的就必然多，所要应付的事情也必然多。这样，会让他把许多的精力分散在与人周旋、应付上。一个人如果没有安静思考的时间，长期处在显眼的位置指挥、领导、周旋、应付。久而久之，精力、健康、知识、智慧，都会受到亏损！这就要求处在领导位置的人，避开众人的焦点，避开不必要的繁杂事物，回到比较隐蔽的位置。这样的位置有助于人修身养心、恢复精力；有助于人们不断反思、不断调整，拓展自己心灵的空间，强大自己灵魂的力量。这样，当人再一次投入到工作中，就会获得足够的智慧和精力去面对。所以，强势群体也常常会运用“韬光养晦”这种生存策略。只不过强势群体和弱势群体运用韬光养晦的手段和目的不一样。

伍子胥忍辱报仇

伍子胥（？—前484），名员，字子胥，封于申地，故又称申胥。春秋时期楚国人。吴国大夫，杰出的政治家、军事家。

伍子胥性刚强，青少年时，即好文习武，勇而多谋。伍子胥祖父伍举、父亲伍奢、兄伍尚俱是楚国忠臣。春秋初年，楚庄王励精图治，扩张国力，曾一度取得中原霸主的地位。传至平王时，由于荒淫残暴，国势日衰。周景王二十三年（前522），楚平王怀疑太子“外交诸侯，将入为乱”，遂迁怒于太子太傅伍奢，将伍奢、伍尚杀害，伍子胥逃往吴国，发誓必倾覆楚国，以报杀亲之仇。

伍子胥入吴后，了解到吴公子姬光想推翻吴王僚而自立。伍子胥为了利用姬光和吴的力量攻打楚国，报父兄之仇，便帮助姬光刺杀了吴王僚，自立为王。这就是吴王阖闾。阖闾登位后，任伍子胥为行人（掌朝觐聘问之官），协助其管理国家大事。任命另一个从楚国逃亡出来的贵族伯嚭为大夫。又举荐深通兵学的大军事家、齐国人孙伍为将。为了巩固和扩大吴国的统治，伍子胥向吴王进以“安君理民”、强国兴霸之道，阖闾采纳了他的建议，委托伍子胥筑城郭，设守备，实仓廪，治兵库。自此，吴国的政治、经济和军事力量逐渐得到加强，阖闾图谋大举攻楚。

根据吴与周边各国的强弱形势及利害关系，与孙武等制定先西破强楚，以解除对吴之最大威胁，继南服越国以除心腹之患的争霸方略。周敬王八年（前512），伍子胥鼓动吴王出兵攻楚。他针对楚国执政者众而不和，且互相推诿的弱点，提出分吴军为三部轮番击楚，以诱楚全军出战，彼出则归，彼归则出，“亟肆以罢（疲）之，多方以误之”（《左传·昭公三十年》），待楚军疲敝，再大举进攻，必能克敌制胜。阖闾采纳了他的建议，于次年先后出兵攻占了楚国的夷（即城父）、潜（今安徽霍山东北）、六（今安徽六安北），进而围弦（今河南潢川西南），袭扰楚国达六年之久，迫楚军被动应战，疲于奔命，实力大为削弱，为大举攻楚创造了有利条件。

吴随即展开大举攻楚的准备，争取与楚有矛盾的蔡、唐两国作为吴的盟国，使楚北方门户洞开，为而后避开楚军防守正面实施突袭创造了条件。又出兵攻越，给楚造成吴不会大举攻楚的假象，并施反间计于楚，使楚不用知兵善战的子期，而用贪鄙无能的子常为帅。

公元前506年冬，吴王阖闾亲率其弟夫概王和伍子胥、孙武、伯嚭等，出兵沿淮水攻楚。由楚防备薄弱的东北部实施大纵深战略突袭，直捣楚腹地。吴军以灵活机动的战法，击败楚军主力于柏举（今湖北麻城东北，一说今汉川北），并展开追击，长驱攻入楚都郢（今荆沙江陵西北），终成破楚之功（见柏举之战）。由于怀有强烈的个人复仇愿望，在楚未能安抚民心，激起楚国上下反对，致使吴军难以立足。

周敬王二十四年（前496年），越王允常死，其子勾践继承王位。吴国乘机攻越。越军利用吴军的疏忽，采取偷袭战术打败吴军于槜李（今浙江嘉兴西南），斩伤阖闾脚的大拇指，阖闾重伤身亡，将死时嘱太子夫差勿忘越杀父之仇。夫差继承王位后，任命伍子胥为相国，伯嚭为太宰，积极训练军队，重振吴国军事力量。二十六年，吴国为报前仇，出动精兵在夫椒（今江苏太湖中椒山）大败越军。越王勾践派人向吴王求和，吴王夫差将要应允，伍子胥表示反对。他说；"勾践能亲而务施，施不失人，亲不弃劳。与我同壤，而世为仇雠，于是乎克而复取，将又存之，违天而长寇仇。后虽悔之，不可食已。"但吴王争霸中原心切，遂不听伍子胥劝阻，与越国达成和议。准许越国成为吴国的属国，囚禁勾践和大夫范蠡三年。伍子胥悲愤地说："越十年生聚，十年教训，二十年之外，吴其为沼乎！（意谓吴国宫室将因越军破坏变为池沼）。"

周敬王三十六年（前484年），夫差闻齐景公死，齐国内乱，大臣争宠，就要发兵攻齐，伍子胥劝谏说："吴有越腹心之疾，臣闻勾践食不重味，与百姓同苦乐。此人不死，必为国患。愿王释齐先越。"但夫差认为越已臣服，已构不成威胁，因而执意率军攻齐。结果，败齐师于艾陵（今山东莱芜东北，一说在今山东泰安东南），夫差更加骄傲自负。在吴国攻齐的四年中，越王勾践用子贡之谋，一面率越军助吴，以示忠心，一面以重金贿赂太宰伯嚭，使伯嚭在吴王面前为越王说好话。从吴王及列士皆有馈遗，吴人皆喜，唯伍子胥对此深为忧虑，再次规劝夫差说："夫越腹心之病，今信其浮词诈伪而贪齐。破齐，犹臂石田，无所用之。……愿王释齐而先越，若不然，后将悔之无及。"但吴王受了伯嚭的挑唆，不仅不信任伍子胥的计谋，反而怀疑伍子胥有二心，遂赐剑命其自裁。伍子胥仰天长叹道："嗟呼！谗臣为乱矣，王乃反诛我！"又对舍人说："必树吾墓上以梓，令可以为器；抉吾眼悬吴东门之上，以观越寇之入灭吴也！"（《史记·伍子胥列传》）语毕自刎而死。吴王闻之大怒，乃取子胥尸盛以鸱夷革，浮之江中，吴人怜之，为立祠于江上，命名叫胥山。

其后，果不出伍子胥所料，夫差争霸心切，于公元前482年（吴王夫差十五年）率全国精锐部队北上黄池（在今河南封丘西南）会盟，与晋争长。越王勾越伺机调集四万九千大军分两路，一路断吴归路，一路直捣吴都。又经笠泽之战（水名，在今苏州南，自太湖东至海，南与吴淞江平行）和对姑苏的长期围困，遂置吴国于死地。夫差请和，越不许，夫差终于自杀。自杀前，以袂掩面，说：“吾无面目以见子胥也！”

第二章

BAIWEIMINGRENCHUSHIZHIHUI

名人之舍得智慧

世界是由正反两方面构成的，人在世界上生活就是舍与得的过程。我们不能抛开心中那无止的欲望，比如面对金钱、权势、声名和感情。欲望本身或许并没有大的过错，人人都有欲望，从一个方面来讲，欲望也是社会前进的动力。但是有时我们可能无法对它把握太准，欲望过了，就会产生太多的悲剧：有人愈是要获得愈是获得不了；有人获得了却大受其害。会生活的人或者说取得成功的人，其实懂得两个字：舍得，不舍不得，小舍小得，大舍大得。在历史上有许多著名人物：韩信能胯下受辱，方成大器；勾践卧薪尝胆终得灭吴；田忌与齐王赛马，以下驷对齐王上驷，上驷对齐王中驷，中驷对齐王下驷，舍小负之悲，得了全胜之喜。人是这样，世间的万物有何尝不是如此？蛇是在蜕皮中长大，金是在沙砾中淘出，按摩是疼痛后的舒服，春天是走过冬天后的繁荣。

张、贾舍弃隔阂得和解

张艺谋，电影导演，北京奥运会开幕式总导演，他以执导充满浓浓中国乡土情味的电影著称，艺术特点是细节的逼真和主题的浪漫互相映照，是中国内地“第五代导演”的代表人物之一。2010 年 5 月 24 日获颁美国耶鲁大学荣誉博士学位。

贾樟柯，男，山西汾阳人，毕业于北京电影学院文学系。在校期间组织了“青年电影实验小组”，由此开始了他的电影实践。1995 年拍摄第一部 57 分钟的短片《小山回家》得了香港映像节的大奖。被誉为“亚洲电影闪电般耀眼的希望之光”。

提到张艺谋，或许没有人不知道他，奥运会不仅更加体现了中国的魅力，也使得张艺谋家喻户晓。作为这样一个知名度很高的人，在面对外界舆论谈论的隔阂时，他依然做到了低调处之，并不因为自己是大导演、大名人而自视清高。

舍弃高调追求最完美的结果。中国的第五代导演与第六代导演，这本身就是说不完道不尽的话题。叫座不叫好的商业“大片”与叫好不叫座的艺术“小片”。然而如同电影剧本的特意安排一般，2006 年底，老牌导演张艺谋的商业“大片”《满城尽带黄金甲》和新锐导演贾樟柯的艺术“小片”《三峡好人》，在同一天上映了。

《满城尽带黄金甲》（以下简称《黄金甲》）上映伊始，遭到的批评之声不绝于耳，可是票房却一路高歌猛进。《三峡好人》虽然好评如潮，但票房收入与《黄金甲》相比，可谓惨淡。贾樟柯的影片都是以关注现实、关注小人物的命运为主题，因此他对“大片”中那些“飞来飞去打打杀杀”的内容很不欣赏，认为“一味娱乐化会让国民精神脆弱”，并多次在公开场合表达了自己的意见。

《黄金甲》出品方对贾樟柯的言论颇为不满，认为他是输了票房而心怀不满，于是讥讽说："收成不好别怪别人。"张艺谋尽管没有公开回应贾樟柯，但也不可避免地被卷入其中。"论战"的高潮出现在《三峡好人》获得63届威尼斯电影节金狮奖之后，不知是出于对中国大片失望还是出于对电影本身认知的差异，心直口快的贾樟柯在《三峡好人》的媒体见面会上竟然感叹："第五代导演没有能力拍商业大片。"

《黄金甲》出品方立刻针锋相对："你那金狮奖是我们拿剩下的。"

接下来，双方你来我往，互不相让，一段时间张艺谋与贾樟柯的名字成了各路媒体热炒的焦点，圈内圈外的人士也都认为二人已然结下"梁子"，不禁设想，这两位个性鲜明的人若面对面地相遇，又会发生什么呢？

2007年9月，64届威尼斯电影节如期举行，上届金狮奖得主贾樟柯再次携作品入围，而张艺谋则应邀成为评审团主席之一。尽管同处一地，又都是国际知名的中国导演，两人却并未有直接的接触，于是有人猜测是双方刻意回避。转眼到了闭幕那天，各项奖项一一评出，贾樟柯获得了地平线单元的奖项，接受完采访他便早早地前去参加闭幕酒会。

用完餐后，他准备离开酒店，恰巧在走廊上遇到一个熟人，双方就聊了起来。突然，有人喊了一声："小贾，你好。"

贾樟柯调过头来，一看竟是张艺谋，他没有丝毫犹豫，立马回应道："张导，您好！"接着，贾樟柯似乎想到了什么，微笑着走到张艺谋眼前耳语了几句，张艺谋听了呵呵直乐，连忙说："都是传话传的。"几句简单的问候与寒暄之后，这两个曾经被推到风口浪尖的导演紧紧地握住了对方的手，彼此大笑，一切的恩怨与隔阂也在笑声中烟消云散。这时，张艺谋的一个外国朋友路过，看见张艺谋，就热情地和他攀谈起来，而贾樟柯却没有离开，静静地等候在一旁。张艺谋送走了朋友，看见还在一旁的贾樟柯，立刻招呼一名记者："快过来帮我们合个影啊！'说罢热情地搂住贾樟柯的肩头。记者哪能放过这样的场面，闪光灯"啪啪"地响个不停，张、贾二人真诚相拥的场景被真实地记录下来，也记录下了两个中国男人的气度与胸襟。

张艺谋与贾樟柯的“战争”，其实是商业电影与艺术电影之间冲突的体现，到底孰是孰非，难以评说。而他们的和解，却充分体现了不计前嫌的大度和相逢一笑泯恩仇的豁达。一个真正的男人，不仅需要有像男人一样去战斗的勇气，更需要有像男人一样去和解的气量。

李渊适时低头得天下

唐高祖李渊（566～635）。唐代开国皇帝。字叔德。陇西成纪（今甘肃静宁）人，祖籍赵郡隆庆（今邢台市隆尧县）。祖父李虎，西魏时官至太尉。父李柄，北周时历官御史大夫、安州总管、柱国大将军。母为隋文帝独孤皇后姐，故特见亲重。隋炀帝即位后，李渊任荥阳（今河南郑州）、楼烦（今山西静乐）二郡太守。后被召为殿内少监，迁卫尉少卿。大业十一年（615），拜山西河东慰抚大使。十三年，拜太原留守。当时，隋末农民起义遍布全国。李渊自知无力镇压农民起义，又深晓炀帝猜忌嗜杀，政局动乱，难于自保，便与次子李世民在大业十三年五月起事，并从河东（今山西永济西）召回长子李建成和四子李元吉。李渊后来起兵，建立唐朝。

隋炀帝杨广十分残暴凶戾，在他的压迫下，各地农民起义风起云涌，隋朝的许多官员也纷纷倒戈，转向农民起义军。因此，隋炀帝的疑心很重，对朝中大臣，尤其是外藩重臣，更是易起疑心。

唐国公李渊（即唐太祖）曾多次担任中央和地方官，他所到之处，都有目的地结纳当地的英雄豪杰，多方树立恩德，因而声望很高，许多人都来归附他。这样，大家都替他担心，怕他遭到隋炀帝的猜忌。正在这时，隋炀帝下诏让李渊到他的行宫去晋见。李渊因病未能前往，隋炀帝很不高兴，对李渊多少有点猜疑之心。

当时，李渊的外甥女王氏是隋炀帝的妃子，隋炀帝向她问起李渊未来朝见的原因，王氏回答说是因为病了，隋炀帝又问道："会死吗？"

王氏把这消息传给了李渊，李渊更加谨慎起来，他知道隋炀帝已经对自己起疑心了，但过早起事又力量不足。只好低头隐忍，等待时机。于是，他故意广纳贿赂，败坏自己的名声，整天沉湎于声色犬马之中，而且大肆张扬。隋炀帝听到这些，果然放松了对他的警惕。

试想，如果当初李渊不主动低头，或者头低得稍微有点勉强，很可能就被正猜疑他的隋炀帝杨广除掉了，哪里还会有后来的太原起兵和大唐帝国的建立？

现实世界中，我们的头上不光是蓝天高挂，有时也逃不过"屋檐"的挤压。所谓的"屋檐"，是指别人的势力范围，并且是你求得生存必须依靠的势力。这"屋檐"有的很高，可以让你昂首站立，但是这样的屋檐太少，绝大部分的"屋檐"都是低矮的，是你无法挺胸抬头的。除非你是强人，拥有自己的一片湛蓝的天空。可是，谁能保证你一辈子都如此自由，不用在"屋檐"下避避风雨是吗？

俗话说："人在屋檐下，不得不低头"，只要你还想站在这个屋檐下，哪能不低头？不低头也行，伤的是自己的皮肉，流的是自己的血。怕是没好果子吃的！实际上，低头可分为几种：无奈、勉强的低头，屈膝、迎合的低头，理性、策略的低头。无奈和勉强的低头，是被迫的、不得已的低头。残酷的现实有时需要你要对人俯首听命，这是必须面对的。敢于碰硬，虽不失为一种壮举，胳膊毕竟拧不过大腿，拿着鸡蛋无法与他人的石头斗。此时，需要的是用另一种方法来迎接生活。有时候，低头确实是痛苦的选择，但既然选择了低头就不要做痛苦状，当你心中充满了不服和抗争时，做起来不可避免地表现出你的不满和不情愿，这种情绪如果被对方看到，低头的效果就要大打折扣了，甚至可能招来更大的麻烦，长期以往这个屋檐还能否为你遮雨也没人能说清了。

屈膝、迎合的低头，是彻底的低头。他们选择迎合的低头，除了有些人是奴性指使以外，大多数是迫不得已，当一个人的生存都无法保证时，尊严和理想只不过是遐想而已。他们也知道，自己赖以生存的永远是别人的屋檐，于是，忍耐，不停地忍耐……上司骂你，忍耐；工作辛苦，忍耐；同事纠纷，忍耐；薪水太少，忍耐；超时加班，忍耐；免费加班，忍耐！一切只是为了赖以生存、赚钱来养家糊口的工作。世界并不全是美丽，现实有时也太残忍，想要活想要生存，只能这样下去了。低头，只能是草根们的唯一选择。

理性、策略的低头，是一种对客观环境的理性认知，没有丝毫的勉强，是"该低头时就低头"。这个"该"字，使你的低头，并未丢掉你我的尊严、人格和做人的原则，起码不该低头的时候你我压根就没有低头。退一步方能海阔天空；不与之一般见识，方显大度宽容。

"该低头时就低头"，是具有了对世态炎凉的感知所采取的自我保护的生存策略，就像韩信的低头口碑史传，丝毫没有因其低了头而掩隐他的光亮。"该低头时就低头"，是知晓了这个现实世界里充斥着辩证的法则所采取的生存技巧，有时吃点儿小亏反而能占大便宜，所以中国人向来提倡"以忍为上"，"吃亏是福"这种玄妙的处世哲学。"该低头时就低头"，是识时务者认清了现实社会而积极适应的生存谋略，这个谋略的运用，使得他们可以纵横驰骋如入无人之境，冲锋陷阵而无坚不摧。

"一定要低头"的目的，是为了让自己与当时的环境有和谐的关系，把二者的摩擦降至最低，是为了保存自己的能量，以便走更长远的路，更是为了把不利的环境转化成对自己有利的力量。这是一种柔软，是一种权变，更是最高明的生存智慧。

低头是一种能力，它不是自满，也不是怯弱，它是清醒中的嬗变。偶然，略微低一下头，活路会更精彩。懂得低头，才能出头。

学会低头，就学会了审时度势，牺牲小局，着眼全局，忍小气而谋大事；学会低头，就能顺利跨越生活中意想不到的低矮"门框"而免受无谓的伤害。

一个人固然要有做人的准则，但一味方正，不会圆通，该低头时做不到委屈求全，自然也不能进退自如，易陷入被动。有硬度没弹性和韧性的钢材称不上好钢，负重前行的车轮即便是圆形，没有润滑剂也举步维坚。

为人处世若过于直来直去，棱角分明，一味强撑，会给自己带来不必要的伤害甚至牺牲。

低头不是妥协，而是战胜困难的一种理智的忍让；低头也不是被击垮，而是为能站得更好更坚定；低头更不是逃避，而是调整一下方法，改变一下思路，能避实就虚，以退为进，在别人戒备消散时得以巧妙地穿过人生荆棘，胜人于无声无息后，更发现柳暗花明又一村的无限美景……

有人问苏格拉底："你是天底下最有学问的人，那么你说天与地之间的距离是多少？"苏格拉底毫不迟疑地说："三尺！"那人不以为然："我们每个人都五尺高，天与地之间只有三尺，那不是戳破苍穹吗？"苏格拉底笑着说："所以，凡是高度超过三尺的人，要长立于天地之间，就要懂得低头弯腰。"今天看来，这个道理对于希腊的哲学大师适用，对于普通人适用，对于爬山中遇到障碍的人亦适用。

拿破仑告诉人们要确立高的目标，所以他说不想当将军的士兵不是好士兵，这句话被许多胸怀大志的人用来自勉，这彷佛我们今天的登山之举，一心想攀到岩顶证明自己的成功。但是通往人生峰顶的道路太狭窄，有时甚至会有障碍，就像那棵横在山路中央的劲松，阻挡了过往登山者的去路。然而，要想到达峰顶，你只需轻轻一低头，一弯腰，这所谓的障碍就逾越过去了。

不仅是爬山攀崖，人生亦是如此，学会适时低头，懂得及时规避，蓄势待发，使自己永远保持最佳的状态，从而运用耐心和指挥成为最后的赢家，不失为人生一个大的处事智慧。适时低头的人会给自己一种积极的心理暗示：他懂得暂时的弯腰低头绝不是对自己全部的否定，而是把自己看做普通众生，把这当成人生路上一个必要的人生行程；他懂得暂时的低头是为了完成自己更远大的目标。所以低头之后的韬光养晦、扬长避短就必然为他将来的成功奠下根基。

相反，一个人若不懂得适时低头，凡事争强好胜，总以自我为中心，希望全世界都主动为他的目标让路，最终可能会被撞得体无完肤。历史上很多胸有点墨的人最后没能到达人生的峰顶也就是因为在途中不懂适时低头，不去韬光养晦，最后落得个头破血流、一事无成的结局。所以，及早懂得运用这一道理，适时低头，韬光养晦，成功也许就会不请自来。

曾任美国总统的富兰克林，年轻时去拜访一位前辈。年轻气盛的他，挺胸抬头迈着大步，进门撞在门框上。迎接他的前辈见此情景，笑笑说："很痛吧！可是，这将是你今天来访最大的收获。一个人要想平安无事地活在世上，就必须时刻记住低头。"记住低头，就是要记住不论你的资质、能力如何，在社会而言，你无疑是渺小的，要在生活中保持低姿态，就得把自己看轻些，把奋斗的目标看重些。富兰克林从中领悟到了深刻的道理，并把它列入一生的生活准则之中，最后终于成就了一番伟业。

联想到我们的工作，在一个团队里，不管你是分校长还是普通员工，不管你是部门负责人还是普通干事，如果你老把自己当作主角，遇事总是自以为是，别人不仅不会接受，反而会嘲笑你，现实会让你感到格格不人。

在工作中，作为一名新员工，也许你出自名校、才高八斗，但是由于对工作的不熟悉和不细心经常受到分校长或部门负责人的指导甚至批评，千万不要恃才傲物因此而自暴自弃或者愤世嫉俗，请想想低头哲学，俯下身子"低下头"，重新跟着分校长或者有经验的员工学习工作的新规则，适应新的环境，争取发挥自身特长，及早实现自我。

也许你是分校或部门里一名资历颇深的老员工，工作经验丰富，却经常因自恃清高对其他员工颐指气使，甚至对其他人提出的好建议置若罔闻而遭到其他员工的排斥，请想想低头哲学，放下老员工的高姿态，去倾听其他人的心声，采纳别人的好建议，让自己不断进步。

当你还处于一个低的职位，付出了很多努力却还没有被领导发现的时候；当你怀着满心希望做了一件工作却受到领导冤枉批评的时候；当你在工作中感觉自己年轻气盛不想听任何人教育教导的时候；当你递给行人一张简章，却受到不屑睥睨的时候；当你已尽力为学员做好各项工作，领导还责备你对学员不够用心的时候；当你已设身处地为员工考虑，员工仍然对你牢骚满腹的时候，请想想低头哲学，争强好胜、愤世嫉俗只会让你离成功越来越远，低低头，挺过去，这些在当时被你看做委屈、抱怨的"障碍"，就会成为你成功路上只弯弯腰就能跨过去一根树枝。

威廉·哈里逊5美分与1美元的取舍

威廉·哈里逊是美国第九任总统。他于1773年2月9日出生于弗吉尼亚州的查尔斯城。1791—1798年，在军队服役，获上尉军衔。1798年被任命为西北地区的部长，第二年当选为这一地区的第一位国会议员。1800—1812年，任印第安纳领地总督。1812年战争爆发后，曾被授予美国陆军少将，在泰晤士河战役中击败英军和印第安人的联合部队。此后辞去军职，先后任俄亥俄州众议员、参议员。1828—1829年，任美国驻哥伦比亚公使。1840年，哈里逊在大选中战胜民主党的范布伦，但在1841年3月4日宣誓就职后几星期，就因患感冒转为肺炎，于4月4日逝世。他是美国第一个在任职期间逝世的总统。

多数人都想占便宜，很少有愿意吃亏的，而在实际生活中我们不可能永远处于得利的位置，总有碰到吃亏的时候。正所谓吃一堑长一智，有时候吃亏未必是坏事，如果你不小心受了骗，损失了一些钱财，但从此以后你提高了警惕，往往避免了更大的损失；在工作中某些员工平时只知埋头苦干，不计小的得失，但往往是这些人深得老板的信任和器重；邻里之间发生了矛盾，但往往是主动妥协忍让的更容易受到街坊的尊重，所以，有时候吃亏其实就是一种福，甚至能换来更多的收获。

美国第九届总统威廉·哈里逊自小家境贫困，平时沉默寡言的他被家乡大多的人视为是个傻孩子。有次一个人故意开玩笑地戏弄哈里逊，拿出5美分、1美元的硬币让他挑选，哈里逊端详了半天后选择了5美分的硬币，这让在场所有的人都大笑不已，于是哈里逊是个傻孩子的消息不胫而走。此后，凡是遇到哈里逊的人便会故意拿出5美分和1美元的硬币来“验证”哈里逊的愚蠢。

后来，一位好奇的老太太禁不住问道：“孩子，难道你真的分不清哪个硬币更值钱吗，为什么每次都偏偏要选5美分的？”哈里逊笑着说：“我当然知道1美元的硬币更值钱了，可如果我每次都拿1美元，那以后还有谁愿意拿出硬币来让我这个‘傻子’挑呢？那样的话我连5美分都得不到了。”就这样哈里逊积少成多，攒了一笔数目相当可观的钱财。

生活中吃亏的方式主要有两种，一种是主动的吃亏，一种是被动的吃亏。像哈里逊一样愿意主动吃亏的一般都是聪明人，他们明白吃小亏占大便宜的道理，而更多的人则是不愿意去做困难的事、报酬少的事，因为这没有便宜可占。去做属于我们职责范围内的事那只能算是分内事，如果我们在工作之余主动争取去做更多的事情，则必会让老板对你更加器重。所以，平时我们自愿多付出一些劳动不但不会吃亏有损失，反倒往往能有意外的收获。

被动的吃亏一般是指我们在事先没有得到任何通知的情况下突然被安排去加班或是做工作之外的一些事情，遇到这种情况多数人心里必定会很不情愿。其实，我们最好还是心平气和地接下领导安排的工作，并用“吃亏是福”的道理安慰自己，无论是在工作或是学习的过程中，我们不可能永远按部就班地做下去，难免有起些波澜、遭遇坎坷的时候，就像人走夜路难免会有摔跟头的一样，从哪里跌倒就从哪里爬起来，然后继续自己的路程。生活中不经意间吃了些亏实属正常，且不可为之伤神不已。

“忍一时风平浪静，退一步海阔天空。”在很多时候吃亏的形式是忍耐和退让，尤其当弱者与强者发生利益纠纷的矛盾时，最好的处事办法便是忍让，如果针锋相对的话无异于以卵击石，结果你很可能什么都得不到。

在岁月的流逝中，人的一生似乎都是在选择之中度过的，总在与自己的力量不相称的目标中，过份的欲求更多的东西。人们总是提醒自己鱼和熊掌不能兼得，可是人们的欲望和贪婪是没有满足的时候。反而越满足，胃口就越大，得到的不能放下，得不到的，欲望的贪婪更是让人们不顾一切去窃取。用“人心不足蛇吞象”比喻最恰当。人们总是在取与舍面前，更多的是选择取，很少有人能真正地放下欲望的贪婪，舍去不现实的一切。总认为社会是为自己而存在的，天下之物皆该为自己拥有。永远不会满足。人们总会得陇望蜀，过份地迷恋或贪欲那物欲横流的东西。不断地往自己的行囊中增加无穷无尽的身外之物。也不管是必需的还是无需的，是有益的还是有害的，是属于自己的还是属于别人的，只为了满足自己的贪婪欲而不择手段地占有，在利欲面前早就忘记了有失必有得，有得必有失。其实，我们的人生是否幸福，关键是看一个人是否知道取舍。欲望太多，会成为一生的累赘。

人的一生是短暂的，在历史的长河里如白驹过隙，在这瞬间的人生里，美好的东西实在多得数不过来，我们总是希望得到的太多，尽可能多的东西为自己所拥有。有人说：人生是一个不断放弃的过程，要有所取舍，有所得失。过分的索取、贪婪会让我们不得不发出疲惫的呻吟，要知道背囊里的东西越多、越重，最终会使你累倒在地。看淡一切，不是不求进取，不是无所做为，不是没有追求，而是以一颗纯美的心对待生活，失去也许是无奈的，而得到可能就得益于失去。失去未必不好，意味着得到更珍贵的。得与失或者不在个人，而取和舍却全在于个人造化。

得与失，实则是一种心态。得之，不要大喜，不可贪得无厌；失去，切勿大悲，不可失去精神。得与失，不要看得太重，一切付之笑谈中。我们的心灵需要空间，若是被塞得满满当当，必不会舒坦。要想赢得空间，我们就不得不放弃对某些物品的占有。也就是说，清理工作首先应该对准我们满脑子的欲望。对这个道理，知之易，行之难。可以这样说，当我们初识了酸甜苦辣以后。得失这个观念就一直纠缠着我们，无论如何我们都无力将其抛在一边。

原本，人是随意的，做什么、怎么做以及为什么做，全凭感觉，并不理性；所谓：人之初，性本善。当人有所长进以后，做事情就更多地是凭借理性了；但是，问题有时恰恰就出在这里，理性被定义在一个相当窄的区域内，比如，搏斗拼争精神被极度地推崇，当其被应用得几近泛滥时，自然也就成为了伤人身体的利箭。依我看，天真往往与无邪结伴，成熟通常与世故为邻；由概念而思虑得失，由得失而衍生杂念。由杂念而体行世故；这大概就是人心偏离本真的原因吧？我们喜欢看小孩子率性嬉闹，或许，这就是想让自己体会那曾经的但却往而不复的天性。然而，遗憾的是，我们已被各种欲望所累，心再难回到童真的年代了。走过岁月，人就会变得越来越现实，没有了舍弃的勇气，所以，也就只能呵护着，却又不敢太费力气。人生就是如此难取舍。

生命是脆弱的，随时都会被摧残，但生命却又是坚强的，因为人们会用自己的意志力来应对上天的摧残；生命又是多情的，她安排了许多的悲剧和喜剧让人们去体验，可是人类又太伟大了，他有各种各样的悲喜忧欢去应对上苍的安排，于是便有很多的故事发生，或喜，或悲，或苦，或甜，或忧，或伤，其实这一切的一切相对于莽莽苍苍的世界实在是太渺小了。所有的人，无论贤愚、贫富、贵贱，在一生中，都会在许许多多的取舍之间，彷徨迷失、忧伤心痛。人们总会得陇望蜀，过份地迷恋或贪欲那物欲横流的东西。不断地往自己的行囊中增加无穷无尽的身外之物。也不管是必需的还是无需的，是有益的还是有害的，是属于自己的还是属于别人的，只为了满足自己的贪婪欲而不择手段地占有，在利欲面前早就忘记了有失必有得，有得必有失。

失去或许是吃亏，但吃亏是福，因为人都有趋利的本性，你吃点亏，让别人得利，就能最大限度调动别人的积极性，使你的事业兴旺发达。

吃亏是福，吃小亏占大便宜。但是吃亏也是有技巧的，会吃亏的人，亏吃在明处，便宜占在暗处，让你被占了便宜还感激不尽。

但现实生活中，能够主动吃亏的人实在太少，这并不仅仅因为人性的弱点，很难拒绝摆在面前本来就该你拿的那一份，也不仅仅因为大多数人缺乏高瞻远瞩的战略眼光，不能舍眼前小利而争取长远大利。能不能主动吃亏，实在还和实力有关，因为吃亏以后利润毕竟少了，而开支依然存在，就很可能出现亏空，如果你所吃的亏能够很快获得报答那还挺得住，反之，吃亏就等于放血，对体弱多病的人来说，可能致命。

马克·吐温借他人之力办事

马克·吐温（MarkTwain，1835 年 11 月 30 日 –1910 年 4 月 21 日），原名萨缪尔·兰亨·克莱门（Samuel Langhorne Clemens）（射手座）是美国的幽默大师、小说家、作家，也是著名演说家，19 世纪后期美国现实主义文学的杰出代表。

放弃执著是对事情的态度，一种坦然的、洒脱的、大方的态度。不过分执著于已经发生过的事情，因为它不可能回来；不过分执著于明显不可能做到的事情，因为即使你九死一生，到头也会是徒劳无功；不过分于执著即将要发生但是还没有发生的事情，因为事情都没有到来，你的焦虑只会给将来发生的事情带来负面效益；不过分执著于别人不情愿的事情，它往往会令人反感；不过分执著于某人一定要对自己好，因为说到底也是一厢情愿，谁都那么想，那这个世界就没有感情了。

放弃执著，也就是放弃包袱的意思，即不要让一些没有发生或者已经发生的事情左右心灵，让自己陷入苦恼。就像邓丽君的《恰似你的温柔》唱的一样："让它淡淡的来，让它好好地去"。

放弃执著，并非放弃对一个人的追求，而是保持一颗平静、豁达的心。

放弃执著，同时也有另外一层意思，即放弃压抑自己心情的一些东西。过分执著并不是件好事情，同时过分压抑也是不妥。或者说，放弃执著，同时放弃执著于让自己压抑。为什么一定要执著于压抑自己呢？所以，我的理解，放弃执著和放弃压抑道理一样。过分的压抑自己，本身就是一种执著。过分压抑也会令自己陷入苦恼的境地。放弃压抑，最终目的是保持平静、豁达、快乐的心情。

放弃执著，快乐过好每一天。放弃执著，从另一个角度思考问题，思路会更宽。

舍弃传统思维，得到不一样的风景。

在马克·吐温小的时候，有一天因为逃学，被妈妈罚去刷围墙。围墙有3米高30米长，比他的头顶还高出许多。

他把刷子蘸上灰浆，刷了几下。刷过的部分和没刷的部分相比，就像一滴墨水掉在一个球场上。他灰心丧气地坐下来。他的一个伙伴桑迪，提了只桶跑过来。“桑迪，你来给我刷墙，我去给你提水。”马克·吐温建议。桑迪有点动摇了。“还有呢，你要是答应，我就把我那只肿了的脚指头给你看。”马克·吐温说。桑迪经不住诱惑了，好奇地看着马克·吐温解开脚上包的布。可是，桑迪到底还是提着水桶拼命跑开了，因为他妈妈在瞧着呢。

马克·吐温的另一个伙伴罗伯特走了过来，还啃着一只鲜脆多汁的大苹果，引得马克·吐温直流口水。突然，他十分认真地刷起墙来，每刷一下都要打量一下效果，活像大画家在修改作品。“我要去游泳，”罗伯特说，“不过我知道你去不了。你得干活，是吧？”

“什么？你说这叫干活？”马克·吐温叫起来，“要说这叫干活，那它正合我的胃口，哪个小孩能天天刷墙玩呀！”马克·吐温卖力地刷着，一举一动都显得特别快乐。

罗伯特看得入了迷，连苹果也不那么有味道了。“嘿，让我来刷刷看。”“我不能把活儿交给别人。”马克·吐温拒绝了。“我把苹果给你行吗？”罗伯特开始恳求。“我倒愿意，不过……”马克·吐温犹豫道。

“我把这苹果给你！”

小马克·吐温终于把刷子交给了罗伯特，坐到阴凉处吃起苹果来，罗伯特为这得来不易的权利刷着墙。一个又一个男孩子从这里经过，高高兴兴想去度周末，但他们个个都想留下来试试刷墙。

马克·吐温为此收到了不少交换物：一只独眼的猫，一块糖，一个石头子，还有两个甜美的橘子。

换一种角度看待问题，放弃原来的思维，或许会获得更多的收获。

一样的人生，异样的心态，看待事情的角度截然不同。要能跳出来看自己，以乐观、豁达、体谅的心态来观照自己，认识自己；不苛求自己，更重要的是超越自己，突破自己，因为好好生活才有希望。令你生气的人已经走的老远了，你还为他生气，何必呢？哲人康得说：生气，是用别人的错误惩罚自己。跳出来看自己，或者说换个角度看自己，你就会认识到生活的苦、累或开心、舒坦，取决于人的一种心境，牵涉到人对生活的态度，对事物感受。跳出来换个角度看自己，你就会从容坦然地面对生活，再也不会拿别人的错误来惩罚自己了；当痛苦向你袭来的时候，勇敢地面对这多舛的人生，在忧伤的瘠土上寻找痛苦的成因、教训及战胜痛苦的方法，让灵魂在布满荆棘的道路上作出勇敢的抉择，去寻找人生的成熟。

跳出来换个角度看自己，寻找自己在过日子中获得的快乐，心灵就会豁亮而减少困境烦恼。

连续的工作，让我们失去了很多思考的空间，我们常常会生活在自己的思维空间中，习惯于固定的生活方式，更习惯于用常理去思考发生在身边的矛盾，用被人们普遍认同的方法去处理问题，而结果时常是疑惑与苦闷，并未有期待的结局出现。故而长时间会被这份苦闷包围着，并深受其折磨。思来想去，其实就是一种心态，一种拘泥于疑惑与苦闷不能自已的心态，说白了就是自己折磨自己，弄的心力憔悴，似乎这样才觉得自己真正的去想去思考去处理了，其实一切仍然停留在原来位置，矛盾依旧是矛盾，难事依旧是难事，毫无进展。现实中大部分人都如此遵循着这一所谓的原则和规律，我也如此。

忙了一天，尽可能的把应该做的都想的周全些，以防今后的工作过程中出现被动。面对烦恼的事，换个角度去思考，自然也就换了种心情，换了心情，那不也就换了个活法？想到此，心里便更加的坦然。

有些事要看过程，不必重视结果，而有些事倒不必计较过程，重要的是看结果。有些是过程与结果都重要，有些是过程与结果都不重要。全看当局者的心态和所站的角度了。

古龙：尊严之争与利益之让

古龙，原名熊耀华，著名武侠小说家，新派武侠小说泰斗和宗师。他的武侠小说创作理念是“求新求变”，不受传统拘束，将中外经典镕铸一炉。他为“武侠美学”理念的形成与“武侠文化”的推广做出了巨大贡献。古龙为人豪气干云，侠骨盖世，才华惊人，他以丰富无比的创作力，留下了70多部精彩绝伦、风行天下的武侠巨作，影响巨大，开创了近代武侠小说新纪元，将武侠文学推上了一个新的高峰。他缔造了一个属于自己的江湖，他是万千读者追捧的偶像，然而，古龙除了有惊世骇俗的才华，更有着超越常人的处世智慧和宽广胸襟。

经过多年艰辛的打拼之后，古龙终于在文坛拥有了自己的一席之地。武侠小说的一代宗师金庸先生更是对他推崇不已。两人相识之后，就常常结伴同游。后来，古龙因为一些债务原因，手头有些拮据，金庸先生便帮他联系了一个日本的出版商。对方非常欣赏古龙的才华，便邀请二人当面晤谈。

双方见面之后，会谈并没有想象中那么顺利。因为文化的差异，彼此先是在讨论文学创作上有了分歧，接着，古龙发现对方在客气的外表下总是透着一股傲慢，尤其是对中国当代文学，很有些看不上眼。场面有些尴尬，金庸先生总是大度地微笑着缓和紧张的气氛，古龙的话越来越少，渐渐沉默起来。

酒过三巡，对方的酒兴渐渐高涨起来，不停地催服务生上清酒。古龙和金庸两人都有些不胜酒力了，便开始推辞起来。不料对方忽然露出了鄙夷的神色，一语双关地说道：“你们中国的小说家也不过如此嘛！”

金庸连忙转过头，紧张地看着血气方刚的古龙。让他没想到的是，古龙并没有暴跳如雷，而是微笑着缓缓说道：“这么小的杯子怎么能尽兴呢？

来，换脸盆喝!”说着，他亲自取来三个脸盆摆在大家面前，然后用清酒倒满自己面前的脸盆，高高举起。“干!”说着，他端起盆，仰头就喝了起来，坐在一旁的金庸惊得说不出话来，日本出版商更是傻了眼。古龙喝到一半，对方连忙跑过来拉住他，嘴里不停地说道：“古龙先生，我佩服你!不要再喝了!”

事后，日本出版商再也没有过傲慢的表现。金庸悄悄问酒醒后的古龙，真的能喝得下那么多酒吗？古龙憨笑着告诉他，其实自己也喝不了那么多酒。只是他一直觉得，对善待自己的人，自己就必须还以善良；对待轻视自己的人，就必须坚决反击，何况是事关作家的尊严和民族感情。

从那之后，金庸先生不止一次在朋友面前提起这件事情，并且一再表示，古龙身上的侠气精神让他一生都无法忘记。

随着古龙名气的与日俱增，他的小说也越来越炙手可热。在利益的驱使下，很多人开始效仿他，挖空心思，想方设法利用古龙的名气为自己谋利，甚至有人开始冒充古龙的名字写小说。

一天午后，一个朋友在市场上发现了几本冒充古龙先生新作的小说，异常气愤。他立刻买下了几本，气呼呼地来到古龙的家里。

可让他没想到的是，一向争强好胜的古龙并没有生气，反而津津有味地读了起来。读了一会儿，他轻轻放下书，什么也没说。坐在一旁的朋友按捺不住了，问他为什么不追究。古龙微笑着告诉他：“这本小说的风格，我一看就知道是谁写的。我也非常反感这些抄袭模仿、假借之笔的龌龊行为，可这个作者我认识，他的家境非常贫寒，不过是以此来糊口罢了。如果我去举报他，那他全家人都可能饿肚子。得饶人处且饶人，何况他的原因很特殊，再说，他的文笔很不错，我不忍心就让他这样毁在我手里。”朋友听完他的话，钦佩不已。

不仅如此，古龙还特别留心冒充自己写小说的作者中才华出众的，并且想方设法帮助他们。在古龙的帮助下，很多年轻人崭露头角，而且都和古龙成了朋友。

正因为这种博大的胸怀，使得古龙先生故去之后，台湾迅速成长起来一批新的优秀小说家。也正因为如此，虽然古龙人已逝，他却在很多受过他帮助的人心中延续着自己的生命，并将这份豁达与博爱继续传递下来。

古龙的争，不是莽夫之争，而是血性之争，为自身尊严而争，为民族荣誉而争；古龙的让，不是懦弱退缩，而是心怀博爱，不计小利，为更多有才情抱负的人提供机会，更加让人佩服一生一世。血性与宽容，是苍鹰的两只翅膀，不争，不足以立志；不让，不足以成功。

吕尚适时择主展才华

姜尚（前1128—前1015），字子牙，吕氏，名望，尊称太公望，武王尊之号为“师尚父”，世称“姜太公”。汉族（华夏族），“海曲城有东吕乡东吕里，太公望所出也。”（今山东省日照人）据说祖先在舜时为“四岳”之一，曾帮助大禹治水立过功，被封在吕，姜为其族姓。姜子牙出世时，家境已经败落了，所以姜子牙年轻的时候干过宰牛卖肉的屠夫，也开过酒店卖过酒，聊补无米之炊。但姜子牙人穷志不短，无论宰牛也好，还是做生意也好，始终勤奋刻苦地学习天文地理、军事谋略，研究治国安邦之道，期望能有一天为国家施展才华。虽然他满腹经纶、才华出众，但在商朝却怀才不遇。他已年过六十，满头白发，阅历过人，仍在寻机施展才能与抱负。

吕尚是我国古代著名的谋略家、政治家和军事家，俗称姜子牙。姜子牙生活在商朝末年，当时纣王无道，荒淫无度，社会矛盾急剧激化。与此同时，商王朝的诸侯国周国迅速崛起，国君西伯昌（后为周文王）励精图治有取代殷商之势。姜子牙生逢乱世，虽有经天纬地之才，无奈报国无门，潦倒半生。他曾在商王宫中做过多年吏卒，虽然职低位卑，却处处留心。他看到纣王沉湎酒色，荒废国政，几次想冒死进谏。一则想救民于水火，二则可以因此受到纣王赏识，求得高官厚禄。然而姜子牙后来见到大臣比干等人皆因直谏而丧生，只好把话咽回肚中，他料定商朝气数将尽。

纣王已不可救药，自己不愿糊里糊涂地替纣王殉葬。于是，他决定改换门庭。

当时，西伯昌立志复兴周国，除掉纣王，求贤若渴，正是用人之时。吕尚为了引起西伯昌的注意，便在渭水之滨的兹泉垂钓。这个地方风景秀丽，人迹罕至，是个隐居的好地方。姜子牙并非要老死林下，而是在此静观世变，待机而行。

这一天，吕尚听说西伯昌要来附近行围打猎，便假装在兹泉垂钓。这时候，姜子牙还是个无名之辈，西伯昌当然不会认得他，但姜子牙却在朝歌见过西伯昌。为了引起西伯昌的注意，姜子牙故意把鱼钩提离水面三尺以上，钩上也不放鱼饵。果然，西伯昌觉得奇怪，便走上前面问道："别人垂钓均以诱饵，钩系水中，先生这般钓法，能使鱼上钩吗？"

姜子牙见西伯昌对人态度谦和，果然是个非凡人物，便进一步试探道："休道钩离奇，自有负命者。世人皆知纣王无道，可是西伯长子就甘愿上钩。纣王自以为智足以拒谏，言足以饰非，却放跑了有取而代之之心的西伯昌。"

西伯昌闻言，大吃一惊。心想：这位老人身居深山，何以能知天下大事？更为不解的是，他怎能把我西伯昌的心迹看得这么透彻？定然不是凡人！连忙躬身施礼，说道："愿闻贤士大名？"

"在下并非贤士，老朽吕尚是也。"

"刚才听先生所言，真知灼见，字字珠玑，不瞒先生，在下就是你说到的西伯昌。"

姜子牙装出吃惊的样子，惶恐地说："老朽不知，痴言妄语，请您恕罪。"

西伯昌连忙诚恳地说道："先生何出此言！今纣王无道，天下纷乱，如先生不弃，请您随我出山，兴周灭商，拯救黎民百姓。"

姜子牙假意客套了一番，随即同西伯昌一起乘车回宫，一路上纵论天下大势，口若悬河。西伯昌更是与之相见恨晚，回宫之后，立即拜吕尚为太师，倚为心腹。从此以后，姜子牙官运亨通，飞黄腾达。

俗话说，姜太公钓鱼，愿者上钩。作为一个老谋深算的政治家，吕尚略施小计便攀上了西伯昌这棵大树，弃暗投明，跳槽做了周国的太师。倘若他抱定忠臣不事二主的陈庸观念，恐怕到老到死也不过是纣王宫中的一名小吏，永无出头之日。真可谓识时务者为俊杰！

适时放弃，不要坚持无谓的选择，吕尚选择了能够使自己的才能得以施展的明主，成就了一番大事业。

生活中的事物不会总是一成不变的，当执著“行到水穷处”时，就需要“坐看云起”时的变通；当执著“山穷水复疑无路”时，就需要“柳岸花明又一村”的变通。

在做事时，我们要学会该变通时就变通，该执著时就执著，在执著中学会变通，让变通来实现执著。

正所谓“识时务者为俊杰”，除了姜尚以外，历史上还有很多懂得变通的人，韩信，当年拜将台封帅，是何等的意气风发，金戈铁马，横扫千军，与当年受胯下之辱的街头少年简直不可同日而语，他能够得到这一切正是因为在众人盲目相信项羽的时候他看清了局势，灵活变通，终于成就了刘汉的八百年天下！如果韩信是一个愚昧固守，一味“执著”的人，致死他也只能做一个项营里的小军官，我们又怎能惊叹于背水一战的奇迹，我们又怎能领略到十面埋伏的神话呢？而范增“亚父”，他就是执著有余，变通不足，他的智慧为他赢得了“智囊”的美称，却不能使他适时变通，后人尊重他的忠诚，但仍不免感到惋惜，凭他的聪明才智，范增完全可以在战争时代翻手成云，覆手化雨，然而他执著于项氏对他的情谊，明知道项羽不具备称王的才干，可范增依然为项氏殚精竭虑，呕心沥血，可他的结局呢？鸿门外，空叹：“竖子不足与谋”，彭城路，一付忠心化为冤魂！

同样的时代，同样身为才干。韩信是开国功臣，位尊齐王；范增却落得个被主猜疑，病死归路的下场。一成一败，都是与变通有着莫大的关系。无论什么时候，只有善于变通的人才能得到更好的生存和发展。

变通使执著更具成效：邓小平为实现祖国统一，最后提出“一国两制”的方针，使香港、澳门顺利回到祖国的怀抱，相信在不久的将来台湾也会回归，实现祖国的最终的统一。

如果爱迪生实验了九百多次放弃了电灯的发明，那么人类历史还要在烛光中摸索；如果开普勒计算了近十年，验证了十个假设的错误后放弃了，那么人们也许还要晚半个世纪看破星星的秘语。是执著造就了他们的成功。然而如果伽利略不能打破常规，及时变通，就不会发现单摆定律；如果戴维不能突破常规，灵活转变，就不会发现碱金属。是变通让他们成功。

执著是《孙子兵法》"以不变应万变"的冷静，变通是《易经》"穷则变，变则通"的智慧。

朋友，让我们以执著为桅，以变通为帆，满载着理想与抱负向成功的彼岸航行。

马里奥·普佐面对现实获成功

马里奥·普佐（1920—1999），出生于纽约，第一代意大利裔美国人。二战时加入美军赴欧洲作战，战后进入哥伦比亚大学学习社会学。一九六三年成为自由撰稿人，着手创作有关西西里黑手党的小说。一九六九年《教父》的出版，奠定了他在文坛的地位。他的其他作品，如《西西里人》和《拒绝作证》等也都登上了《纽约时报》畅销书排行榜。《家族》为其临终遗作。

1965 年，45 岁的作家马里奥·普佐完成了他的第二部小说。

作为一个追求纯粹文学艺术的作家，他看起来还算顺利，作品受到了一些好评。如果照此写下去，他可能会渐渐地成为一个比较有影响力的纯文学作家。但此时，普佐已经债务缠身，连最基本的生活都有困难。于是，他调转航向，放弃了创作的初衷，改写通俗类小说。3 年后，《教父》一书出版，创造了当时的销售纪录。

1970 年，30 岁的艺术影片导演弗朗西斯·科波拉，遇到了与普佐非常相似的窘境。

他执导的几部艺术类影片票房几乎颗粒无收，他甚至不知道自己究竟欠了哪些人多少债务。在走投无路之际，派拉蒙公司派人与他商谈改编拍摄《教父》一事。这位追求艺术的导演匆匆地看了几页原作，就觉得大倒胃口。但胃终究还是需要粮食的，为了生存，科波拉也选择了另一条路径。不久，电影《教父》问世，影片所取得的成功可以说是电影史上的一个奇迹。

两个原本追求纯粹艺术的人，面对现实却创作出真正的经典作品。这样的结果，肯定大大出乎他们的意料。

是不是只有面对现实，才能获得真正的成功呢？这倒不一定。任何艺术尤其是高雅艺术总是要与现实保持相当的距离，普佐和科波拉获得意外的成功，并不仅仅是因为“媚”和“俗”，更重要的是得益于他们先前在追求艺术过程中所积累的“雅”的底蕴。

现实与自己追求的艺术人生之间总会有落差。对自己目标的坚持、对自己理想的追求是没有错的，但面对现实，如何从另一个角度去更好的诠释生活，也是我们需要追求的。适时放弃，选择面对，或许会是一片新的天地。

生活必须永远面对现实，这是生活的真谛。

任何人都有三个时代：过去、现 在和未来。过去的永远是历史，历史绝对不会倒退或再来。它只能负载着我们的一切经历，永远留在我们的身后。无论是痛苦抑或是欢乐；无论是成功抑或是失败；无论是光辉抑或是黯淡；无论是正大光明抑或是污浊卑劣，一切的一切，都只能成为脚印，随着时间的流逝，慢慢的远离，渐渐的淡化。我们有时凝眸回首，但那仅仅是为了应对现实生活而从历史经验中吸取经验和教训罢了。

未来的是希望，希望可以给我们激励，但不能替我们解决任何现实问题，如果你只是躺在床上想象美好的未来，那么它只是黄粱美梦，如果你只是眼盯着画出来的大饼，它绝对不能解决你眼下的饥饿，“在那遥远的地方有个好姑娘”，但她离你有千里之遥，如果你真的要娶她，那也只能一步一步向她靠拢。

没有希望是可怕的，但若有希望而止步，要比无希望更痛苦。

综上所述，我们可以肯定，对于我们的生存有真实意义的仅仅是我们的此时、此地。过去的是历史，未来的是希望，只有现在才是真正属于你并可把握的时空！

张曼玉放弃获得的成功

张曼玉原籍汕头，生于香港，8 岁时全家移民英国，童年和青少年时期在英格兰度过，曾在英国肯特郡读中学，童年的理想是成为一名美发师，16 岁时当过伦敦书店店员。1982 年暑假期间到香港旅游时，无意中被广告商看中，开始当兼职模特，1983 年 18 岁时参加了“香港小姐”选美大赛并获得了亚军及最上镜小姐奖。同年，她代表香港赴英国参加“世界小姐”（MissWorld）选美并入选前十五名。之后便开始进入影视界，最初签约于香港无线电视台当演员，参与拍摄了多部电视剧，代表作是无线经典电视剧《新扎师兄》（1984），其他参演的电视剧包括《画出彩虹》（1984）、《武林世家》（1985）等。

张曼玉是当今世界上著名的华人演艺明星。而过去，她在成长的道路上，却曾经为错误的坚持付出过惨重的代价。

刚进入演艺圈的时候，她还是个少女。那时，她只想在银幕上扮靓，只肯演妩媚动人的少女。演了几部电影之后，却没有得到预期的效果，观众不认可她的妩媚，不认可她演美貌少女时的表演。这个时候，圈里的人就劝她，以她的形象、她的演技，应该有很大的发挥余地，如果不是总演少女，也许会取得成功。

这个建议本来是很好的建议，可那时，张曼玉很相信自己的演技，相信自己的相貌，相信自己的青春。于是，她固执己见，继续演少女，这样又演了几部戏，结果，还是没有取得她预期的成功。屡遭挫折之后，她终于放弃了那些无意义的坚持，决定改变戏路。于是，一个接一个全新的角色就出现了。从《新龙门客栈》里的老板娘，到《宋庆龄》里的宋庆龄；从《一门喜事》里的新娘子，到《甜蜜蜜》里的打工妹；从《济公》里的放荡妓女，到《青蛇》里的可爱青蛇，她角色多变，演技出色。张曼玉终于成功了。

这些角色的出演，给张曼玉带来了巨大的声誉，她连续四次获得香港金像奖最佳女演员奖。可以说，她获得了最辉煌的成功。而这些成功，当然得归功于她及时放弃了那些无意义的坚持的缘故。

坚持是一种良好的品性，但在有些事上，过度的坚持会导致更大的浪费。一个人认准一个目标，奋力向前，本来是一件好事情，可是问题在于，如果发现这个目标是错的，却仍要奋力向前，而且意志坚定、态度坚决，那么，由此导致的负面后果，恐怕比没有目标更为可怕。

不要坚持在错误的路上奔跑，当发现跑路错时，要勇于放弃，不要留恋错误的选择，适时选择正确的道路，以便获得更大的成功。张曼玉放弃了一直以来坚持的角色，获得了更宽阔的影视风云路。

放弃了不可能的选择，才能重新开始，才能轻松上路，其实，很多事情的结局一开始就已经注定了，做再多的努力也不过是枉费心机。既然这样，又何不放弃呢？放弃，何尝不是一种解脱呢？放弃，不是同样意味着更多选择的机会吗？正如那句话所说：一朵浪花消逝时，必将激起另一朵更加美丽的浪花。

放弃心中所有难言的负荷，放弃没完没了的伤，放弃让自己感到痛苦压抑的一切…… 唯有该执著时执著，该放弃时放弃，才不会太辛苦，才不会感到身心疲惫，才不会让自己心力交瘁。苦苦追求一份不属于自己的东西，不但迷失了自己在别人眼中也成了无意义的追求。或许放弃比开始更难，但是放弃才是真正意义上的洒脱，这样才能全身心投入到轻松悠闲的宁静中去……

学会放弃，让伤心随风而逝，只有快乐相随……

学会放弃，在落泪以前转身离去，留下简单的背影；

学会放弃，将昨天埋在心里，留下最美的回忆；

不管昨天拥有晴朗，还是阴霾，学会放弃，你将从自己的明天，获得更新的一轮太阳，获得任你驰骋的更大的一片蓝天！

学会放弃，放弃不是停止，是一种等待，等待更好的时机。“义”字化身的武圣关公，不也有过“降汉不降曹”的经历？可他“人在曹营心在汉”，心中总想着扶刘复汉，最终就有了“千里走单骑”的壮举！

学会放弃，放弃是一针清醒剂，让你静下心来反思，让你的头脑更加清晰。做什么事都得量力而行，你不会一伸手就能摸着天际。学会放弃，放弃是一个更新的起点。

找准自己的位置，你就会焕发出你应有的美丽。有了一个清新的头脑，你就可以认真构想你的前景，你一定会达到你想要达到的目的。

学会放弃，放弃是一种智慧的美丽。懂得放弃，才更懂得拥有，懂得珍惜。历经岁月，人总是要成熟的，我们有时总会在人生得失间犹豫徘徊，往往我们又会失去更多！其实，人生总是要学会放弃，才会得到更多的收获！不要为了一棵数而放弃整片森林，懂得放弃，才能有更美好的未来。

活在矛盾中，每天都是一种挣扎。既想坚持自己的想法，但又不得不有所改变！既然真的是如此，那就放下吧！如果是一个没有结果的坚持也是没有意义的。适时放弃不必要的事情，该放手时就放手。生活是现实的，有舍才有得，放弃也是一种选择。

不懂放弃的川端康成

川端康成，日本新感觉派作家，著名小说家，出生在大阪。幼年父母双亡，后祖父母和姐姐又陆续病故，他一生漂泊无着，心情苦闷忧郁，逐渐形成了感伤与孤独的性格，这种内心的痛苦与悲哀成为后来川端康成文学中阴影很深的底色。在东京大学国文专业学习时，参与复刊《新思潮》（第6次）杂志。1924年毕业。同年和横光利一等创办《文艺时代》杂志，后成为由此诞生的新感觉派的中心人物之一。新感觉派衰落后，参加新兴艺术派和新心理主义文学运动，一生创作小说100多篇，中短篇多于长篇。作品富抒情性，追求人生升华的美，并深受佛教思想和虚无主义影响。早期多以下层女性作为小说的主人公，写她们的纯洁和不幸。后期一些作品写了近亲之间、甚至老人的变态情爱心理，表现出颓废的一面。

日本著名作家川端康成获得诺贝尔奖之后，声名大振。因此常被官方、民间，包括电视广告商人等拉着去做这做那。文人难免天真，不擅应酬，心慈面软，不会推托，做事又过于认真，不懂敷衍。于是，川端康成陷入忙乱的俗事重围，不知如何解脱，终于以自杀了此一生。报载，川端临终前，曾为筹措笔会经费而心力交瘁，心情十分低落，这可能是促使他厌世自杀的原因之一。

固然，对一位作家来说，能获得诺贝尔奖，这口井已经算是凿得够深了。但如果川端不被卷入使他烦倦不堪的琐事，而能依然宁静度岁，以他的丰富晶莹的智慧，或许会有更具哲理的创作留传于世。

一位哲人指出："与其花许多时间和精力去凿许多浅井，不如花同样的时间和精力去凿一口深井。"

一个人，能认清自己的才能，找到自己的方向，已经不容易，更不容易的是，能抗拒潮流的冲击。许多人仅仅为了某件事情的时髦或流行，就跟着别人随波逐流而去。他忘了衡量自己的才干与兴趣，因此把原有的才干也付诸东流。所得到的只是一时的热闹，而失去了真正成功的机会。

川端康成作为日本一个有名的作家，最终以自杀结束了自己的生命。他的成名给他带来了很多的荣誉，而他的不懂得拒绝，不知道该如何推却不必要的应酬而使自己陷入了忙乱中，渐渐迷失了自己，找不到属于自己的那份宁静。

忙要忙的有头绪，忙要知道哪些是应该忙的，哪些是没必要的。推开那些无所谓的，坚持自己的坚持。

学会舍得与放弃，得自己想得，放开那些对自己没有益处的。

懂得放弃，就是一种境界、一种修养。没有太多的纷扰和欲望的捆绑，就会活得更加洒脱、更加自由。学会放弃，是一种觉悟，更是一种心灵的自由。

我们的现实生活中，原本是有许许多多的快乐的，只是有的人往往自寻烦恼，平添忧愁。

对此，有一位作家说过：人到了一定年龄，在拥有某些东西之后，才能悟到，自己构建的人生就像一座华美的大厦，但只有外壳，里面水管失修、配置不全、墙壁脱落，又很难找出原因来整修。除非，把整座房子拆掉，但又舍不得拆掉。那是一生的心血，拆掉了，所有的人会不知道你是谁，你也很可能会不知道自己是谁了。

很多时候，我们舍不得放弃，舍不得放弃对一些事情的追逐。于是，只能用生命作为代价，透支健康与年华。但是，有谁能够算得出，在得到一些自己认为珍贵的东西时，又有多少和生命休戚相关的美丽溜走了？

放弃是一首流浪的歌，低回吟唱在心头，使失意的人生充满振臂而呼的自信；使跌倒的信念重新拔地而起；使消沉的斗志面向晨曦喷薄而出；使世俗的纷争化干戈为玉帛……

放弃，既是遍历归来的路，又是重登旅程的路，又是对过去诱发深思的路，也是对未来满怀憧憬的路。千万朵智慧的灯火灿烂着温柔和明朗的天空，牵出生命音乐般轻柔的翅膀，牵出一生春光明媚的季节。

生活中有苦也有乐、有喜也有悲、有得也有失，拥有一颗达观、开朗的心，就会使平凡暗淡的生活变得有滋有味，有声有色。那种曾有过的莫名的忧伤和生命的空无，会师一生犹如过客。

日常中，有时不好的境遇会不期而至，使我们措手不及，这时我们更要学会放弃。放弃焦躁性急的心理，安然地等待日常的转机，让自我对人生有一种超然的心态，即使我们达不到这种境地，我们也要学会放弃，争取活得潇洒一些。就算“鱼”与“熊掌”同等紧要，在必须只取一种时，必然要放弃另一种。

人生是一份没有答案的问卷，苦苦的追寻并不能让日常更圆满。也许一点遗憾，一丝伤感，会让这份答卷更隽永。收拾起心情，继续走吧。错过太阳，你将获得星星。

松下幸之助放弃欲望得心灵寄托

松下幸之助是日本著名跨国公司“松下电器”的创始人，被人称为“经营之神”——“事业部”、“终身雇佣制”、“年功序列”等日本企业的管理制度都由他首创。

少年时代的松下幸之助只受过四年小学教育，因父亲生意失败，曾离开家到大阪去当学徒，开始做自行车的生意，然后对电器感兴趣。1918年，23岁的松下在大阪建立了“松下电气器具制作所”，当时环境很艰苦，但松下幸之助带领制作所员工一同努力、创新，接连推出了先进的配线器具、炮弹形电池灯、电熨斗、无故障收音机、电子管、真空管、晶体管等一个又一个成功的产品，7年之后，松下幸之助成了日本收入最高的人。二战之前，日本正遭受严重的经济危机，百业凋敝，松下却鼓励消费，说用消费刺激经济的复苏，并买了一辆汽车——这在当时并不多见。那时在日本各行各业经营萧条冷清的情况下，松下的制作所却蒸蒸日上，销售额持续增长。直到1988年的63年中，有10年他的收入均为日本第一位，有6年居第二位，1989年他逝世时，留下了15多亿美元的遗产。

随着松下电器风靡全球，松下幸之助也被誉为“经营之神”。其实，松下是人并不是神。创业之初，松下时常被商务上的各种困难和矛盾所困扰，难以自拔，加上体弱多病，神经衰弱，身心疲惫，烦躁不安。就在松下临近不惑之年时，遇上了“精神教父”加藤大观先生，松下从此拥有了心灵和精神上的支撑。

加藤先生是佛教真言宗和尚，从小在真言宗寺庙长大。他30岁时大病一场，3年不能站立，病愈后，他自认是靠佛的力量战胜病魔的，自此皈依真言宗，获得度牒。加藤并不长住寺院，他常给企业当参谋、做顾问。

松下与加藤两人真是有缘，一个视之为“精神教父”，一个认定对方为根器不劣的弟子。有一次，两人同室而居。一大早，松下告诉加藤先生，自己总是失眠。加藤对松下说："失眠是痛苦的。虽然我已 70 岁了，但一躺下去就呼呼大睡。你有大事业却心烦意乱，我两袖清风却心静气和，那说到底谁才是人生的成功者呢?"加藤劝松下应节制欲念，修身养性，提炼理念。当时，松下似懂非懂。加藤则不失时机地说教，将东方先哲的至理名言："无欲则刚"、"无为而无不为"、"虚怀若谷，心旷似海"、"淡泊以明志，宁静以致远"化作甘露般流入了松下干枯的心田。在加藤的启蒙点化下，松下长期修炼，在他的后半生里，不仅事业蒸蒸日上，而且生命之树常青。他一反年轻时代那种对生命所持的悲观态度，变得豁达、乐观、向上，甚至期望做一个跨越 20 世纪的人。松下于 1989 年与世长辞，享年 96 岁。

松下一生福禄双收。他成功的因素也是多方面的，其中与受加藤先生的指教、点拨密切相关。每当松下遇到挫折和烦恼，常会向加藤先生叙说、求教。但加藤先生极少向松下提供具体措施和方案，总是给他讲人生哲理、处世哲学，提供精神力量，使之有所傍依，使他从繁杂的商务涡流中摆脱出来，从另一个角度，另一个方法重新思考再做判断。松下曾说："一个将军要赢得最后的胜利，除了千军万马，最重要的还得有个军师。而加藤先生便是我最重要的参谋。"更确切地说，加藤更多的是其精神上的教父、心灵上的依托。

松下把加藤先生敬若神明。同时，他也从实践中认识到：世上并没有神，只有富有远见的智慧之人。精神上的贫穷、空虚要比物质上的贫乏、短缺更可怕、更危险。真正的智慧应该学会随时反观自身，每天都放弃一个过去的我，每天都让一个全新的我诞生。

我们总是活得很累，太多的欲望压在了我们心头。放开舍不得，不放又太累。在这些心灵的重负下，我们艰难地前进着。抛开欲望，丢掉那些心理负担，给自己一个轻松的灵魂，有一个心灵上的支持。

"处处无家"是一种放弃。要走即走，要停则停，多么潇洒自由！这才是心灵自由自在的选择，人活着能达到此种境界确实不易。背着包袱是走，放下包袱也是走，那为什么不放下包袱，松弛自己呢？保持从容舒缓的生活步调，可以促进健康、增进活力、提高效率，对自己的生活也会更有信心。

放弃过多的欲望，不要陷入完美主义的泥潭。

一个终日消沉的历史学家说："如果我没有完美主义，那我只是一个平平庸庸的人，谁愿空活百岁，碌碌无为呢？"他把完美主义看成了自己为取得成功必须付出的代价。他相信实现完美是他达到理想高度的唯一途径。可是实际情况怎样呢？他对失败的恐惧使他做事如履薄冰，工作效率远不如他的同事。

完美主义者也许会获得一些成功，但成功的到来并不是因为有了这些完美的标准。研究表明，强迫性的完美主义不利于人的心理健康，而且会导致自我挫败，工作效率、人际关系、自尊心都会受到损害。

为什么完美主义者情绪紊乱，工作效率低呢？原因之一是他以歪曲的、非逻辑的思想方法看待生活。完美主义者最普遍的思想方法是"要么全有，要么全无"。另外，在人际关系中，许多完美主义者感到孤独，因为他们害怕自己的意见不被采纳，使自己的完美形象受到影响。他们为自己的言行辩解，对别人却指指点点，评头论足。这样常常伤害别人，影响同事，朋友之间的关系，导致他们陷入孤独的境地。

在人的一生中，取得最佳成就可能只有一次。如果你的目标客观又现实，你会常常感到自己富有创造性，工作效率很高，因而充满自信。当你为自己远大的目标切实地奋斗的时候，你就会发现，你干得多么出色！

盛开的花朵为了孕育出甜美的果实，不惜放弃美丽的容颜，但迎接它们的，是金秋的硕果累累。小溪只有放弃路上让自己流连忘返的风景，才能尽快地奔向大海。今日放弃不是简单的失去，而是为了明日更多的得到。放弃过多的欲望就是给心灵自由！

第三章

BAIWEIMINGRENCHUSHIZHIHUI

名人之巧办事

说话办事，与同事相处，这些为人处世的方法，自古就是人们一直不可摆脱的关系网。如何能够在处理问题时游刃有余，如何能够与同事融洽相处，把技巧用于实践中，参照看看名人是如何为人处世的。

做人方正必生智慧，智慧一开方法就多，处世也就圆润融洽。只知“方”，少权变常碰壁，一事难成，只知“圆”，多机巧却是没有主见的墙头草，“方圆之理”才是智慧与通达的成功之道。

谈判争锋在人人之间都可能发生，它是利益冲突、分配与协调解决的重要方式。在处世沟通中，如何说服对方，需要掌握最好的武器和技巧，它像一柄双刃剑，可以使你左右逢源，心想事成。如果和人家一点交情也没有，何谈去“泡”得他心软呢？人情，永远是关系学的核心所在。

内方外圆，适时示愚

没有人不愿挺直了脊梁、高昂着头颅堂堂正正地活着。然而．若是不知进退、不会变通、不善灵活、不懂方圆，却只能事与愿违，活得窝窝囊囊。

藏锋露拙，乃是真正的智者。

聪明的人是不会滥用他们的优点的。他们的过人之处越多，他们越能认识到自身的不足。藏锋露拙是一种对付心机不良之人的保身变通术。

历史上有许多最高统治者不只对成功显赫的军事将领们心怀猜忌，对那些政绩突出、德高望重、口碑甚佳的官员，也是心存嫉恨的，一旦他们的光芒超过了统治者，形成了一种喧宾夺主的态势，灾祸也就快要临头了。因此，古代朝廷命官中那些懂得变通的智者，总注意把握一个分寸，不使自己的光芒太过耀眼，以避免君主的形象显得相形见绌、黯然失色，而总是有意识地掩抑一下自己的美德卓行，甚至故意做出几件不得人心的事，暴露自身的缺点，以使其释疑化妒，以求自身的安全。

通常情况下，领导是不会同一个忠于职守而又毫无野心的人计较的，所以，识时务的能人俊杰，面对各种可能的嫉妒，总是采取圆滑稳重的处世方法来保全自己，以免招来无端灾祸。

因为，夸刀剑之锋利，别人必惧其锐而远避；显示自己聪明的人，别人必会倍加防范，恐其害己。真正聪明的人，一定会藏起锋芒，外露其拙，从而降低别人的防范心理。

这种甘为愚钝、甘为弱者的做事技巧，实际上是一种极其高明的处世谋略，它使自己不露真相，隐藏实力，从而麻痹敌人，取得最终的胜利。

人们似乎都有这样的一种心理：同情弱者。因此，当你以弱者的形象出现在人们面前时，你不但不会引起他人的戒心，而且还会赢得人们的同情，一个人在世上，当处于弱势时，气焰是不能过于张扬的，而必须韬光养晦、暗隐锋芒。

做锥子，有时候要懂得把秃钝的一面朝人；当金子，则要懂得适时地收敛自己的光芒，如若不然，则就有可能白白断送自己的前途，甚至是生命，人人都会想表现聪明，却不知道巧装糊涂才是真正的聪明。

真正有心计、会谋划的人一定不会是大肆张扬的人。《菜根谭》说："鹰立如睡，虎行似病。"这就是说老鹰站在那里像睡着了，老虎走路时像有病的模样，这就是他们准备捕捉食物前的形态。苏轼也认为真正有能力的人应该"大勇若怯，大智若愚"，即本来有大勇，却装出怯懦的样子，本来很聪明，硬装作很愚拙的样子，如此才可以保全自己的人格，做到不随波逐流；同时，这样也可以保存自己的实力，不被他人怀疑。

所以，一个真正有才能、懂得方圆之道的人在势不如人之时，就应该做到不炫耀，不显才华，这样才能达到保护自己的目的。

刚柔并济也是一种为人处世的智慧。

老子说："天下之至柔，驰骋天下之至坚。"意思是只有天下最柔的东西，才能穿透天下最坚硬的东西。他指出，最柔弱的东西里面，蓄积着人们看不见的巨大力量，使最坚强的东西无法抵挡。"上善若水，水善利万物又不争"、"天下柔弱莫过于水，而攻坚强者莫之能胜"。水滋润万物，性柔弱，在方为方，在圆为圆，去同就下，顺其自然，可谓柔之至、弱之极，然而水斩关夺道，决堤冲坝，穿石毁物，无坚不摧，无所不至。"柔弱"发挥出来的作用，在于"无为"。水是最柔的东西，但它却能够穿山透地，滴水穿石，洪水还可以使房倒屋塌，树木被推倒，它们像是什么都不存在似的进出于没有任何空隙的物体之中。做人应效法水之精神，以柔和宽容之心待人，以水滴石穿之力对待一切困难。

柔弱能够战胜刚强，如滴水穿石，如齿亡舌存，都表明柔弱处上，而刚强处下。这个道理我们大家都知道，但是很少有人能够以此为准则，去把控自己的性格和行为。"以柔克刚"是制服一个大发脾气的人最好办法。对方愈是发怒，你愈发镇定温和；愈是紧张的场合，愈应保持头脑冷静。

这样，你才能发觉对方因兴奋过度而显露的种种弱点，而一一加以击破。

这就好比瓦沟里淌下的流水，一点一滴地落在坚硬的巨石上，最初还未见得有什么不同，长此以往，巨石就会出现漏洞，甚而断裂。这就是滴水所爆发出的威力，不可阻挡啊！

对于管理下属来说，在行使权利下达命令时，原则上要坚决，但情感语气要柔软温和，这样才不会给下属以盛气凌人的感觉，下属才会真正服从指令，把任务完成或按规章做事。如果只是一味地强硬到底，那就会引起下属的反感和不满。

庄子在《山水》篇中讲到了东海有一个名叫“意怠”的鸟，这种鸟非常柔弱，总是挤在鸟群里苟生，飞行时它既不敢飞行在鸟队的前边，也不敢飞在鸟队的后边；吃食的时候也不争先，只找其它鸟吃完的残食。所以，它既不受鸟群以外的伤害，也不引起到鸟群以内的排斥，终日悠哉悠哉，远离祸患。人不能只有“骨肉”，还要有“血肉”，只有如此才能成为一个充满活力的人，才会具有光彩照人的生命旅程。

刚是一个人的骨架，靠着这副骨架人才能站立于世，才能成就大业，自古帝王将相，没有不是从自立自强做起的。它们身上不乏刚毅挺拨之气，一种超凡脱俗的气概，一种势不可挡的力量，一种坚不可摧的自信。这就是“刚”。然而，古往今来，有多少人又由于“刚”而不幸。关龙逢、比干由于刚直不阿，直言进谏，而被杀戮。海瑞由于秉性耿直乏柔而一生坎坷不受重用。刚柔互用，不要偏废，太柔刚靡，太刚则折。柔是手段，刚是目的，以柔克刚，才能实现真正的自立自强，这才是柔的实质。历史上勾践灭吴就是一则外柔内刚，以求自强的故事。

因此，为人处世，刚柔相济，才能挺立，才能自立自强。在大是大非面前，在人生难行的地段，在名利场中，在人际的是非面前，退让一下有何不好。

老子说：“天下之牝，牝常以静胜牡，以静为下。”雌柔常以安静守定而胜过雄强，这是因为它居于柔下的缘故。回顾历史，我们发现，所有那些强大者、权势者、富贵者，很少有人能获得善终，而生活在穷乡僻壤里的农夫，却很少有人会死于非命，观诸一个家庭，男人看起来趾高气扬，妇女看来都柔弱恬静，男人们仿佛真的是一家之主，哪一个男人能够不屈服于女人之下？人类生活中以柔弱、安静战胜强大、暴躁的事情更是比比皆是。

苏东坡侧面点拨同事之错

苏轼（1037 年 – 1101 年），字子瞻，又字和仲，号“东坡居士”，世人称其为“苏东坡”。汉族，眉州（今四川眉山，北宋时为眉山城）人，祖籍栾城。北宋著名文学家、书画家、词人、诗人，美食家，唐宋八大家之一，豪放派词人代表。其诗，词，赋，散文，均成就极高，且善书法和绘画，是中国文学艺术史上罕见的全才，也是中国数千年历史上被公认文学艺术造诣最杰出的大家之一。其散文与欧阳修并称欧苏；诗与黄庭坚并称苏黄；词与辛弃疾并称苏辛；书法名列“苏、黄、米、蔡”北宋四大书法家之一；其画则开创了湖州画派。

在同事相处中，有时某些人的行为可能让你不敢苟同，但因为碍于面子又不便直言，就不妨使用侧面点拨的变通技巧，让其自己领会行为的不当之处。

宋神宗元丰二年（公元 1079），苏东坡因写诗被抓进监狱。俗话说：“龙游浅滩遭虾欺”，到了这种地步，苏东坡也无可奈何，只好任那些势利小人摆布。狱吏对他态度十分恶劣，让苏东坡吃了不少苦头。

七年后，苏东坡复调朝廷任职。一天，苏东坡碰到当年那个虐待他的狱吏。狱吏想起当年虐待苏东坡的事，心中十分惭愧和惶恐，害怕苏东坡报复，吓得浑身发抖。苏东坡本来就很有气度，哪会和如此势利小人计较，于是仍然很客气地与他搭讪。苏东坡为了让狱吏及取教训，不再为虎作依，就对他讲了一个很有启发性的故事：

有一条蛇吓死了人，阎王知道了，便派鬼卒把它的魂勾去，宣判死刑。蛇哭诉说："我虽然有罪，但也有功，请求将功赎罪。"

判官疑惑地问："你吓死了人，何功之有?"

蛇说："我肚内有蛇黄，乃治病良药，曾经救过不少人。"

判官听后，觉得它言之有理，便判它无罪，放它重回阳间。

这时，鬼卒又牵来一头牛，说牛用角抵死了人，该判死罪。

牛说："我肚内有牛黄，是治病良药，救过不少人，请求将功赎罪。"于是牛也被免了罪。

最后，鬼卒带上一个人来，说此人杀了人，应该偿命。这个人吓得浑身哆哆嗦嗦，如筛糠一般说："我，我也有黄，可以治病，请求将功赎罪，不要杀我。"

阎王怒斥此人道："胡说！蛇有蛇黄，牛有牛黄，蛇黄、牛黄均可入药，人人皆知。你一肚子青菜屎，有什么黄?"

此人连忙解释说："我肚内的黄是惭惶啊！"

阎王笑道："你这个害人精！今天知道惭愧和惶恐也算不错，滚吧！"

狱吏听后，连忙向他致谢，惭愧而去。

苏东坡没有直言不讳地阐述自己的观点，而是将道理寓于故事中，侧面点拨，使他懂得了为人、为官的道德标准，在狱吏深觉惭愧的同时，又很感激苏东坡的大度宽容。

同事之间由于成长的环境及家庭背景不尽相同，为人处世的原则和标准也大不一样，但有一点是应该统一的，那就是做人的宗旨——道德至上。

对公司来说，同事之间气氛越好，大家的心情自然越好，工作自然效率越高，领导自然高兴。问题是"一样米养百样人"，人是很复杂的，同事之间要永远一团和气，不过是奢望而已。面对同事的过错，不要直接给予批评，换个角度，给人以启发，他会更感激你。苏东坡在这点上做得很好，他以侧面点拨的方式原谅了当年虐待他的那个人。

齐桓公善于用人巧办事

齐桓公（？－公元前643年）春秋时代齐国第十五位国君，姜姓，名小白。齐僖公的孙子、齐襄公的次弟，其母为卫国人。春秋五霸之首。齐襄公和齐君无知相继死于内乱后，小白与公子纠争位成功，即国君位为齐桓公，桓公任管仲为相，推行改革，实行军政合一、兵民合一的制度，齐国逐渐强盛。桓公于前681年在甄（今山东鄄城）召集宋、陈等四国诸侯会盟，齐桓公是历史上第一个充当盟主的诸侯。当时中原华夏各诸侯苦于戎狄等部落的攻击，于是齐桓公打出“尊王攘夷”的旗号，北击山戎，南伐楚国，桓公成为中原霸主，受到周天子赏赐。桓公晚年昏庸，信任并起用易牙、竖刁等小人，最终在内乱中饿死。

春秋五霸之一的齐桓公大胆地使用了一个与自己有“仇”，但确实能辅佐自己的良才管仲。

在春秋战国时期，首先称霸的是齐桓公，而齐桓公称霸，全靠他的参谋管仲。桓公名小白，原是齐国公子。管仲原本是小白之兄公子纠的师傅。齐国的国君僖公死后，各公子相互争夺王位，最后只剩下公子小白与公子纠争夺。

管仲为了替公子纠争王位，还曾用箭射伤过公子小白。争夺的结果是小白回到齐国继承了王位，即齐桓公。帮助公子纠争夺王位的鲁国在与齐国交战中大败，只得求和。桓公要求鲁国处死公子纠，并交出管仲。

消息传出后，大家都同情管仲，因为被遣送到敌方去无疑是要被折磨致死。有人建议说：“管仲啊！与其厚着脸皮被送到敌方去，不如自己先自杀。”但是管仲只是一笑了之，他说：“如果要杀我，应该早和主君一起被杀掉了，现在找我去，想必不会杀我的。”就这样，管仲被押回齐国。

意外的是，桓公马上任用管仲为宰相，这连管仲自己都没有想到。

齐国统治山东半岛一带，如何使这个小国登上天下霸主的地位，这是管仲日夜思索的问题。

他决心要先整顿“法制”，谋求中央集权的强国富民政策。人性本是趋利避害的，因而必须实行以法为基准、赏罚分明的政治，以达到严格的君民统治。而富足民生，拉拢人心更是成为明君之大道。此外，还需同时致力于远播威名于四海的工作。这些思想不只是小国思想，也是称霸天下的统治思想。

齐国与鲁国相邻，由于国界绵延相连，武力冲突不断。齐桓公五年齐国打败鲁国，鲁国只得割让自己一块土地求和。鲁王与将军曹沫一起前往齐国谈和。议谈中，曹沫突然站起来举起短剑抵在齐桓公胸前，以必死的眼光逼视着桓公说：“我鲁国是个小国，如今由于大王的侵略，国土越发狭小，无论如何请齐王退回所夺去的土地。”

“我答应。”桓公只得听命。

“那么，就在这里订下归还土地的盟约吧！”

由于短剑抵在桓公胸前，谁也不敢插手，于是签订了归还土地的盟约。

桓公为了保命才归还土地，并非真的要归还，于是在鲁王离去后，立即向群臣说：“盟约另行书写，绝不退出占领地，原有盟约无效。”此时管仲劝谏桓公说：“主君的心情我理解，但那样做必定因小失大。轻易破坏既定的法则，失信于诸侯，将会失去天下最重要的后盾，千万不要迷恋于这样小的土地。”

桓公立刻冷静下来，接受管仲的建议，收兵而返。这件事很快传到邻近诸侯的耳里，大家传颂齐王的果断，更敬畏桓公的英勇，齐国的信誉大大提高了。

齐国北方的燕国受到山戎的攻打，因而求救于齐国。齐桓公于是出兵征讨山戎，燕王为了感谢，亲自把桓公送回齐国境内。这在当时是违反礼法的行为，因为越境送别只限于对待公子。桓公在自己与燕王之间挖了一道鸿沟，把燕王所到之齐地都给了燕国。

桓公赠给燕王一部分领土，小小的恩惠却得到很大的利益，诸侯听说桓公所为，均归顺齐国，齐桓公霸业乃成。

人的气量到底有多大，怎样才能看出一个人有大的气量，从什么地方能看出他的气量大？鲍叔牙不因为管仲贪小财而看不起他，知道他是一个有大才干的人，而齐桓公也是要用人治国，不计较他曾射了自己一箭的小仇。正是这样，管仲才发挥了他的才能，齐国也得到了治理，成为强国。

当鲍叔牙举荐管仲给齐桓公的时候，当初齐桓公没有一味地考虑这个人贪小财的小毛病，也没有嫉恨管仲曾经射过自己，他明白人无完人，也明白用人就是要用他的大才干，不可纠缠于小过失，否则天下就没有真正的能人可用了。

的确，世界上没有永远的敌人，我们在做人做事时，不要一味地苛求别人完美，也不要只记着别人曾经对自己不利，而是要像齐桓公一样，善于利用别人的长处，成功地为自己办事，这才是明智之举。

哲学家卡莱尔说："伟人往往是从对待别人的失败中显示其伟大的。"用宽容的态度去对待你的"敌人"，这样就会表现出你的与众不同之处，也正因为你闪光的人性，使你得到别人的信任和敌人的佩服，这样你就既赢得了他们的心，也取得了最高层次的胜利。

世界上没有永远的敌人，有的只是竞争对手。竞争对手是会发生改变的，今天的对手，或许明天就是伙伴。兵法上说，攻心为上，攻城为下。在与"敌人"的竞争中，能征服对方的心，才是最伟大的胜利，而宽容是取得这种胜利的必要条件之一。

所以，无论是用人还是做事，都应注重主流，不要因为一点小事而妨碍了事业的发展。须知金无足赤，人无完人，我们要用的是一个人的才能，不是他的过失，那为什么还总把眼光盯在那过失上呢？忍小节，就是不去纠缠小节、小问题，宽恕待人，用人之长。

罗斯福适时道歉创和谐

富兰克林·德拉诺·罗斯福出生于纽约。父亲詹姆斯·罗斯福是一个百万富翁。母亲萨拉·德拉诺比父亲小26岁。罗斯福曾就读于哈佛大学和哥伦比亚大学。1910年任纽约州参议员。1913年任海军部副部长。1921年因患脊髓灰质炎（俗称：小儿麻痹）致残。1928年任纽约州长。1932年竞选总统获胜。执政后，以“新政”对付经济危机，颇有成效，故获得1936年、1940年、1944年大选连任。罗斯福政府提出了轴心国必须无条件投降的原则并得到了实施。罗斯福提出了建立联合国的构想，也得到了实施。63岁时他由于突发脑溢血抢救无效去世。

与人交往中，善用道歉能使友情更深，仇恨消减；能使恋爱顺利，婚姻幸福；能使家庭和睦，邻里愉快；能使工作顺利，同事融洽相处，总之，道歉益处很多。

敢于道歉是一种勇气，也是有教养的一种表现，它是人际关系中必不可少的润滑剂。

衷心道歉不但可以弥补破裂了的关系，而且可以增进感情。当别人用信件或亲自当面向你诚挚地道歉时，谁能不感动呢？原谅别人的错误能清除心中的怨恨。宽恕是一种对健康、对情绪大有好处的事。你如有怨恨别人之处，试着宽容一下，看看效果如何。

罗斯福总统相当善于处理同新闻记者的关系，曾获得“入主白宫最好报人”的美誉。《纽约时报》记者贝莱尔被派驻白宫，按照惯例，白宫新闻秘书引他来谒见总统。“总统先生，你是否认识《纽约时报》的费利克斯·贝莱尔？”一个浑厚有力、充满自信的嗓音传了进来。“不认识，我想我没得到那份快乐。不过，我读过他的东西。”这句话不是说得太棒了吗？

连措辞都是行话，都是记者间谈论工作的用语。“我读过他的东西”，完全是其中的一员，又与其身份相称。初次见面就创造了良好的气氛。

罗斯福有些时候显得不近人情。一次，罗斯福在记者招待会上做长篇演讲，措辞激烈，而贝莱尔在下面却睡意蒙眬。总统突然大声喊道：“贝莱尔，我不在乎你代表的那家报纸！是我容忍你呆在这儿的。既然在这儿，你就得做笔记！”对贝莱儿来说，美国总统对他大喊大叫，使他难受得简直想找个地洞钻下去，或冲上讲台把罗斯福揪下来……

冲突归冲突，罗斯福下来仍同记者一起谈笑，简短交换意见，相互之间毫无拘束地鼓掌，气氛也极为融洽。他甚至给记者取绰号。贝莱尔的绰号叫“鲁汉”，因为罗斯福认为像《纽约时报》那样严肃的报纸应该有一个叫“鲁汉”的人……双方在开心的玩笑中又重新肯定了对方。

还有一次，罗斯福在记者招待会上斥责一名记者，可他立刻明白了他的斥责过重过严。事后，这位记者向他表示歉意，说他前晚玩牌到 4 点，以致今天会上精神不佳。总统却说，扑克牌真是个好玩意儿，他好长时间没和他们一起玩几局了。他转身要自己的秘书去搞一顿自助晚餐，晚上他们要一起玩牌。罗斯福在那个晚上成了个大赢家。

大多数人一辈子难得与记者打几次交道，但类似的交道总统却不会少，这就得让我们好好考虑一下了。

罗斯福能教训人，也能反省自己做得是否过分，过分时就真诚地道歉。在生活中该道歉时何不低头认错呢？一个国家的总统都能做到这一点，我们普通人在社会交往中更应这么做。

当然，当我们道歉时，也会出现对方不原谅，碰了钉子下不了台的情况，那么我们应该用什么态度去对待呢？首要的一点是，既然是自己错了，别人生气也是合理的，这颗苦果还是自己吞下为好，相信对方最终会谅解自己的。其次，我们还是应该多从主观上找原因，也许是因为自己的道歉的方式、场合等不太恰当，而导致了这种情况。

其实，道歉也是有规律可循的。

道歉并非耻辱，而是真挚诚恳有教养的表现。既然是道歉，就说明真有后悔之意，认错一定要出于真心，否则没有好的效果。

道歉是值得尊敬的事，不必奴颜婢膝。我们想纠正错误是堂堂正正的事，何羞之有？

如果应该向别人道歉，自己也决定道歉，就马上去做。时间的长短同道歉的效果成反比。万一在你未道歉时，对方已出远门，或者因为别的什么原因而拖延了道歉的时间，甚至再也没有了道歉的机会，你将悔恨一生。

如果自己没有错，不必为了息事宁人而认错。这种没有骨气、没有原则的做法，对双方均没什么好处。道歉认错和遗憾二者的概念是不同的，对于只是感到遗憾而并无什么主观错误的事，不用去道歉。

如用信件道歉，要诚心诚意写上“对不起”三个字，并可附送一本好书、一盒糖果等。这种表示，说明自己愿承担一部分或全部责任，请求原谅，假如别人应向你道歉而没有道歉，你也不必闷闷不乐，也别生气。如果实在憋不住，可写一封信，说明你不快的原因：或由别人传话，说你想消除这烦恼。如果他正觉难堪，此信息一来，他就会有所表示的，也许他正不知该怎么办才好呢。从中可见，诚挚的道歉是最高明的社交润滑剂，也是最明智的社交艺术。

俾斯麦暗隐意图等统一

奥托·冯·俾斯麦，生于1815年4月1日，卒于1898年，普鲁士宰相兼外交大臣，是德国近代史上杰出的政治家和外交家，被称为“铁血首相”。

奥托·冯·俾斯麦是德国近代史上一位举足轻重的人物。作为普鲁士德国容克资产阶级的最著名的政治家和外交家，他是自上而下统一德国的代表人物。

中国有句古训：枪打出头鸟，做人不可太出风头。古人强调“藏巧露拙”，就是这个道理。有的人只要有机会就把自己暴露在别人的面前，把自己的计划与意图全盘托出。他们这样做有两个原因：首先，他们认为谈论个人感受与未来计划是自然而然的事，因而控制不了自己。其次，他们渴望得到别人的认同，展现自己的美好本质。其实直接表达自己的意图并没有错，但是要考虑到不同的环境和不同的对象。

隐藏自己的意图，能让你在与人交往的过程中更容易掌握主动权。

俾斯麦35岁时，担任普鲁士议会的议员，这一年是他政治生涯的转折点。当时的德意志四分五裂，奥地利是普鲁士南方强大的邻国，奥地利威胁普鲁士，如果普鲁士企图统一德意志，奥地利就要出兵干预。

俾斯麦是个热血沸腾的爱国志士，他最著名的一句话就是：“要解决这个时代最严重的问题并不是依靠演说和决心，而是依赖铁和血。”他一生都在狂热地追求普鲁士的强盛，他梦想打败奥地利，统一德意志。

但是令所有人惊异的是，这样一个人居然在国会上主张和平，他说：“对于战争的后果没有清醒的认识，却执意发动战争，这样的政客，请自己去赴死吧！战争结束后，你们是否有勇气承担农民面对农田化为灰烬的痛苦？是否有勇气承受身体残废、妻离子散的悲伤？”其实这并不是他的真正意图，他连做梦都想着统一德国。

在国会上，他盛赞奥地利，为奥地利的行动辩护，这与他内心的强烈愿望简直是背道而驰。俾斯麦反对这场战争有别的企图吗？那些期待战争的议员迷惑了，其中好多人改变了主意。

几个星期后，国王感谢俾斯麦为和平发言，委任他为内阁大臣。几年之后，俾斯麦成了普鲁士首相。上任不久，他对奥地利宣战，最终统一了德意志。

俾斯麦是有史以来最聪明的政治家之一。他善于权谋。在主张和平这件事上，没有人怀疑他的居心，如果他宣布了自己真正的意图，就不会得到国王的支持，那么，也就很难有后来德意志的统一了。

在人际交往中，别人总是试图判断你行动背后的背景和动机，你表现得越深不可测，对别人的吸引力就越大。

在对方无法猜测和解释你的行动时，他们就不敢轻易采取行动或者会手足无措。人们的第一直觉来自表象。表象常常被人们当成事实，因此从某种程度上说，表象比事实更重要。表面上支持一项违背个人意愿的主张，会让对手理不清头绪，因而在算计中犯错。运用这套策略要讲究方法，不要闭紧嘴巴隐藏你的意图，这样就会显得鬼鬼祟祟，让人心生怀疑。相反地，你还要不断谈论自己的渴望和目标——当然不是真正的目标，如此一来，不但显得友善、开放和信任别人，也隐瞒了意图，从而让对手疲于奔命，做无用功。

如果你发现在某些场合自己落入陷阱受到围困，或是只有防守之势，试试用一项别人无法轻易理解或捉摸的行动来摆脱困境。战略要简单，方式要复杂，行事要有多种不同的诠释。然而不要只是令人捉摸不定，要让你的行动没有单一的解释，这将会让你的对手茫然不知所措，产生错误的判断。

如果你无法为自己的行为穿上一层密不透风的神秘外衣，那么至少也应该学会不要让对方一眼看穿，还要不时露一手出来，超出人们的意料。

杨修恃才放旷的生命之痛

杨修（175－219）字德祖，弘农华阴（今陕西华阴东）人，东汉建安年间举为孝廉，任郎中，后为汉相曹操主簿。后被曹操杀害，卒时方45岁。杨氏家世为汉名门，祖先杨喜，汉高祖时有功，封赤泉侯。高祖杨震、曾祖杨秉、祖杨赐、父杨彪四世历任司空、司徒、太尉三公之位，与东汉末年的袁氏世家并驾齐驱，声名显赫。书中记载“自震（杨震）至彪（杨彪），四世太尉。”

有句成语叫做“锋芒毕露”。锋芒本是刀剑的尖端，比喻显露出来的才干。人生中的成与败告诉我们：如果一个人锋芒毕露，不善用方圆之术，一定会遭到别人的嫉恨和非议，甚至引来杀身之祸。历史上和现实生活中的这种例子比比皆是。

杨修是曹操的主簿，他在《三国演义》一书中，是很有名的思维敏捷的官员和敢于冒犯曹操的才子。

刘备亲自打汉中，惊动了许昌，曹操也率领四十万大军迎战。曹刘两军在汉水一带对峙。曹操屯兵日久，进退两难，适逢厨师端来鸡汤，见碗底有鸡肋，有感于怀，正沉吟间，夏侯惇入账禀请夜间号令，曹操随口说："鸡肋！鸡肋！"人们便把这作号令传了出去。行军主簿杨修听后即叫随行军士收拾行装，准备归程。夏侯惇大惊，请杨修至帐中细问。杨修解释说："鸡肋者，食之无肉，弃之有味。今进不能胜，退恐人笑，在此无益，来日魏王必班师矣。"夏侯惇也很信服，营中诸将纷纷打点行李。曹操知道后，怒斥杨修造谣惑众，扰乱军心，便把杨修斩了。

后人有诗叹杨修，其中有两句是："身死因才误，非关欲退兵。"这是很切中杨修之要害的。

杨修之死给我们留下了重要的启示。

第一，才不可露尽。杨修是绝顶聪明的人，也算爽快，且才华横溢，其才盖主，这就犯了曹操的大忌。

乾隆皇帝好卖弄才情，好写诗，写过数万首诗，他上朝时经常出些辞、联考问大臣。大臣们都很聪明，故意苦思冥想，并且求皇帝开恩"再思三日"。这意思无非是让乾隆自己说。果然喜滋滋的皇帝说了出来。于是大臣一片礼赞之声，把个皇帝老儿喜得不得了。

第二，事不要点破。譬如鸡肋，曹操正苦思于此，不知如何解脱，你捅穿这层薄纸，就是羞辱了他。这是杨修死因之二。

以上两点，是杨修的死因，一句话，杨修死于太聪明，死于太炫耀自己的聪明。这是我们每个人处世要吸取的深刻教训。

我们在日常工作中，不难遇到以下问题：有一些事，人人都已想到，认识到了，却无一人当众说出来。这些人并非傻子，而是都学精了。人所共欲而不言，言者乃大傻也。有一句老话叫“枪打出头鸟”，这时如果你争着说，必定会犯了禁忌，或会说中别人之痛处，这样你就会倒霉了。

杨修是历史的一面镜子。他的死很是可惜，可他的死确实值得后人深刻借鉴和保持清醒。

高明的人待人处世，特别要注意藏锋露拙，匿锐示弱。

这里所说的要藏锋露拙，匿锐示弱，并非是要人埋没自己的才能，而是为了保护自己，不导致祸端，从而更好地发挥自己的才能和专长。追求卓越和超凡出众，本身是一种积极的人生态度，但一味孤芳自赏，无视周围环境，就会与人格格不入，招人厌恶，别人就会千方百计让你过不去。

韩非也是这样的一个例子。

战国末期韩国贵族韩非（约前286—前233年）与吴起、商鞅的政治思想一致，著书立说，鼓吹社会变革。他的著作流传到秦国，被秦王嬴政（即后来的秦始皇）看到，极为赞赏，设法邀请他到秦国。但他才高招忌，入秦后，还未受到重用，就被李斯等人诬陷，屈死狱中。

宏图未展身先死，这样纵使有满腹经纶又有何用？如果韩非不是招摇才华，而是谦卑抱朴，等待时机，或另待明主，或婉转上奏，使自己的政治抱负得以施展，相信他并非仅仅是一个思想家，而会成为一代名臣巨相，不会成为一个悲剧人物。

然而，一个人若无锋芒，那就是提不起来，所以有锋芒是好事，是事业成功的基础，在适当的场合显露一下是很有必要的。锋芒可以刺伤别人，也会刺伤自己，运用起来应小心翼翼，平时应插在剑鞘中。

所谓物极必反，过分外露自己的才华只会导致自己的失败。锋芒毕露既不能达到事业成功的目的，又会使自己失去身家性命。

自古就有“良贾深藏若虚，君子盛德若愚”，意思就是人的才华不可外露，深明韬光养晦之道，才不会招致世俗小人的嫉恨；善用亦方亦圆之术，才能使你的事业一帆风顺地发展下去。

有才华的人应该隐而不露，该装糊涂时一定要装糊涂，待机再行动。这正是“隐者高明，省事平安”之谓。

约瑟夫·韦普隐优暴缺获成功

约瑟夫·韦普，菲德尔费电气公司的推销员。

如果你是事业上的成功者，那么，你很容易成为他人嫉妒的焦点。此时若你属于那种争强好胜的人，不善于隐优暴缺，那么迟早要吃亏。

英国19世纪政治家查士德斐尔爵士曾对他的儿子做过这样的教导："要比别人聪明，但不要告诉人家你比他更聪明。"聪明的人就像演员，之所以装什么像什么，关键是他们能摸清别人的脾气禀性，而且可以做到投其所好。在使用这种方法时，最重要的一个原则就是在适当的时候示愚"装蒜"，以放松别人对你的防范。所以聪明的人总能在为人处世中善用方圆之道，在与别人谈话时，不论对方说得对还是错，都不表态。当对方说得正确的时候，会积极地点头示意，即使自己认为对方说得不对，也不会急于表示自己的意见。

菲德尔费电气公司的推销员约瑟夫·韦普先生，用投其所好的办法，使一个拒他于千里之外的老太太，十分乐意地与他做成了一笔大生意，顺利完成了推销的任务。

那天，韦普敲响了一家看来很富有的农舍的门。当时户主布拉德老太太只将门打开一条小缝，当她得知是电气公司的推销员之后，便猛然把门关上了。韦普再次敲门，敲了很久，大门尽管又勉勉强强打开一条小缝，但未及开口，老太太却已毫不客气地破口大骂了。

经过一番调查，韦普又上门了，等门开了一条缝，他赶紧说："布拉德太太，真是对不起，打扰您了，我的访问并非为电气公司，而是要向您买一些鸡蛋。"老太太的态度变得温和了，门缝也开得大多了。韦普接着说“您家的鸡长得真好，看它们的毛色多好看，这些鸡大概是名种吧，能不能卖一点鸡蛋给我呢?”门缝变得更大了，老太太探着身子问：“您怎么知道这鸡是名种呢?”

韦普知道，自己的话迎合了老太太的心思，于是更加诚恳地说：“我家也养了这种鸡，可像您养得这么好的鸡，我还从来没有见过，而且，我养出来的鸡只会生白蛋。附近大家也都说只有您家的鸡蛋最好。夫人，您知道，做蛋糕得用好鸡蛋。今天我太太做蛋糕，我只能跑您这儿来了。”

老太太开始变得很高兴，请韦普进了自己的家。韦普利用这短暂的时间环视了一下四周的环境，发现这里有整套的奶酪设备，断定男主人是养奶牛的，于是继续说：“夫人，我敢打赌，您养鸡一定比您先生养奶牛更赚钱。”老太太更高兴了，因为她丈夫长期不肯承认这件事，而她则总想把真相告诉大家，可是没有人感兴趣。

布拉德太太马上把韦普当做知已，不厌其烦地带着他参观鸡舍。韦普知道，自己已经抓住了老太太争强好胜的心理，所以，在参观鸡舍的时候，他会时不时地问一些很低级的问题，以凸显老太太的聪明才智。逐渐，韦普不但从老太太那里学得养鸡方面的经验，而且还与她成了好朋友。后来，老太太还向韦普请教了用电的好处，韦普抓住这个时机向她做了详细的说明。两周后，韦普收到了老太太的用电申请，不久，老太太所在地申请用电的人越来越多。

韦普自始至终都没有在老太太面前表现出自己的聪明才智，而是以一种低姿态“请教”一些问题，结果，满足了老太太的虚荣心，最终使其成为自己的重要客户。可见，在事业与竞争中为了取胜，可以适当装回“傻子”，或者隐优暴缺。

昆虫自有一套趋吉避凶的妙法，就是保护色和拟态。蝗虫的身体颜色随着环境的颜色而改变。竹节虫和枯叶蝶在遇到天敌时会装成竹节和橘黄的树叶，还有的动物遇危险时假死以迷惑敌人。在人们看来，这些方法未免有些太上不了台面，但正是这些看似很简单的方法却可以使动物种群得以生存和发展。人类社会也不乏这样的经典故事。

所以，在别人面前偶尔示愚“装蒜”，在一定程度上可以减少对方对你的敌意，正是因为这一点，聪明的人总是会在关键的时候装一下糊涂。或是犯一些低级的错误，从而可以减少他人对你的防范与嫉妒，让自己争取主动。

在一些特定的情况下，公开承认自己的短处，有意暴露自己某些方面的弱点，往往是一种有益的处世之道。

曹彬不得罪小人

曹彬（931—999）北宋初年大将。字国华，真定灵寿（今属河北）人，以败契丹、北汉功，任枢密承旨，灭后蜀任都监。雍熙三年（986）率军攻辽，因诸将不服指挥，败于涿州，降为右骁卫上将军。后复任枢密使。

生活中免不了与小人打交道，所以妥善处理与小人的关系显得尤为重要，不依附君子，也不要得罪小人，否则的话可能就会遭到小人的暗算。要想处理好与小人的关系，首先我们要分清哪类人属于小人：平时喜欢溜须拍马的未必都是小人，但这类人不可不防，因为他们平时最爱在领导面前表现自己、争得宠信，甚至偶尔会背后打你的小报告。真正的小人则是喜欢挑拨离间，为了自己不可告人的目的故意离间挑拨同事间的感情，好从中得利。小人还爱落井下石，如果有人摔了一跤，他们不但不会上前扶一把，反倒再补上一脚。小人多外表一团和气，但实际上阳奉阴违，用得到你时便卑躬屈膝，用不到你时便会一脚踢开。所以，生活中处理好与小人间的关系，我们便会避免更多的麻烦。

敬而远之是对待小人的最好方法之一，与小人过于亲近必定会受其所害，可要是过于疏远，甚至平时根本置之不理，摆出一副不把对方放在眼里的姿态，也易招致小人的嫉恨，所以与小人交往应该保持平淡的关系，要让对方感到在你的心里有他的位置。

小人为人处世总是千方百计地追求各种利益，如果我们一旦与之在利益上形成冲突，最好能忍则忍，能让则让，尤其是无伤大雅的小恩小惠可以主动放弃。小人多是见利忘义的，给点好处对方就会对着你摇头摆尾，因此我们可以通过吃点小亏换来与小人的相安无事。

生活中还有些爱故意惹是生非的小人，即便你对他们敬而远之，甚至是一再忍让也难以摆脱他们的纠缠。你的忍让往往被他们视为软弱可欺，这反倒助长了他们的嚣张气焰，于是他们便开始得寸进尺地对你进行攻击。此时，你就需要变退让为反击，你弱他就强，你强他就弱，我们平时的忍让是不想惹上小人制造的麻烦，但如果对方找上门来故意为难，我们一定要做出有力回击，因为小人一旦得势必将后患无穷，而我们的一再退缩便等于助纣为虐了。但是，对小人的反击又切忌把他们逼上绝路，正所谓兔子逼急了都咬人，更何况是人，所以反击小人时又要把握度，做到有理、有利、有节，以免逼之甚急反咬我们一口。

在我国历史上有许多成功处理与小人间关系的名人故事，其中北宋开国名臣曹彬便是其中一位。曹彬字国华，北宋初年北败契丹，屡立战功，深得太祖赵匡胤的器重。曹彬为人诚实，忠厚仁义，尤其是在带兵征战时以不滥杀掠深得士兵和百姓的拥戴，史称“气质淳厚”。公元974年，曹彬受命率军灭南唐，临行前宋太祖送给他一把上方宝剑，并叮嘱道：“副将以下的士兵凡不听你命令者可由你处决。”然后又问曹彬还有什么其他要求。曹彬说：“臣确实还有一事相求，那就是想请皇上恩准调用田钦祚将军担任前敌指挥官。”

曹彬的这个要求让所有的人都到莫名其妙，因为田钦祚为人贪婪狡诈，喜欢争名夺利，尤其是经常在背后恶语诽谤中伤他人，为什么曹彬偏偏让他随军做前敌指挥官呢？事后曹彬笑着对手下众将说：“此次南征任务艰巨，恐怕短时间内难以完成，这需要朝中群臣的全力支持，而我在外领兵征战便需要得到朝中君臣的一致信任，如果有人趁机进献谗言就很可能会误了大事，其中我最担心的便是田钦祚这类人。为了避免他在我南征期间误导皇上，所以我定要对其多加提防，所以才提议将其放在我的眼皮底下，这样不但可以分点功名封住他的嘴，而且还避免了将其留在朝中给我带来的威胁。再者，我有皇上赐的上方宝剑，他在我身边是不敢胡作非为的。”众人听完曹彬的解释后禁不住连称高明。

明枪易躲，暗箭难防，小人多爱背后捅刀子，曹彬对此十分了解，所以一味地躲避未必就是最好的办法，现在带兵出征为防小人田钦祚朝中生事，倒不如借故将其控制在身边为己所用，尤其是给他甜头，对方很可能就会乖乖地为我们卖命。

“宁可得罪君子，也不得罪小人”是中国人的传统之一，是一种软弱无力迁就而已，而且实实在在有着欺软怕硬之嫌。其后果是不仅纵容了小人，而且连自己也显得不是那么坦坦荡荡。因此，我的看法是：对于小人，该得罪的时候还是要理直气壮地得罪的，一切顺其自然，因怕而不去得罪也不完全是可取之举。我们好好想想，真的想不得罪小人的概率为零。小人，不是说你没有刻意得罪他就不找你吗？更多的时候是小人制造了很多让你不得不得罪他的机会。即使你对小人有恩，小人也认为你是应该的，合理的，自然的。小人的胃口大着呢，你对他的好处根本看不在眼里，更不放在心上。假如你有一点没有满足小人的要求，报复不知何时就会落到你的头上。你是小人同事，如果有才华，或长得比其漂亮（帅），或有人缘，必遭妒忌与排斥，小人总会担心自己的地位被动摇，总会千方百计中伤你；你离小人很远，但小人“爱管闲事、好打听”的本质不会变，所以仍会在背后贬低你，或把你的私事到处宣扬，甚至添油加醋。很多时候，丑恶的东西常常是善良人们的忍让和宽容奶大的孩。这是善良人致命的弱点。小人也正是瞅紧看准了这一点，才玩弄出一些下三滥四的动作来的。倘若善良之人都挺直脊梁都不怕小人，哪还有小人的威风？无法防小人，就接受吧，无法改变小人，只有走自己的路，看淡一切，无欲则刚，必要时再狠狠地打击小人，因为小人向来欺软怕硬。小人有才，但不用在正地方，用老百姓的话说，君子琢磨事，小人琢磨人。干事的肯定出错多，不干事的光念咒，说风凉话，小人向人们表现的是他永远没有错。小人之为不仅是过去式，而且是进行式和将来式。不过有时候我们还是要感谢小人的，因为小人令我们逐步成熟，从一个不懂社会的人成长为适应社会了解社会的一个人。

大多数人喜欢君子，自己却不愿做君子，讨厌小人，却又处处模仿小人的作为以求自保，于是宁得罪君子，不得罪小人就由此有了广阔的市场。在我看来，这是一个误区。为什么要得罪君子？无外乎君子不计较这些，就因君子不计较，就去得罪他？这个道理讲不通吧。这其中反映的是哪门子哲学？由于君子的谦恭、忍让，想要得罪君子很难，因为他通常对小人的所作所为一笑置之；宁可得罪君子，君子还是没有被得罪。小人则不然，即使你不想得罪小人，也往往防不胜防，因为他的心胸实在是太小了。君子是伸张正义的，如果得罪他，你的所为如何呢？你要主持正义，无意中会伤及到了小人利益，如果不得罪小人，只能放弃正义，那么，你的所为是小人之为还是君子之为呢？人们喜欢说“害人之心不可有，防人之心不可无”，这话听起来似乎有道理。不过一个处处防着别人的人，其心态也很难说有君子的坦荡。

当然，在我们的身边，君子和小人都是不多见的，更多的是像我们这样既非君子、亦非小人的人。大家都知道，做君子实在太辛苦，吃亏上当的大多是这类人，别人还存着想去得罪他的心。君子斗不过小人。“讲理的怕不讲理的，不讲理的怕愣的，愣的怕不要命的”。这大概就是君子不敌小人的道理了，也是好多人不愿做君子的原因。特别是在风气不正的时候，小人神气，君子憋气；小人飞黄腾达，君子怀才不遇；小人使奸弄巧，君子饱受迫害。君子讲道义，小人讲势利；君子爱讲正理，小人总说歪理；君子言行一致，小人阳奉阴违；君子追求和谐，小人存心捣乱；君子严责自己，小人暗算他人；君子总在明处，小人常在暗处；君子不记人过，小人与人交恶；君子唯理是求，小人拉帮结派；君子顾全大局，小人只顾已私……。中国历史舞台曾上演了一幕幕令人伤心不已的小人斗君子的人间闹剧。如屈原投江、韩非囚秦、孙子膑脚、贾谊痛哭、杜甫落魄、李白飘零、苏轼贬放、嵇康下狱、岳飞被害，……，史无前例，可以说是这种人间闹剧的一个高潮。真切的希望我们的社会今后的文明进程，不要用君子的血泪甚至生命作代价。匡正小人行径，引导庸人进步，莫学小人，多交君子。古人云：与善人居，如入芝兰之室，久而不闻其香；与恶人居，如入鲍鱼之肆，久而不闻其臭。为什么？所谓近朱者赤，近墨者黑，近贤者明，近良者德，近愚者暗，近偷者贼，近小人久而久之也成为了一个小人。

晋文公以信获民心

晋文公（前 697 年—前 628 年），姬姓，名重耳，与周王室同宗，春秋时期著名的政治家，晋国国君，春秋五霸之一。晋献公之子，因其父立幼子为嗣，曾流亡国外 19 年；后在秦国援助之下，于 62 岁时回国继位。在位 9 年后去世。

中国古代有名言："千金有信可在得。无信之而无千金。"获得千金难吗？不难，只要你一直坚持自己的信用，坚持自己的信用容易吗？这可不容易，需要你用一生的经历去体验，去证实。

晋文公重耳即位之后，有些诸侯小国却不愿臣服于他。原国虽小，可是得知始封之君是周文王的儿子，怎么甘愿承认从国外逃亡归来的重耳作为他们的霸主呢？于是不断挑衅，制造事端。晋文公为平息动乱，完成霸业，决定讨伐原国。

战前，晋文公亲自部署作战方案，到士兵中作战前动员，他与士兵约定："根据我们的军事力量和原国的战斗实力，我们能够速战速决。以七天为期，降服原国。"

战争的进程出乎意料。原国的将士在强大的晋国面前，英勇顽强，沉着应战，尽管他们伤亡惨重，给养困难，但仍有拼死决战的势头。

七天限期已到，原国仍然十分顽强。晋文公为遵守诺言，便坚定地下达了撤离的命令。眼见原国已近绝路，军官们纷纷向晋文公进谏，请求再坚持一下，大家一致表示："只要再坚持三天，原国军队就会完全崩溃，只有投降臣服的路了。"

面对原国陷入绝境，军官们纷纷请战的局面，晋文公坚定地说："君主言而有信，遵守诺言是国家得以昌盛的珍宝，也是军队能真正立于不败之地的珍宝，为了降服原国而失掉如此贵重的东西，我们犯得着吗？我们合算吗？"

这一仗晋文公虽然没有用武力征服，可是他言而有信，遵守诺言的名声传到了周围许多国家。

第二年，晋文公又发兵攻打原国。这一次他与士兵约定并向外发布："我们必须坚持到底，达到彻底征服和得到原国的目的后再返回。"

原国人听到这个约定，知道晋文公不达目的不会罢休，于是战幕尚未拉开就投降了。另外一个一直不肯臣服的卫国，也归服了文公。

晋文公在征服原国的过程中，做到了言而有信，把信誉这张牌打得很好，以致在使其他国家归附时，也依然发挥了很大的作用。

鲁迅先生说过："诚信为人之本也！诚信比金钱更具有吸引力，比美貌更具有可靠性，比荣誉更有时效性！"诚信是一种美德，是一种源源不断的财富。诚信是一种取之不尽，用之不竭的智慧。诚信是一种寄托，是现代文明的财富！

晋文公一诺千金，遵守信用，最终赢得了民心，赢得了战争的胜利。秦末的季布也是"一诺千金"的人，而且他的守信还使他免遭祸殃，得以躲过了一场灾祸。季布为人，一向说话算数，信誉非常高，许多人都同他建立起了浓厚的友情。当时甚至流传着这样的谚语："得黄金百斤，不如得季布一诺。"这就是成语"一诺千金"的由来，后来，他得罪了汉高祖刘邦，被悬赏捉拿。结果他的旧日的朋友不仅不被重金所惑，而且冒着灭九族的危险来保护他，最后使他免遭祸殃。一个人诚实有信，自然得道多助，能获得大家的尊重和友谊。反过来，如果贪图一时的安逸或小便宜，而失信于朋友，表面上是得到了"实惠"。但为了这点实惠他毁了自己的声誉而声誉相比于物质是重要得多的。所以，失信于朋友，无异于失去了西瓜捡芝麻，得不偿失的。

拥有诚信，一根小小的火柴，可以燃亮一片心空；拥有诚信，一片小小的绿叶，可以倾倒一个季节；拥有诚信，一朵小小的浪花，可以飞溅起整个海洋……

相信诚信的力量，它可以点石成金。我们崇尚这样一种诚信：仰起希冀的脸庞，拍拍娇嫩的手，歪歪头，说："相信你！"此时此刻，难道你的心底能不涌起一股激动的热潮？我们向往这样一种诚信；舒开紧蹙的眉，露出笑靥，快步走到朋友面前，说："真诚地祝贺你！"此景此境，难道你的头脑没有闪烁过一片快乐的彩云？播种诚信，你收获的就不仅仅是朋友的信任，还有——可以信任的世界。

抛弃诚信，虚伪的面具将充斥生活的每个角落，生命变得生气全无，友谊之花在凋谢，亲情之果在陨落；撩起人们面前的五彩面纱，露出的是"君子"们道貌岸然的脸，变了形的丑陋的脸。这样的世界，流淌着恶浊的血液，飘浮着腐朽的气息，太可怕了！

诚信的云翳被抛弃，再也映不出夕阳西下彩霞的绚烂。人们向往真诚，渴望信任，希望旷野望天时，天蓝草碧，云白风清。

背好诚信的行囊，人生路上的步履才更平稳，脚步才会更坚实！

对于真诚，本不该用追求这个字眼，真诚人人具有，不必追求。但由于寸土岑楼的鸽笼的现状和人情如纸的社会风尚使真诚突然成了千金难买相如赋的局面。纵有千金纵有真心，也难得一见真诚的倩影。所以你去追求真诚不如随缘巧遇。

真诚就是真诚，不要以为真诚可以伪装。真诚是特有的与生具来的优秀品质。

在一种特定环境中真诚害怕真情的高温。真诚犹如一粒透明的弹珠，真情的高温很快把它融化，温度再高一些它就蒸发了。所以你不要铿锵有力地宣布自己真诚，最好降尊纡贵，让真诚在风雨中辗落尘泥。然后告诉自己，把真诚留给自己。

真诚伴随所有人，人生离不开真诚，任何人无论怎样会伪装掩饰也难免会真诚的流露真情。我们得到过真诚的赐予，所以应感谢真诚的朋友——并还他同样的真诚！

真诚经过风吹雨打沧海桑田也不改变，我们可以以一种高傲的姿态等待真诚。

真诚是农民种的庄稼——付出了盼着收获，即使颗粒无收，明年春来了，还会种下去。

王羲之假睡保性命

王羲之，字逸少，号澹斋，汉族，祖籍琅琊临沂（今属山东），后迁会稽（今浙江绍兴），晚年隐居剡县金庭，东晋书法家，有书圣之称。历任秘书郎、宁远将军、江州刺史。后为会稽内史，领右将军，人称“王右军”、“王会稽”。其子王献之书法亦佳，世人合称为“二王”。此后历代王氏家族书法人才辈出。东晋升平五年卒，葬于金庭瀑布山（又称紫藤山），其五世孙衡舍宅为金庭观，遗址犹存。

王羲之的家族，是东晋有名的望族，他的两位伯父是拥立司马睿建立东晋的佐命功臣，一位叫王导，任东晋宰相；另一位叫王敦，任大将军，掌管东晋的兵马大权。当时社会上流传着“王与马，共天下”的说法。王氏家族在东晋政权中，权势之盛，地位之高，无与伦比。

王敦虽已位极人臣，享尽荣华，但他的野心很大，一心想篡权夺位。王敦的谋士钱风，一直在给王敦问鼎的野心出谋划策，他自己也存心想借此捞个开国元勋的职位。二人气味相投，成为知己。

一天早晨，王敦起床不久，钱风急如星火地走进王府大门，直奔客厅而来，王敦得报后立即到客厅与他见面。钱风欲言又止，向王敦使了个眼色。王敦抬起右手挥了挥，几个仆人都知趣地退了下去。二人关起门来，谈起了“谋反”的机密。

钱风用极为神秘的口气，小声地对王敦说着。他带给王敦的似乎是一个不祥的消息，王敦听着听着，眉头也渐渐地皱了起来。二人情绪紧张，叽叽咕咕了好一阵子，王敦突然神情激动地站了起来，手一挥，正要开口说话，突然停了下来：原来他透过窗子，看到对面房间里垂着的帐帏动了一动，这使他想起侄儿王羲之还在床上睡觉。

王羲之这年才十一二岁，平时最受王敦器重。王敦把聪明机灵、悟性极高的王羲之，看做是维持王家世家大族地位的“荣誉”标志之一，是王家下一代人中的佼佼者。因此，他经常把王羲之带在身边，留他在自己府中生活。这一次，王羲之已连续几天吃住在王敦家中了，他的卧室恰好紧挨着客厅。当钱风到来时，因为双方都很紧张，王敦便把王羲之在屋里睡觉的事统统地忘了。直到王敦站起身来，看到帐子动了一下，才想起来。于是，王敦大惊失色，对钱风说：

“不好！羲儿还在这里睡觉，我们刚才说的话，让他听去了可怎么办?”

策划起兵、夺位，是一件冒天下之大不韪的事，一旦走漏风声，策划者的身家性命将彻底毁灭，王敦和钱风对此十分清楚。两眼射出凶光的钱风对王敦急促地说：“大将军，计划泄漏出去，我们就死无葬身之地了。量小非君子，无毒不丈夫啊！”钱风怂恿王敦去杀王羲之。

听了钱风的话，王敦心一横，脚一跺，说：“对，不能该断不断！”接着转头拔出了寒光逼人的青龙宝剑，提剑直奔王羲之睡觉的床前，钱风紧随其后。

王敦左手撩起帐帏，正待挥剑砍下去，却突然停了下来。原来王羲之这时发着微微的鼾声，睡得正香，胸脯随着均匀的呼吸一起一伏，王敦掀起帐子，王羲之也毫无反应。

王敦爱怜地望着十分钟爱的侄儿，庆幸自己的密谋并没有被侄儿听去，于是，打消了杀侄儿的念头。王敦收回宝剑把它插入鞘中，拉着钱风的手走了出去。

王羲之差一点就成了伯父王敦的刀下鬼了。实际上，自从钱凤进门时，王羲之就已醒来，无意中听到了伯父与钱凤的谈话。王羲之很快意识到了自己的处境危险。

当王敦提剑向他走来之时，王羲之紧张的心几乎堵住了嗓子眼，他尽力使自己平静下来，两眼闭着，神态自若。完全像睡着一样，没有露出一点破绽来，从而救了自己一命。

在这场危难中，王羲之所做的就是装睡，而就是这一“装”使得王羲之得以保存了性命。并不是每个人都可以装得天衣无缝，这也是一种智谋。

祸福往往是瞬间之事，面对突如其来的灾祸，不少人无法通权达变，往往会慌张行事暴露自己，而小小年纪的王羲之则有过人之处，能够面对灾祸，机智对付。

所以，为人处世，在周围环境发生变化时或正在改变的情况下，为了更好地适应环境要根据客观需要采取适当的行动来保护自己。这就是随机应变的智慧。

商鞅以信立法变革

商鞅（约前390年—前338年），汉族，卫国（今河南安阳一带）人。战国时期政治家，思想家，著名法家代表人物。姬姓，卫氏，全名为卫鞅。因卫鞅本为卫国公族之后，故又称公孙鞅。后封于商，后人称之商鞅。应秦孝公求贤令入秦，说服秦孝公变法图强。孝公死后，受到贵族诬害以及秦惠文王的猜忌，车裂而死。其在秦执政二十余年，秦国大治，史称“商鞅变法”，并使秦国长期凌驾于山东六国之上。

做人也好，做事也罢，都离不开诚信与勤奋。诚信是做人的底线，勤奋是做事的底线，虽然这两条底线并不能保证你成功，但可以让你立于不败之地。即使再精明的人，也不能抛弃这两条底线，否则就会沦为奸诈的小人，只会耍阴谋手段。只有在诚信与勤奋的指导下，才能走上正确前进的道路，发挥聪明才智去创建伟业。

小到个人，大到国家，都可谓无信不立，能够在臣民中树立威信便可实现国家的长治久安，否则便有可能国破家亡，“商鞅立木建信”和“烽火戏诸侯”便是正反两方面的典型故事。

春秋末期，秦国的商鞅在秦孝公的支持下主持变法，由于连年战争，赋税繁重，所以赢得民心、树立国家威信显得十分重要，这成了变法成功与否的关键。为了推进改革，商鞅下令在都城南门外立下了一根三丈长的木头，并当着全城百姓承诺谁能把木头搬到北门便赏金十两。围观的百姓根本不相信这么轻松的事能得到如此高的赏赐，所以没有人敢于上前一试。接下来，商鞅又把赏赐提高到了五十金。正所谓重赏之下必有勇夫，一个年轻的小伙子走出人群，把木头从南门扛到了北门，而后商鞅立马赏给了他五十金。商鞅正是通过这一举动在百姓心目中树立了威信，使得各项变法措施在秦国得到了顺利推广，使秦国逐渐强盛起来，成为战国七雄中的佼佼者，为最终统一六国、建立秦朝奠定了坚实的基础。

西周末年的周幽王十分宠信名叫褒姒的妃子，由于平时的褒姒不善言笑，为了博取她的欢心，奸臣虢石父建议周幽王说：“在京城有二十多座防范西戎入侵的烽火台，我们不如把烽火台点着，戏耍各路诸侯一番，当娘娘看到忙作一团的兵马时必会开怀大笑的。”昏庸的周幽王听后拍手称快，便立即下令点燃烽火，各路诸侯看到熊熊燃起的烽火后以为京都危机，便各率兵马第一时间赶了过来，结果才知道遭到了周幽王的戏弄。虽然褒姒见到那么多兵马忙来忙去的情景后露出了笑脸，愤怒的各路诸侯对周幽王却失去了信任。

后来，西戎果真打到了京城，可当周幽王再次点燃烽火台时各诸侯都以为又是在玩笑，所以没有派兵前去救援，结果因都城守军兵马不足，周幽王和虢石父被西戎所杀，褒姒被掳走，至此西周灭亡。虽然后来诸侯与众大臣共同拥立了被废的太子直臼为周平王，中国历史从此进入了春秋战国时期，但东周王室名存实亡。

商鞅立木取信于民，一诺千金，使得变法顺利进行，为日后秦始皇统一六国、建立我国历史上第一个封建王朝夯实了根基。周幽王沉迷女色，为博得褒姒一笑烽火戏诸侯，结果因失信于臣子而落了个国破身亡的结局。所以，诚信不仅是为人处世的根本，也是国家兴衰存亡的基石。

第四章

BAIWEIMINGRENCHUSHIZHIHUI

名人之善施谋略

为人处世有很多的方法，在为人处世时，应掌握一定的谋略。不管是在做人、办事还是说话思维上，都有技巧。把这些技巧充分用于具体的实践中，会获得很大的成功。谋略的获得不是一朝一夕的，不仅需要丰富的知识、会说话的技巧，也得有与众不同的思维方式。

做人得有智慧

做事不能没有智慧，但绝对不可用智太过。心计太过就往往锋芒外露，到头来可能招来他人的嫉妒，以致鸡飞蛋打。

人不可以无智谋，但过多施用智谋，则会引起众怨而招致祸害。所以孔子称赞宁俞善用智谋，而认为鲍庄智慧还不如秋葵，被砍掉了脚。樗里子、晁错都以智囊著称于世，前者以能混淆同异而寿终，后者因仗义执言而丧命。士会杖打其子，是因为他以一知半解而炫解于朝廷；颜回号称能闻一知十，却大智若愚而不汲汲功名于世。

有智慧的人也应该懂得隐忍之道，做到大智若愚，智慧深藏。

真正聪明的人，要选择表现的时机。宁俞，也就是宁武子，卫国的卿士。宁武子在国家安定时就聪明，在国家昏暗的时候就变得愚蠢。他的聪明别人赶得上，他装傻时，别人就赶不上了。《左传》记载：僖公二十八年冬，晋侯和诸侯们在温地相见，卫侯和元咺争论。宁武子是卫侯的助手，卫侯争论没有取胜，被抓起来送到了京师，关在深室里，宁武子负责送饭送衣。僖公三十年，晋侯让医衍毒死卫侯，宁武子贿赂了医衍，让他把毒药放少了些，卫侯没有死掉。到了秋天，晋人放了卫侯，他才得以返回卫国。由于宁武子适时地贿赂了医衍，才保住了君臣二人的性命。

聪明的人在适当的时候要懂得装糊涂。否则就可能累及自身。《左传》成公十七年，齐国的大夫庆克和齐灵公的母亲声孟子私通，庆克男扮女装乘车混进巷门。鲍牵看见了，就把这件事告诉了国武子。国武子知道这件事后，就找庆克，和他讲了这件事。庆克告诉声孟子说，国武子责备他，声孟子听后很生气。后来，国武子协助灵公和别国会面，高无咎、鲍牵把守城门。等到灵公和国武子回来，快到城门时，声孟子吩咐关起城门检查奸人。声孟子告诉灵公，高无咎、鲍牵不愿意让灵公回来，想立公子角为公，国武子也知道这件事。灵公听了非常生气，于当年七月，下令砍去了鲍牵的脚。鲍牵和国武子虽然聪明，却不肯装糊涂，结果遭了声孟子的陷害。孔子评价说，鲍牵的智慧还不如葵花，葵花还知道保护自己的根。可见，即使很聪明，对有些事也需要睁一只眼闭一只眼。

有智慧的人能洞察世事，预料将来。战国时秦国的樗里子，是秦惠王的弟弟，名疾，居住在樗里，所以，叫樗里子，也称秦令樗里疾，秦人叫他“智囊”。昭王七年，樗里子死了，要人把他埋在渭南章台的东面，并预言：以后一百年这儿应当有天子的宫殿在两边夹着我。到了汉代时，他的坟墓东边有长乐宫，墓西有未央宫，武库就在他的坟墓后面。可见，樗里子的确是有智慧的人。

智慧有大小，在行事的时候要量力而行。如果事情在自己的掌控之中就可以去做，如果超过了自己的能力，就不能勉强实行。

西汉时的晁错是颍川人。景帝当太子时，晁错当家令，深受宠幸，号称“智囊”。景帝登上王位后，晁错当了御史大夫。最初，文帝时吴王濞称他有病不上朝，晁错数次进谏吴王的过错，认为他该杀，文帝心中不忍。

等到景帝即位，晁错说，吴王招诱天下逃亡的人，阴谋叛乱，现在削弱他的势力，他便会造反；不削弱他的势力，他也会造反。削弱势力会导致立即叛乱，但危害很小，不削弱势力，虽能延续叛乱的发生，却会一发而不可收拾。又说，楚王和赵王有罪，削去一个郡；胶西有阴谋，削去六个县。

于是，汉景帝依晁错之言想削弱吴王的势力，果然七个国家一起造反。晁错平常和袁盎不和，皇上向袁盎询问退敌之计。袁盎说：“吴国和楚国相继来信说，贼人晁错擅自支配诸侯，削弱他们的土地；因为这个他们才造反。只有杀了晁错，恢复诸侯过去的土地，才能兵不血刃地消除叛乱。”汉景帝于是在东市把晁错给腰斩了。

晁错虽然是有智慧的人，能预料到事情的发展，却无法避害。他的智慧小却谋划大，祸害便像发射弓箭一样迅疾地来到他的身上，导致他自己比敌人还先受到伤害。

有大智慧的人要懂得忍智之道，将自己的智慧隐藏在普通的言行之中，让别人看不到锋芒，却又能从无形中指引正道。这就是大智若愚的方法。如果不忍住表露自己的聪明，以聪明自居，四处招摇，则可以引来他人的嫉妒和陷害，导致无法自保。

真正有智谋的人，并非事事工于心计，而是善于深思远虑，既达到目的，又不招致非议和祸难。而智者的美德又在于不炫耀自己、争名于朝。所谓大智若愚，讲的就是这个道理。

周武王所遇沉默成金

周武王（姬发）（约前1087年~公元前1043年），周文王姬昌次子，西周的创建者，姬姓，名发，谥号武王，西周时代青铜器铭文常称其为珷王。他继承父亲遗志，于公元前11世纪消灭殷商王朝，夺取政权，建立了西周王朝，表现出卓越的军事、政治才能，成为中国历史上一代名君。

公元前1046年，周武王11年，周武王联合庸、蜀、羌、彭等十几个部落，亲率兵卒进攻商都行都朝歌，讨伐被认为是残暴无道的昏君纣王。

打败殷商后，武王来到殷朝歌，听说殷有个德高望重的长者，于是决定去探访。谈话间，武王无意间问起长者殷朝灭亡的原因。

那位长者回答道："大王若真想知道，那就请你今日中午再来，到时候我再告诉您吧。"可到了中午，武王来了，却没有见到长者，武王恍然大悟地说："啊，我明白了。那位长者已经告诉我们答案了。这个人真是位君子啊！他议论朝政但不愿非难他死去的先王；但又因为答应告诉大王而又不便明言直说。有约不守，言而无信，这就是殷朝灭亡的根本原因。"

的确，这位长者已经通过自己不来践约的方式把答案告诉武王了。这就是历史上有记载的"无言论废兴"的故事。

那位长者的行为之所以引起武王的特别关注，是因为他德高望重。的确，有很多人像那位长者一样，通过沉默赢得了尊重，取得了权力，获得了成功。

沉默是一种成竹在胸、沉着冷静的姿态，尤其在神态上更是要表现出一种优势在握的感觉。不冷静的人容易让自己的情绪失去控制，而说话太多的人总是容易忘了自己的初衷，失去了做事的分寸。

沉默是一种深沉的思考。有时候，在你张嘴说话之前，先沉默一下。在沉默的同时，学会思考。非有必要，不随便乱说。既经熟虑，不说则已，言必有物，言必中的。

必要的沉默，不是消极的遁世之道，而是积极的人生哲理；不是掩盖和封闭自己，而是为了更好地充实和完善自己。

糊涂处世，收敛智慧，让人认为你无能，从而忽略你的存在，关键之时，不动声色地先发制人，使人云里雾里。人生在世，不应对什么事都斤斤计较，该糊涂时就糊涂，该聪明时就聪明。小事糊涂，不要小聪明，关键时刻，才表现出大智大谋。

沉默是金，大智若愚是智者的自保方式。无论才能有多高，要善于隐匿。即表面上看似没有，实则充满的境界。现实人生确实有许多事不能太认真，太较劲。特别是涉及人际关系，错综复杂，盘根错节，太认真，不是扯着胳膊，就是动了筋骨，越搞越复杂，越搅越乱乎。顺其自然，装一次糊涂，不丧失原则和人格；或为了公众利益，或为了长远利益，哪怕暂时忍一忍，受点委屈，也值得。心中有“树”，就不是荒山。

这样一个故事：一个远道而来的客人郑重其事地送给主人一个礼盒，主人非常开心地收下了，打开一看只是三个很普通的小金人。主人很奇怪地问远道而来的客人，为何送这样的小金人给他？

客人拿出三个小金人放在桌上，用一根稻草做了一个实验给主人看，当稻草穿过第一个小金人左耳的时候，稻草从右耳出来了；客人又用稻草穿进第二个金人的左耳，稻草立即从金人的嘴里吐了出来；当客人再次把稻草穿进第三个金人的左耳时，却被第三个金人吞进了肚子里，再也出不来了。

这个故事其实告诉了我们一个做人的道理：有种人做人很消极，对什么都不会用心去想，也很难用心去做，对生活是一种混日子的态度。也就是第一个金人，对所有一切都不会经过他的思维，更不会付诸行动，左耳进右耳出了，好像什么都没有发生，这是一种对生活消极对抗的情绪，也是对自己的一种放纵，对好的意见和有建设性的提议甚至都懒得去理会，长时间地沉浸在自己固定的思维里面，不想发展也不想突破，做人以过一天算一天论。

有的人做人在小处很精明，喜欢着眼于眼前利益，也善于利用一切机会，为了显示自己的博闻，喜欢到处打听，然后不负责任地乱说。有的是因为头脑简单，凡事不用大脑，喜欢成为闲谈的主角，也许并没有多大的恶意，只不过对看到的听到的不会加以分析，说出来的话只是别人简单的重复，该说的不该说的都说了出来。谈到有什么居心，也未必有，只不过有时候太热衷于传播一些不切实际的言论，让周围的人感到尴尬甚至搞出很多是非，而且很有可能被别有用心的人利用。做人有时候需要厚道一点，听到的和见到的未必是真实的，片面的言词会伤人于无形，不负责任的传播可能会给别人带来不必要的干扰。这也是第二个金人要告诫人们的：慎重自己的言行。

在一个特定的环境或是一个特定的时期，沉默是最好的处事为人。很多时候的很多事，不是谁想怎样就能怎样的，有许多客观和主观的因素影响着事态的发展。对很多未经证实的言论最好不要评说，放在肚子里，让不好的传闻止于你的沉默，对别人负责也是对自己的尊重。

现代的社会应该是张扬个性的年代，张扬的是自己的自信，沉默的是对一些阴暗的东西。做人的磊落，凭的是真正的能力，而不是踩着别人的肩膀还嫌不够稳妥，用一种似是而非的诽谤获取自己想要的东西，就算一切可以暂时得到，却失去了做人应有的尊严。

“沉默是金。”是在人生纷乱的时刻，沉默静守才能保持自己的清醒。当生活的巨浪袭来的时候，用自己稳健的行动去抵挡，此时语言的力量是苍白的无效的，就算你使尽全身的力量也喊不出和浪涛声相抗衡的音量，沉默不是退让而是积蓄下一次奋起的力量，寻找时机走出人生真正的辉煌。

毕再遇：巧使金蝉脱壳

毕再遇，字德卿，兖州人。父毕进为岳飞部将。再遇“姿貌雄杰”，“武艺绝人，挽弓至二石七斗，背挽一石八斗，步射二石，马射一石五斗”。他以父荫入侍卫马军司，“以拳力闻”，曾经受到宋孝宗召见，被赐战袍、金钱。然而，当时南北议和，英雄无用武之地，再加上性格慷慨激烈，在官场上吃不开，到开禧北伐的时候已经年近六十，论官阶不过小小武节郎（宋武将官阶自上而下有横行正使14阶，诸司正使八阶，横行副使12阶，诸司副使八阶。武节郎是诸司副使第四阶，总第38阶），论官职不过下级军官。

公元1206年，宋宁宗开禧二年，毕再遇率兵与金兵对垒，大战了好久，仍没有胜负。那时金兵突然援军赶到，看来兵力十倍于宋军，若强战一定会失败，于是毕再遇决定退兵。然而在强敌面前，公开退兵，一定会遭受敌人的追杀，那时候必定伤亡惨重。于是毕再遇秘密安排起来。

首先他秘密传令三军，做下三天的干粮，让士兵们带在身上。但是兵营的营帐和旗帜等一律原地不动。又让手下找来几只活羊，然后将这几只羊后腿吊起，前腿放在更鼓上，吊缚好。

三更时分，毕再遇传令，马勒嚼链，兵士衔枚，摸黑悄然集合，就这样趁夜黑士兵陆续向南方悄悄撤退。

据说金兵主帅早就恨透了毕再遇，适逢今天逮着机会，准备困住毕再遇活捉他。于是金兵主帅传令附近的兵马前来增援。他打算大军一到，让他们稍作休息和调整，明天一早就发兵攻击毕再遇。然而这个金兵主帅知道毕再遇是一位智谋超群的将领，目前的形势对宋军不利，估计毕再遇会设法撤退。于是，主帅下令派出多路哨兵，牢牢盯住宋军的兵营，若一旦有任何迹象，就马上向他报告，可以立刻挥师杀过去，金军主帅并严令那些哨兵盯仔细，贻误军机者军法处置。

只见哨兵们一接到命令，个个赶忙找好盯梢的位置，原地待命。只是宋军的今夜和往常没什么两样，入夜熄火即睡，旗帜依旧，并不断传来“咚咚”的更鼓声。

更鼓响了一夜，天明哨兵远望宋营旗帜仍在，因此没有一个哨兵去报告。于是，金兵主帅传令三军，准备吃饱饭后全线攻击，确保一举歼灭宋兵，同时活捉毕再遇。

饭后，金兵主帅上了高坡，向宋营张望，太阳老高了宋营中始终不见人影，却见一些乌鸦落在营帐上。金兵主帅赶忙命令手下进一步观察，原来，宋兵早已人去营空。毕再遇在退兵前，让手下放开几只羊前腿。羊被吊疼了，就会四蹄不断挣扎，前腿蹬得更鼓“咚咚”直响。这些羊蹬一阵子，蹬累了，便停下来休息一会儿。过一会儿，羊有劲了就又开始挣扎，于是更鼓就又响起来。远远听了，还真是和兵营的人打更无异。

金兵知道宋军早已悄然撤离，只留下了一座带有旗帜的空营。金军主帅望着宋军的空营直瞪眼。

毕再遇知形势与宋军不利，如若硬拼，一定是损失惨重，于是他采用三十六计的“金蝉脱壳”之计，巧妙地利用几只羊为他们掩护，以此打更。扰乱金兵的视线，从而悄然撤退，这是用兵之道。作为逃跑手段的金蝉脱壳，在历史上与文学作品中，俯拾皆是。除了毕再遇，还有孙坚、祖茂等人从敌军的控制或追击下逃脱都用了这一计谋。“空城计”典例中，公子元从郑国撤退时，为了防止追击，令营帐不拆，旗幡不动，神不知鬼不觉地在夜间溜出郑国领土，也是一出相当出色的金蝉脱壳戏。

现实生活中，我们做事谋事，必要时也可以使用这一招。“金蝉脱壳”计是在处于劣势的情况下，以假象迷惑对方，实现安全撤离的谋略。人们在观察和思考问题的时候，通常会直观地注意那些异乎寻常的迹象，而忽视原封不动的表象背后所发生的变化。“金蝉脱壳”就是利用这一思维定式，以貌似原形的假象麻痹对方的判断，掩护自己全身而退。所以，当我们在某些场合碰到难题时，不妨来个“金蝉脱壳”。

金蝉脱壳，用来指人，是一个比喻，指在危急关头，设法从某种境地脱身，脱身时，留下种种伪装，制造没走的假象。其实，人早已走了，因为有伪装和假象，他人还以为你没有走。这实际是一种分身计，一种逃遁计。

在日常的生活和工作中，人际关系不可避免地会发生矛盾，但是，矛盾双方是相互依存的，根据这个规律，那么家庭之间一旦发生了连清官也难断的家务事，争吵打闹得不可开交的夫妻双方，只要有一方“出走”，那么家里混沌的局面很快就会平息下来。豁达的丈夫或是聪明的妻子，能够在对方发脾气的时候，适时地回避一下，暂避锋芒，使对方冷静下来之后，自己再作解释或是检讨，无疑比针锋相对大闹一场要好得多。

有些鼠肚鸡肠的人，心术不正的人若是强权在握，能够发号施令，强加于人。若应其要求，事情做得好反遭嫉妒，事情做不好要受惩罚。这时候，如果能够巧妙地采用“金蝉脱壳”，便可摆脱进退两难的僵局。

由此可见，当你与别人无谓地争吵时，可以采用“金蝉脱壳”，当你在遭受辱骂、打击而无力还击时，不妨采用“金蝉脱壳”，当你在无法忍受冗长的会议时，不妨“金蝉脱壳”，当你面对突发事件疲于应付时，不妨暂时采用“金蝉脱壳”。

蔺相如棋走险招获成功

蔺相如（前329年—前259年），战国时赵国上卿，今山西柳林孟门人，一说山西古县蔺子坪人，官至上卿，赵国宦官头目缪贤的家臣，战国时期著名的政治家、外交家。根据《史记·廉颇蔺相如列传》所载，他的生平最重要的事迹有完璧归赵、渑池之会与负荆请罪这三个事件。

公元前279年，秦昭王约请赵王在渑池相会。赵王怕被秦王扣留，不敢去，可大臣廉颇、蔺相如都认为如果不去，便是屈服于秦国。

于是廉颇辅佐太子留守赵国。平原君率领几万人在渑池附近策应，大将李牧率五千精兵跟随赵王和蔺相如前往渑池。

到了渑池，见到秦王，双方行过礼，便在筵席上叙谈，酒到中巡，秦王对赵王说："我听说你喜欢弹瑟，我这里有瑟，就请你弹一支曲子助助兴吧！"赵王不敢推辞，只好弹了一曲。这时，秦国的御史走了过来，在简上写到：某年某月某日，秦王和赵王在渑池宴会，秦王命赵王弹瑟。

蔺相如见此不悦，上前对秦王说："赵王听说秦王擅长击缶（瓦盆），我这里有个缶，请你敲敲缶让大家高兴高兴。"秦王听了勃然大怒，不肯答应。蔺相如又端起缶走过去，献给秦王，秦王还是不肯敲。蔺相如就说："现在我离大王只有五步，如果大王不答应，我拼着一死，也要溅你一身血。"意思是要和秦王拼命。

秦王的侍卫看到秦王受到胁迫，慌忙拔出刀来，要杀蔺相如。蔺相如瞪着双眼，大喝一声，吓得侍卫连连后退，秦王心里很不高兴，也只好勉强在缶上敲了几下。蔺相如回头叫来赵国的御史，也把这件事情记下来：

某年某月某日，赵王和秦王在渑池宴会，赵王命秦王敲缶助兴。

秦国的大臣们见秦王没有占便宜，就说："请赵王献出十五座城池为秦王祝寿！"蔺相如也不示弱，说："请秦王拿咸阳（秦国都城，今陕西咸阳县东）为赵王祝福！"

秦王看到蔺相如寸步不让，又得知赵国的大军就驻扎在附近，自己哪方面也占不到便宜，便喝退了群臣。

一直到酒宴结束，蔺相如为了维护国家的尊严，机智勇敢地同秦国君臣进行了针锋相对、不屈不挠的斗争，挫败了秦国的图谋。秦国也知道廉颇率领大军驻扎在边境上，使用武力也得不到好处，便只好恭送赵国君臣回国。

此后，秦、赵间暂时停止了战争。

蔺相如充分运用了他的机智，他分析对方的心理，把双方的利弊看得清楚，然后自己冒着最大的危险，以与敌人同归于尽的态度，棋走险招。最终他迎来了谈判的胜利，渑池之会蔺相如成功地维护了自己和国家的尊严，并且成功地平息了秦王攻打赵国的念头。

二人对弈，黑白棋子相争，决一胜负。当一方处于劣势，形势危急之时，不得不放出"胜负手"。所谓"胜负手"就是在对方棋子较厚之处，强行打入，冒险攻击。只要步调不乱，攻其弱点，或利用己方的死子，往往能打乱对方阵脚，把对方空地据为己有，一举扭转败局，转危为安，反败为胜。

负荆请罪的故事也广为流传，这也体现了蔺相如的宽容待人。

谈判争锋在人人之间都可能发生，它是解决利益冲突、分配与协调的重要方式，双方此刻的这种较量，最后必显出利益所得的多寡。因此你不可不尽心练就这样一身本领。

战国时，赵国的赵惠文王因为蔺相如在完璧归赵和渑池之会两件事上立了大功，便拜蔺相如为上卿。这样，蔺相如的地位就在身经百战的老将廉颇之上了。廉颇对此很不服气，他觉得自己出生入死，为赵国立下了汗马功劳，而蔺相如只不过凭着一张嘴，地位就超过了自己。于是，他愤愤不平地对人扬言说："如果我再遇上蔺相如，一定要当面羞辱他一番。"

有人把廉颇的话传给蔺相如。蔺相如以大局为重，尽量避免与廉颇碰面。有一次，蔺相如和一些手下人一起外出，远远看间廉颇的车马过来，就赶紧命车夫把车子赶开，以躲避廉颇。后来又遇到到廉颇几次，他都是这样做的。对此，廉颇感到很得意，而蔺相如的手下人却对蔺相如很不满。他们觉得蔺相如害怕廉颇，跟这样的主人在一起太窝囊，便纷纷找蔺相如发牢骚，并提出辞职。蔺相如对他们说："你们看，是廉颇厉害还是秦王厉害？手下人回答说："自然是秦王厉害了。"蔺相如说："既然是秦王厉害，那么，我敢当面斥责他，这难道不是有胆量的表现吗？我怎么会害怕廉颇呢？我之所以采取回避廉颇的做法，是出于这样的考虑：强大的秦国之所以不敢来侵犯赵国，就是因为有我二人在。如果我们二人互相争斗，必然两败俱伤，给秦国以可乘之机，我回避廉颇，是忍受耻辱而以国家利益为重。"

不久，蔺相如的话也传到了廉颇的耳朵里。廉颇被蔺相如的高风亮节所感动，觉得自己的做法太过分，太丢人，到蔺相如的府上去请罪。蔺相如见廉颇能屈尊前来，连忙跪下迎接，二人在推心置腹地交谈了一番后，结成了生死之交。

蔺相如能够赢得廉颇的友谊。完全是由于他有一颗爱国之心和以大局为重的思想。这段忍辱顾全的故事，成为流传百世的佳话。

亚历山大独特思维巧解结

亚历山大大帝（公元前356—323年），古代马其顿国王，亚历山大帝国皇帝。世界古代史上著名的军事家和政治家。他足智多谋，在担任马其顿国王的短短13年中，以其雄才大略东征西讨，先是确立了在全希腊的统治地位，后又灭亡了波斯帝国。在横跨欧、亚的辽阔土地上，建立起了一个西起希腊、马其顿，东到印度河流域的以巴比伦为首都的庞大帝国，创下了前无古人的辉煌业绩，促进了东西方文化的交流和经济的发展，对人类社会的进展产生了重大的影响。

古希腊的佛里几亚国的国王葛第士，用非常精妙的方式，在他的一个战车的轭上打了一串结。并且葛第士预言：如果谁能解开这个结，那么这个人就可以征服亚洲，成为真正的亚细亚王。然而直到公元前334年，仍然还没有一个人能成功地打开这个“哥顿神结”。

公元前333年，马其顿的将军亚历山大率领军队进入亚洲的一个城市扎营避寒。他听说城里有一个著名的预言：谁能解开城中那复杂的“哥顿神结”，谁就会成为亚细亚王。

亚历山大满怀信心地驱马前去解结。可是，他尝试了几个星期都无法找到结的两端，但他又不甘罢休。

亚历山大思来想去，突然顿悟：“我何不自己制定一个解结的规则呢?”

于是，亚历山大利剑出鞘，他将“哥顿神结”砍成两半，结被彻底“解”开了。

后来，亚历山大果然一举占领了比希腊大50倍的波斯帝国，实现了葛第士的预言。

这是一个神奇的故事，马其顿将军亚历山大面对神秘的“哥顿神结”

茫无头绪，百思不得其解，最终灵机一动，一剑斩断“哥顿神结”。亚历山大不是被习惯势力和思维束缚，而是大胆地摒弃了常规的、死板的传统规则，他采用的是独特的思维方式，用快刀斩乱麻的行动彻底解开了神结。用现在的话说，是一种不拘泥于常规的套路，“不按牌理出牌”，一种创造制胜的解法。面对难题，不要墨守成规，而要大胆创新。

或许每个人都知道绳结可以斩断，但真正做到的却只有亚历山大一个人。

亨利·法布尔曾做过一项有趣的研究。他研究的是巡游毛虫。

这些毛虫在树上排成长长的队伍前进，有一条带头，其余跟着。法布尔把一组毛虫放在一个大花盆的边上，使它们首尾相接，排成一个圆形。这些毛虫开始动了，像一个长长的游行队伍，没有头，也没有尾。法布尔在毛虫队伍旁边摆了一些食物。如果这些毛虫要想得到食物就要解散队伍，不再一条接一条前进。法布尔预想，毛虫很快会厌倦这种毫无用处的爬行，而转向食物。可是毛虫没有这样做。出于纯粹的本能，毛虫竟沿着花盆边一直以同样的速度走了7天7夜。它们一直会走到饿死为止。

这些毛虫遵守着它们的本能、习惯、传统、先例、过去的经验、惯例，它们干活很卖力，但毫无成果。许多办事不成功者就和这些毛虫差不多，他们自以为忙碌就是成就，干活本身就是成功。

成功的尺度不是做了多少工作，套用了多少经验，而是有多少成果。没有成果的付出只是徒劳。如果在社会中做事时能够破除经验和陈规俗套的拘泥，博采众家之长，就会走进人生的一个至高境界。

“我就不信!”人们常常这样说。这话是值得鼓励和付诸实践的。因为这是一种挑战复制性意识的一种思维，这也是一种不服模式、不服规则的创新的理念。我们不能只是一味地服从老规矩，也不能只循规蹈矩地做事和做人；而是应该有自己的独立思考的习惯，应该有怀疑的态度，应该有充分的自信，应该有不服传统与规则的反叛精神，只有这样，我们才可能创造出新的奇迹。但是，只会说“我就不相信”这句话还远远不够，还要付诸行动，要像亚历山大那样，不但有始终不渝的信念，而且还要有坚忍不拔的魄力和努力。

古人云：“法无定法，万法归宗。是法非法，非法亦法。法者招数也，无法者无招也，指南针无招，无招者，无定招也。”的确，世界上的事情，原本是非常简单的，纵使百般的跋涉，千般的辛苦才到达终点，却发现原来终点也是起点。古人云：“灭六国者六国也，非秦也。”因妄想而生挂碍，因挂碍而生恐怖，因恐怖而生迷惑。人生中最大的风险不是来自别人或外物，而是源于自我的迷惑。超然于自我，也就超然于生活的表象。此乃最难，也最易。

不要被原本的思维禁锢，打开思路，抛却原本的模式，创造自己的打开“哥顿神结”的方法。

福特适时放低自己

福特汽车公司是世界最大的汽车企业之一。福特汽车公司的历史始于上个世纪初，凭着创始人亨利·福特“制造人人都买得起的汽车”的梦想和卓越远见，福特汽车公司历经一个世纪的风雨沧桑，已经成长为第四大汽车公司。目前，它拥有许多世界著名汽车品牌：福特（Ford）、林肯（Lincoln）、水星（Mercury）、马自达（Mazda）、沃尔沃（Volvo）轿车。此外，还拥有全球最大的信贷企业——福特信贷，全球最大的汽车租赁公司 Hertz，和客户服务品牌 QualityCare。

1923 年，美国福特公司有一台大型发电机不能正常运转，公司里的几位工程技术人员百般努力都无济于事。

福特焦急万分，只好请来著名的德国籍科学家斯特罗斯。

斯特罗斯来到福特公司后，爬上爬下地在电机的各个地方静听空转的声音，然后用粉笔在电机的左边一个长条地方画了两道杠。

“毛病出在这儿，”科学家对福特说，“多了 16 圈线圈，拆掉多余的线圈就行了。”技术人员照此一试，电机果真奇迹般运转了。

大家对斯特罗斯表示非常感谢。

“不用谢了，给我 1 万美元就行了！”斯特罗斯说。

“天哪！画条线就要1万美元?”技术人员大吃一惊。

“是的!”斯特罗斯傲慢地说，“粉笔画一条线不值1美元，但知道该在哪里画线的技术超过9999美元!”

看着傲慢的科学家，福特不仅愉快地付了1万美元酬金，并且表示愿用高薪聘请他。

谁料，科学家毫不心动，他说现在的公司对他有恩，他不可能见利忘义去背叛公司。

福特一听，心想：这么有信誉的科学家实在难得，于是福特干脆花巨资把斯特罗斯所在的公司整个买了下来。

我们知道福特当时已经有显赫的地位和惊人的财富，然而故事中的福特竟然“放下面子”，甘愿忍受斯特罗斯的傲慢。归结起来，是因为福特清楚地知道：成大事的人，必须要以人为本，而斯特罗斯那时就是福特眼中的无价之宝。所以为了留住这个无价之宝，福特甚至不惜花费巨资买下了斯特罗斯所属的公司，借此才拥有了一名有能力的斯特罗斯。由此可见，我们在求人办事，必要的时候，必须放下身段，才有望办成自己的事情。

“不骄方能师人之长。”一个人要想获得超人的智慧和经验，必须懂得把自己放低。我们经常说“要夹着尾巴做人”。做学问如此，做人如此，实际上办事也需要如此。我们只有适当地放低自己、才能够尊重别人，才能够正视别人的意见，才可能接受别人的建议，才可能得到他人的指点和帮助，最终才能办成自己的事情。

当人的“身段”是一种“自我认同”时，这并不是不好的事情，同时应该看到这种“自我认同”也是自我的一种限制。于是有高级主管不愿意主动找下级职员从事，知识分子不愿去做“体力劳动”的工作，贵公子不愿意和贫贱女谈恋爱，大多博士不愿当基层的小差役……他们认为，如果那样做，就有损他们的身份。

然而这种所谓的“身段”效应只能使自己把路越走越窄，尤其是在关键时刻，如果还不放下架子或是“身段”，那么就有可能把自己逼上绝路。

所以，我们办事的时候，放低自己，就是辩证地抬高别人，如何抬高别人呢？首先自己得有谦虚的态度，若是以自己的傲慢去办事，最终是会做不成的。

年幼时总是背脊挺的很直，从不愿弯曲分厘；真正开始明白世事之后，知道了在通向成功的道路上是有许多障碍物，想要越过障碍，你或许要绕道、或许要跳跃、或许要弯腰。如果你不依势而行，你注定将走不到成功的目的地。

古时的“越王勾践，卧薪尝胆”让我知道了“谋大事者，不拘小节”！

在通往成功的道路上，不要太过于矫情。要适时度势放低自己的身段。

当然前提是，做人自尊、自爱的原则不能打折。

放低自己，方能以平常心做平常事，以平常事造就非凡业。放低自己，就是通常所说的低调做人、潜心做事。就是不张扬、不炫耀、不卖弄，不随意抬高自己的价值，就是不心浮气躁、见异思迁、夸夸其谈，而是静心以待、专心致志，尽心竭力、持之以恒。

放低自己，就要学会适时放弃。人不能贪恋太多，否则会适得其反。事物有得必有失，失去的不一定是损失，也可能是获得。一个老人在行驶的火车上不小心从窗口上弄丢了一只新鞋，周围的人群惋惜，不料老人立即扔出第二只鞋。老人的想法是：这一只鞋无论多么的昂贵对自己而言都没有用了，如果谁能捡到一双鞋说不定他还能穿呢！与其抱残守缺不如适时放弃，做人做事胸怀平常心，学会从生活的每一个角落发现乐趣和意义。人生并不一定完美，但残缺也是一种真实的美。杯子的缺角你不去看它，整个杯子就是圆的！

放低自己，要懂得留有余地。不要把自己生命的杯子倒满流溢，那样活得太累，要留给自己一定的空间，让心灵得到一丝喘息。放低自己，留有余地，才能得到一脉流水，才能吸纳别人的智慧和经验。不要总埋怨上天的不公平，不要总认为自己不合时宜。不做自己做不到的事情，只要找准自己的方向和位置，就要努力之、尽力而为之。只要活出你自己，就会活得很精彩，虽不怎么轰轰烈烈，但平平淡淡也是真。一个不懂平常心的人，将会永远陷在欲望无边的痛苦沼泽之中，把自己置于孤立无援的地步。

人要自尊、看得起自己，更要放低自己，把自己的身份、地位、资历、才华、实力等看得比别人低一点。谁拥有放低自己的意识并学会放低自己，谁就能心想事成、安康幸福。一些人失败、挫折的深刻教训，就在于不能放低自己。

人在干事创业中，也应当放低自己。干事创业有了更多的舞台和更广的空间。对众多事业有成者来说，不能以有本事自居，觉得“自己了不起、别人离不开自己”，一定要低调些；对于业绩平平者来说，不能自己干不成事还对别人不服气，不负责任地批评、指责人，甚至使绊子、出难题、添麻烦，抬高自己、贬低别人。

人在社会交际中，也应当放低自己。领导和下级相处时，要放低自己。领导要设身处地为下级着想、服务，真心实意向下级学习、请教，不仅要经常想到下级的长处、实绩和才能，还要经常想到自己的缺点、错误和不足，决不能为顾及脸面，强词夺理地推错或不愿认错；党员干部和群众相处时，要放低自己。要为群众说话，为群众办实事、解忧愁，当名符其实的人民公仆。在这方面革命领袖和伟人做出了榜样。毛泽东同志一生全心全意为人民服务，让中国人民站起来。他称赞群众是真正的英雄，在天安门城楼上高呼“人民万岁”。邓小平同志对人民感情深厚，想方设法让中国人民富起来，说自己是“中国人民的儿子”。江泽民同志心系中国人民，提出“三个代表”重要思想。胡锦涛同志亲民、爱民，以民为本，要求践行“权为民所用，利为民所谋，情为民所系”。人与亲朋好友相处时，要放低自己。不能以自己年龄大、辈份长看低别人，不能以自己职务高、身份显看低别人，不能以自己名声大、影响大看低别人，不能以自己有专长、有作为看低别人，不能以自己权势大、财富多看低别人。

人在特殊环境中，应当放低自己。有点权势的人，不要看低别人。切记人有点权势是暂时的，有权势不为民作主，不如回家卖红薯。有点钱财的人，不要看低别人。万万不要以为有钱能使鬼推磨，有钱就拥有一切，人间比金钱贵重的东西多着呢。有点名气的人，不要看低别人。你因工作成绩突出或在某一方面某一领域有所作为而获得奖励、表彰等荣誉后，不可沾沾自喜、感觉身价百倍，即便你是当今时代的名家、大腕，也离不开众人的喝彩、支持。

人在家庭生活中，应当放低自己。作为父母、长辈，应放低自己。不摆架子，不讲威严，平等对待儿女和晚辈。不动辄生气、发火，不搞“家长制”，不搞“一言堂”；作为夫妻，双双应放低自己。你是丈夫，不当“大男子汉”和“甩手掌柜”，关心、体贴妻子，多干点家务，多和妻子交心、沟通。你是妻子，要当贤妻良母，尽心尽责地教育儿女，支持丈夫事业，使家成为丈夫和子女可随时停靠的温馨、和谐的港湾；作为儿女，应放低自己。不管自己当多大官、有多大名、有多少钱，在父母面前，都要弯下腰来，当孝顺儿女，不让父母操心、担忧，事事处处给父母争光。

放低自己，是一种选择、一种境界。新时代、新形势下，放低自己品自高，放低自己最为高。

纪晓岚巧答皇上问话

纪昀（1724－1805），字晓岚，一字春帆，晚号石云，道号观弈道人，清代文学家。生于清雍正二年（1724 年）六月，卒于嘉庆十年（1805 年）二月，历雍正、乾隆、嘉庆三朝，享年 82 岁。因其“敏而好学可为文，授之以政无不达”（嘉庆帝御赐碑文），故卒后谥号“文达”，乡里世称文达公。

纪晓岚似乎与避暑山庄有不解之缘。作为文学侍从，皇帝的“御笔代言人”，他也几次来到这片与他的命运大有关联的土地。

自康熙后期开始，皇帝总是带着大队人马来承德避暑，一般是六月启行，八月中旬回銮，几乎年年如此，堪称“马背上的王朝”。只有雍正皇帝，一次也没有去避暑山庄。到了乾隆时，除南巡、西巡、东巡等年份有大活动外，每逢炎夏，乾隆皇帝每年总是要到这里来的，这是他的习惯，一面处理政事，一面打猎、游玩，非常惬意。

这避暑山庄附近有座大佛寺，寺内佛像塑造得栩栩如生，尤其是那尊大肚皮弥勒，袒胸露腹，直冲那些善男信女憨笑。

一日，乾隆皇帝由纪晓岚和几个侍卫陪同来到这里。乾隆皇帝见到弥勒佛那副笑容可掬的憨态，觉得很有趣，心中一动，又想诘难纪晓岚，所以冲着纪晓岚用手指大肚弥勒佛道："纪爱卿，此佛为何见朕发笑?"

这个问题问得很奇怪，佛像本身塑造得如此，任何人面对他，都是这副模样，怎么仅说对乾隆皇帝发笑呢？但纪晓岚明白，这是乾隆皇帝有意为难他，沉吟一下，答道："这是佛见佛笑。"

"此话怎讲?"乾隆皇帝问道。

"圣上乃文殊菩萨转世，系当今之活佛。"纪晓岚装得十分恭谨地说，"活佛来见佛，故曰'佛见佛笑'。"

"嗯，说得好。"乾隆皇帝道。但他不甘心就这样便宜了纪晓岚，总得让纪晓岚窘迫得答不出来，所以他想了想，突然眼睛一转，又问道："纪爱卿，佛见卿也笑，这是为何呢?"

佛见皇帝发笑，为何见臣僚也发笑呢？如果依照前面的理由解释，那臣僚与皇帝成了同等的地位，这在君臣关系上是犯大忌的，说得不好惹怒君王，还有杀头之祸。

纪晓岚听后马上一怔，惊出一身冷汗来，但他很快平静下来，略一思索，笑着答道："圣上，佛见臣笑，是笑臣不能成佛。"作为臣子的纪晓岚，充分了解乾隆的个性心理，巧妙地回应到。他不但明白臣僚和皇帝是有尊卑之分，而且面对棘手问题时，还运用智谋巧妙地贬低了自己，抬高了乾隆九五之尊的天子身份。

"圣上，佛见臣笑，是笑臣不能成佛。"这话就把君臣差别拉得远远的，一点也不犯忌。乾隆皇帝原想攻他的难处，却被他巧妙地避开了，所以心中着实佩服纪晓岚的才智。纪晓岚就是凭着他的学识、机智成就了他清代著名学者声誉、当上吏部尚书，成了乾隆身边不可多得的"贴身红人"。

现实生活中，下属如何和领导相处呢?

领导者也是人，作为一个人，他有他的性格、爱好，也有他的作风和习惯。对领导有个清楚的了解，不要认为这是为了庸俗地"迎合"领导，而是为了运用心理学规律与领导进行沟通，以便更好地处理上下级关系，做好工作。人性中有一种最深切的秉性，就是被人恭维的渴望。与领导者交往时要永远记住，领导者都希望下属恭维他、赞扬他。你要找出领导的优点和长处，在适当的时候给领导诚实而真挚的恭维。你可以请领导畅谈他值得骄傲的东西，请他指出你应该努力的方向，你要恭恭敬敬地掏出笔记本，把他谈话的要点记录下来。这样他会觉得你是一个对他真心钦佩、虚心学习的人，是一个有培养前途的人。

即使是自己不喜欢的领导，你也要给予适度的恭维。下属应该明白，上级之所以把他安排在这个岗位上，一定有他的原因。现实中有太多的时候，我们并不了解对方。领导者所做每一件事情，都一定有他的理由。对你看不惯的方面，你不要过多地批评、指责和抱怨，更不要当面顶撞或争论，而要给予充分的谅解，必要时给予领导适度的恭维。

说话是一门艺术，和领导说话更是需要把握分寸。到底要怎么样才能说好话呢？这里有几个需要把握的技巧：

1. 不该说的话不说。（1）既定的事实别说。领导决定的事情就不要再去做任何评价。做决定是领导的事情，我们首先要认清楚自己的职位，不要给出超越自己权利以外的建议和想法，否则受到伤害的会是你自己。无论这些建议和想法对公司有多大的好处，都要学会不说的原则。然而，在公司确定最后的决策之前，最好把自己的想法说出来，因为这是你的职责。（2）正在做的事不要说。这就是说，如果上司是错的，那就让他错到底，最后他会来总结和检讨前面的工作的。通常，上司每天都要做很多决策，即使最优秀的上司也不能保证所有决策的正确性，正确的决策只占总数的70%。（3）发生过的事不要再提。这是说我们在追究责任时，只能够采用适度的原则。要记住：不是任何事情都要追究到最后的责任人。有些小事情，如果过分地追究责任，会严重伤害对方的面子，这样一来，以后的事情就不好做了。不过这个原则主要是针对一些聪明人而提出的，因为你不追究，这些聪明人也知道自己错了，双方都心知肚明。然而对于一些没有自知之明的人，还需要经常旁敲侧击一下，要追究责任到人，否则对方不能得到提高。

2. 遇到好坏事情怎么说。(1)好事情用新闻方式传播。我们中国人不太善于赞美别人，而是习惯把对别人的赞美埋在心里，总是习惯采用批评来帮助别人进步，其实这个想法不科学，因为赞美远比批评带给别人的进步要大。所以，别人一旦有了好做法、好想法就要学会适度赞美，要夸奖，只有这样才有完美的人际关系，才会为以后的成功打下基础。(2)坏事情要先说结果。先讲坏事情的结果，这样就有了沟通的底线，剩下的时间也可以用来沟通怎样解决遇到的难题。

3. 不确定的话怎么说。许多时候，我们说话不是要明确什么观点，而只需要表明自己的态度，或者去试探别人的态度。这样的说话技巧最好采用“放话”。通过放话，可以有效地试探对方的反应，这样自己做出的决策才比较适当，同时，也可以显示自己的英明决策和英雄气概。通常，在政界用这个办法的很多。在政界，人们通常采用召开新闻发布会的方式，来表明自己的态度和试探别人的态度。

4. 不同的人说不同的话。这里主要说的是业务员与不同公司的高层领导人对话的策略，归结起来就是：见人说人话，见鬼说鬼话，不人不鬼说胡话。

有经验的人都很清楚，针对不同的人、不同的事情、在不同的时机，说话的方式也会大不一样。事实上，很多沟通技巧都需要综合地运用，如先听后说，要以对方为中心等。正是因为我们每一个人的背景不同、经验不同。因此对沟通技巧的认识和掌握也不同。

班超大度容人

班超一行在西域联络了很多国家与汉朝和好，但龟兹恃强不从。

班超便去结交乌孙国。乌孙国王派使者到长安来访问，受到汉朝友好的接待。使者告别返回，汉章帝派卫侯李邑携带不少礼品同行护送。

李邑等人经天山南麓来到于阗，传来龟兹攻打疏勒的消息，李邑害怕，不敢前进，于是上书朝廷，中伤班超只顾在外享福，拥妻抱子。不思中原，还说班超联络乌孙，牵制龟兹的计划根本行不通。

班超知道了李邑从中作梗，叹息说："我不是曾参，被人家说了坏话，恐怕难免见疑。"他便给朝廷上书说明情由。

汉文帝相信班超的忠诚，下诏责备李邑说："即使班超拥妻抱子，不思中原，难道跟随他的一千人都不想回家吗?"诏书命令李邑与班超会合，并受班超的节制。汉文帝又诏令班超收留李邑，与他共事。

李邑接到诏书，无可奈何地去疏勒见了班超。班超不计前嫌，友好地接待李邑。他改派别人护送乌孙的使者回国。还劝乌孙王派王子去洛阳朝见汉帝。乌孙国王子启程时，班超打算派李邑陪同前往。

有人对班超说："过去李邑毁谤将军，破坏将军的名誉。这时正可以奉诏把他留下，另派别人执行护送任务，您怎么反倒放他回去呢?"

班超说："如果把李邑扣下的话，那就气量太小了。正因为他曾经说过我的坏话，所以让他回去。只要一心为朝廷出力，就不怕别人说坏话。如果为了自己一时痛快，公报私仇，把他扣留，那就不是忠臣的行为。"

李邑知道后，对班超十分感激，从此再也不诽谤他人。由此看来，在处理复杂的人际关系时，宽容不失为一剂利人利己的良药。

有人说，宽容是一种修养，一种处变不惊的气度，一种坦荡，一种豁达。宽容是人类的美德。荷兰的斯宾诺沙说过：人心不是靠武力征服而是靠爱和宽容大度征服的。宽容如阳光，亲切，明亮。温暖的宽容也确实让人难忘。二战结束后不久，在一次酒会上，一个女政敌高举酒杯走向邱吉尔，指了指邱吉尔的酒杯说："我恨你，如果我是您的夫人，我一定会在您的酒杯里投毒！"显然，这是一句满怀仇恨的挑衅，但邱吉尔笑了笑，挺友好地说："您放心，如果我是您的先生，我一定把它一饮而尽！"这样从容不迫的回答也就给了对方一个极其宽容的印象。宽容是一种大智慧，一种大聪明！

现实生活中，与朋友交往，宽容是鲍叔牙多分给管仲的黄金。他不计较管仲的自私，也能理解管仲的贪生怕死，还向齐桓公推荐管仲做自己的上司。与集体交往，宽容是光武帝刘秀焚烧投敌信札的火炬。刘秀大败王郎，攻入邯郸，检点前朝公文时，发现大量奉承王郎、侮骂刘秀甚至谋划诛杀刘秀的信件。可刘秀对此视而不见，不顾众臣反对，全部付之一炬。他不计前嫌，化敌为友，壮大自己的力量，终成帝业。这把宽容之火，烧毁了嫌隙，也铸炼坚固的事业之基。

当然要想获得宽容，也离不开共赢观与换位观的树立。共赢观简单来讲就像一句广告语中所说的"大家好，才是真的好！"这是对过度竞争观的否定，是一种真正的集体主义。我们需要宽容同学，宽容自己在竞争中的对手。林肯总统对竞争对手曾经以宽容著称，后来终于引起了议员的不满，议员说："你不应该试图和那些人交朋友，而应该消灭他们。"林肯微笑着回答："当它们变成我的朋友，难道不是正在消灭我的敌人吗？"林肯总统的话一语中的，多一些宽容，公开的对手或许就是我们潜在的朋友。而换位观则需要我们换位思考，进行角色的转换。同学的交往若产生了磨擦，应当把自己和对方所处的位置关系交换一下，站在对方的立场上，以他的思维方式或思考角度来考虑问题。这样，当你本来想发怒的时候，通过换位思考，你的情绪就会变得平静下来；当你觉得对方不可理喻的时候，通过换位思考，你会真切的理解他此时此地的感受；通过换位思考，你也会变得宽容。

历代圣贤都把宽恕容人作为理想人格的重要标准而大加倡导。《周易》中提出"君子以厚德载物"，荀子主张"君子贤而能容罢，知而能容愚，博而能容浅，粹而能容杂”。学会了宽容，同样也是学会了处世。人是社会的人，世间并无绝对的好坏，而且往往正邪善恶交错，所以我们立身处世有时也要有清浊并容的雅量。佛家有云：“精明者，不使人无所容。”我们常说的“得饶人处且饶人”，也是这个道理。事实上，宽容并不代表无能，却恰恰是一个人卓识、心胸和人格力量的体现，即所谓“海纳百川，有容乃大”。

安德鲁·马修斯在《宽容之心》中说过这样一句能够启人心智的话：“一只脚踩扁了紫罗兰，它却把香味留在那脚跟上，这就是宽容。”生活如海，宽容作舟，泛舟于海，方知海之宽阔；生活如山，宽容为径，循径登山，方知山之高大；生活如歌，宽容是曲，和曲而歌，方知歌之动听。同学们，让我们多一些宽容，也就多了一份理解，多了一份信任，多了一份友爱。愿你我的胸怀像大海，无所不容；心宽如天空，无所不包容。

适度的宽容，对于改善人际关系和身心健康都是有益的。这种宽容，指的是对于子女或别人在生活、工作、学习中的过失、过错采取适当的“羞辱政策”，有效地防止事态扩大而加剧矛盾，避免产生严重后果。大量事实证明，不会宽容别人，亦会殃及自身。

过于苛求别人或苛求自己的人，必定处于紧张的心理状态之中。由于内心的矛盾冲突或情绪危机难于解脱，极易导致机体内分泌功能失调，诸如使儿茶酚胺类物质——肾上腺素、去甲肾上腺素过量分泌，引起体内一系列劣性生理化学改变，造成血压升高，心跳加快，消化液分泌减少，胃肠功能紊乱等等，并可伴有头昏脑胀、失眠多梦、乏力倦怠、食欲不振、心烦意乱等症候。紧张心理的刺激会影响内分泌功能，而内分泌功能的改变又会反过来增加人的紧张心理，形成恶性循环，贻害身心健康。有的过激者甚至失去理智而酿成祸端，造成严重后果。而一旦宽恕别人之后，心理上便会经过一次巨大的转变和净化过程，使人际关系出现新的转机，诸多忧愁烦闷可得以避免或消除。

宽容，意味着你不会再为他人的错误而惩罚自己。宽容地对待自己，就能心平气和地工作、生活，这种心境是充实自己的良好状态。

宽容，意味着你有良好的心理外壳。

宽容，对人对自己都可成为一种毋需投资便能获得的“精神补品”。学会宽容不仅有益于身心健康，且对赢得友谊，保持家庭和睦、婚姻美满，乃至事业的成功都是必要的。因此，在日常生活中，无论对子女、对配偶、对老人、对学生、对领导、对同事、对顾客、对病人……，都要有一颗宽容的爱心。宽容，它往往折射出人处世的经验，待人的艺术，良好的涵养。学会宽容，需要自己吸收多方面的“营养”，需要自己时常把视线集中在完善自身的精神结构和心理素质上。否则，一个缺乏现代文明阳光照射的贫儿，当被人们嗤之以鼻，不屑一顾

当然，宽容决不是无原则的宽大无边，而是建立在自信、助人和有益于社会基础上的适度宽大，必须遵循法制和道德规范。对那些蛮横无理和屡教不改的人，则不应手软。从这一意义上说“大事讲原则，小事讲风格”，乃是应取的态度。处处宽容别人，决不是软弱，决不是面对现实的无可奈何。在短暂的生命里程中，学会宽容，意味着你的思想更加快乐。宽容，可谓人生中的一种哲学。

在社会生活中，人就得体淡泊，学会宽容！宽恕就是给人机会，给自己机会。……接受自己和喜爱自己，会制造出一种安全感、自信心，故此能使我们福至心灵，万事得心应手。

我们可能不知道怎样去宽恕别人和宽恕自己，甚至根本不希望有宽恕，或不知道可以宽恕。事实上，宽恕他人，宽恕自己，都是必须的。人谁无错？连圣人都有错，何况普通人？宽恕就是给人机会，给自己机会，“化干戈为玉帛”是世界上所有的好事之一，非常重要。

在知道“宽恕”的重要后，便要能够去实行。我们可以下定决心，对一个害过我们的人说：“我准备宽恕你，虽然你过去对不起我，但我决心宽恕你，不再记恨，让你自由自在，这就是解怨解结。”这一句话很有份量，你不单解放了他人，也解放了自己，不会再被怨恨所困。

要是你对这一个人感到很难宽恕，那就证明这一个人其实是你最需要去宽恕的，只要你肯宽恕、准备宽恕。

一个人认识自己的痛苦容易，认识别人的痛苦较难。其实想通了就会知道，他们也已经尽了全力，只是不自禁的做错事罢了。既然做错，他们

的痛苦和需要被原谅是必然的。

要做到宽容并不容易，需要有广阔的胸襟。当你的真诚被视作幼稚，你的勇敢被视作鲁莽，你的灵活被视作滑头，你的让步被视作了软弱，你的慎重被视作保守，你的赞美被视作讽刺，你怎么办？凄凄惨惨地躲起来哭？哭不能改变别人的看法，伤心的还是自己；喋喋不休地为自己申辩？那只能成为人们茶余饭后的笑料；羞羞答答地按照别人的看法了来改变自己？那更会使自己失去自信，失去自我。在没有理解的地方，会激发出自尊的力量。不要乞求理解。不求理解，你就没有不被理解的烦恼；不求理解，你才有更加坦荡的胸怀和义无返顾的勇气。只有学会宽容，能够容纳不同的意见，让风和雨交织在一起，才能看到美丽的彩虹；让爱和恨缠绕在一起，才懂得真情的可贵；把赞美和批评留在心底，才能够塑造完整的自我，保持自己的良好品性。

宽容为怀是解决问题的最好途径。待到你的勇敢战胜了一个个困难，你的慎重一再避免了失误，你的真情融化了别人心头的坚冰，你的灵活使我们化险为夷、转危为安，你的让步给双方带来了广阔的天地，你的赞美得到了公众一致认可，人们便会更加理解你、信任你。

人与人之间需要宽容、需要理解。宽容是催化剂，可以消除隔阂，减少误会，化解矛盾；宽容是润滑剂，能调节关系，减少磨擦，避免碰撞；宽容是清新剂，会令人感到舒适，感到温馨，感到自信，感到世界的美。

宽容别人，首先要学会宽容自己。当你遇到挫折的时候，自己要保持良好的心态，要有战胜困难的信心和勇气。你不小心跌倒了，不要趴在地上懊悔，应该站起来擦亮眼睛继续往前走；路走错方向了，不要停留在原地转圈，要迎着日月星辰，明辨方向不动摇。人不理解其实并不可怕，可怕的是我们对自己失去了信心。高山不理解流泉，设置了许多路障，泉水却永不停歇，绕过顽石，跳下断崖，变成了飞瀑，变成了大江，奔向浩瀚的大海。船不理解岸，总要离去，但岸总是等待着，永远张开宽大的臂膀。太阳不理解月亮，不喜欢她惨白的光，月亮却永远追随着太阳，当太阳落山后，她用淡淡的柔光照亮整个黑夜。

汉昭帝明辨忠奸

汉武帝临死前，立八岁的弗陵为皇太子，并嘱托霍光、金日磾、上官桀三个大臣辅佐执政。武帝死后，弗陵即位，这就是汉昭帝。

在三个辅政大臣当中，金日磾死得最早。剩下的霍光、上官桀二人意见常常不一致，矛盾很深。霍光在汉武帝时代与匈奴打过很多仗，因功劳大而升为大将军，为国忠心耿耿，一心一意辅佐昭帝。上官桀则不然，他与昭帝的哥哥燕王刘旦的关系很好。刘旦因为没有当上皇帝参与谋反而受到朝廷处分。昭帝继位后，上官桀与刘旦仍然保持着私下的来往。并商量好时机一旦成熟，就推翻昭帝，刘旦称帝。正因为如此，他们便把霍光当成阴谋篡权的最大障碍，处心积虑地打击他。

一次，霍光外出检阅御林军，事后又把一个校尉调到大将军府里来。上官桀便抓住这件事大做文章。他让自己的亲信模仿燕王刘旦的口气和笔迹给皇帝写了一封信。派心腹经过乔装打扮递进宫里。

十四岁的汉昭帝接到这封自称是燕王的来信。打开一看，只见上面写着："据闻大将军霍光外出检阅御林军，居然坐着和皇上一样的车子，又自作主张，擅自调用校尉，可见他心有异志。我担心他对皇上不利，愿意奉还燕王的玉玺，到京城来保卫皇上。"昭帝看了一遍又一遍，放在了一旁。

第二天早朝，霍光听说燕王上书告发他，心里很害怕，躲在偏殿的画室里等待发落。昭帝临朝时，不见霍光。便问："大将军为何未来?"上官桀幸灾乐祸地回答说："大概是因为被燕王告发，不敢入朝。"昭帝派人去请霍光。霍光见到昭帝，赶紧摘下帽子，伏在地上请罪，上官桀见霍光请罪，以为这是一个落井下石的好机会，想再添油加醋地说上几句，把霍光扳倒。昭帝却和颜悦色地对霍光说："大将军请戴上帽子，朕知道有人陷害你，你没有罪。”这番话对上官桀和与他亲近的那些大臣来说，好比是泼了一盆冷水，而霍光听了又是高兴又是奇怪。他恭恭敬敬地给皇帝磕了头，说：“陛下，为什么这样说？”昭帝说：“大将军检阅御林军的地点离城不远，调用校尉也是最近的事，一共不到十天工夫。燕王远在千里，怎么会这么快就得到消息？即使知道了，马上派人来上书，也来不及赶到这里。再者，如果大将军真要谋反，也用不着调一个校尉。我看，写这封信的人才是别有用心。”霍光和其余大臣听了，都很佩服皇帝的英明。

昭帝讲完这番话，严厉下令捉拿制造和进呈假信的人。上官桀虽然作了防范，但是昭帝追问得很紧，怕事情败露，多次出面阻挠说：“区区小事，不必认真追究。”昭帝不仅没有听从，反而对他的忠诚产生了怀疑。后来，昭帝果然发现了上官桀与燕王刘旦阴谋政变，派霍光将他们一网打尽。上官桀父子及同谋大臣被杀，燕王刘旦等自裁，使国家避免了一次内乱。

汉昭帝在位时间虽然不长，他却能明辨忠奸、任用贤良，他当政的那几年，天下很太平，用史书上的话来说就是“百姓充实，四夷宾服”。

吴起宽厚待士兵

吴起是战国初期著名的政治改革家，卓越的军事家、统帅、军事改革家。汉族，卫国左氏（今山东省定陶，一说曹县东北）人。后世把他和孙武连称“孙吴”，著有《吴子》，《吴子》与《孙子》又合称《孙吴兵法》，在中国古代军事典籍中占有重要地位。

领导者必须是一个心胸宽广、宽厚容人、团结同志、善于合作，具有凝聚力的人。法国著名作家雨果曾这样说道：“世界上最宽阔的东西是海洋，比海洋更宽阔的是天空，比天空更宽阔的是人的心灵。”领导者不要斤斤计较个人的得失，大事讲原则，小事讲风格，求大同，存小异，互谅互让，能认真听取和善于采纳不同意见，“豁达大度，从谏如流”，绝不能因别人与自己的看法不一样，就对其排斥否定，侧目而视；要不徇私情，不计较个人恩怨，不从个人好恶出发；要允许别人犯错误，并真心帮助他们改正错误，要宽宏大量，宽厚容人，绝对不可落井下石，幸灾乐祸，一脚踢开。不仅要团结和自己意见相同的人，而且更要善于团结和自己意见不同，甚至曾反对过自己的人一道工作。

吴起是中国历史上的一位名将，既然身为名将，除了骁勇善战以外，与士兵同甘共苦，在士兵中享有崇高威望，也是他成功的一个重要方面；吴起在军队中总是和下级士兵们同甘共苦，穿一样的衣服，吃一样的食物，睡觉时不铺席，行军时不愿乘车，自己备粮食，并且自动分担士兵的苦恼。

有一次，一位士兵在阵前因为生了肿瘤而痛苦不堪，吴起见状毫不犹豫地用口将其肿瘤内的脓渡吸出。那位士兵和在场的人都感动不已，后来，那位士兵的母亲听到了这个消息，忽然放声痛哭起来。旁边的人觉得很奇怪。就问他：“你的儿子只不过是一个小小的士兵，却蒙吴将军亲自将他身上的脓吸出来，你应该高兴才对，为什么反而伤心地哭泣呢？”那位母亲回答：“先夫早年也是吴将军不弃，吸取他肿瘤里的脓，从此他跟随吴将军四处打仗，以此报答吴将军的大恩，最后终于死在战场上。如今吴将军又为我儿子吸出脓渡，这不是显示我儿子也将步了父亲的命运吗？这叫我怎么不伤心呢？”可见吴起的行为对士兵的影响多么大。

宽以待人，不管是在朋友之间、同事之间、还是上下级之间都有着重要的作用。吴起在对待下级时充分做到了这一点，他的这一行为使得士兵对他更加忠心，作战更加英勇，不惜视死如归来报答他。

也许有人认为，宽厚是天生的。其实并非如此。如果一个孩子从小就总被人们夸奖：你是个善良、宽厚、懂礼貌、善解人意的孩子。那么他就会有一种自信，就会尽力造就自己，使自己成为名副其实的善良、宽厚、真诚的人；如果一个孩子从小总被人们斥责：你是个无教养、没礼貌、讨人嫌的家伙。那么久而久之，他就会失去自尊心，就真的养成自私、刻薄、没人情味的坏品质。人人心中都有做人的标准，并用这个标准指导自己的行动。我们要求一个人宽厚待人，我们首先宽厚待他。少一些斥责，多一份宽容。使他自觉改造自己，用内因去起作用。这样人人都能成为宽厚待人的人。

宽厚待人能帮助我们消除日常生活中所产生的摩擦与不快，这一点在家庭生活中最为明显。如果妻子或丈夫一方有做的不对的地方，另一方不是恶意指责，而是求同真心实意，存异体谅包容。这样就等于给婚姻打了一针稳定剂。

宽厚待人、和颜悦色适用于所有的人与人之间的关系。有一个人遇到这么一件事，一天天气很闷热，他和一个朋友到自助餐厅吃饭。那天吃自助餐的人特别多，正当他们饶有兴致地挑选自己爱吃的饭菜时，一位先生在碰撞中将盘中的饭菜撒在了他的身上，对方在抱歉的同时赞美他的衣服很漂亮。他虽有些不快，但还是表现的很大度，他风趣地回言到："加了佐料，上了颜色的衣服更漂亮。"引得在场的人笑声一片，他的宽厚与大度消除了一场"热战"。没有人不会被真心诚意的宽厚待己所感动。宽厚和大度不仅最容易缩短两颗敌视的心之间的距离，也感染周围所有的人，给大家带来愉快。宽厚是一种力量，能引起精神的共鸣、心灵的沟通、情操的畅行。会让人驱散心中的浓雾、摆脱沉沉的阴影、拂去心底的怨恨。宽厚、友善永远强过激烈狂暴。宽厚待人是人性中的真、善、美，是世间永远的阳光。

人生之路不可能一帆风顺，生活当中，令人心碎、受伤害的事人人都会遇到，这些事情总会或多或少影响到你的情绪。但是你有权控制你的情绪，却无权控制他人的不恭。遇到这些事时，有人用宽厚的心态去对待，就会感到快乐；有人用凄惨的心态去理解，就会感到痛苦；如果用不健康的思维去认识，还有可能会生病。人们的痛苦与欢乐完全是由自己的心态决定的。所有对别人的埋怨、责备都是人类造出来的。事情发生了就让它过期作废。大动干戈，自找气生，无济于事。明白了这个道理，就要保持一种真诚、宽厚的心态。在受到伤害或逢遭剧变时，抛开愤怒、丢掉怨恨、宽待他人、释怀苦恼，你就会获得心灵的平静。你的心有多宽厚，你的人生大道就有多宽敞，你的人格就有多高尚，你的事业就有多辉煌。不宽厚待人，就不能成大业。一个不懂得宽厚待人的人，也就不能成为伟人。美国哲学家爱默生说：以伟人的风度待人，人才能表现出伟人的风度。

宽厚待人，生活会回赠你快乐。怨天尤人，快乐也会成为烦恼。

要想活得快乐，心底就得宽厚。不会宽厚待人的人，否定别人的人，常常心中有结，久积成病。据说美国前总统林肯不光是被凶手刺杀的不幸，更不幸的是他的婚姻。林肯夫人总是严以待人，怨气冲天。对林肯做的每一件事她都无端指责，动不动就暴跳如雷。甚至林肯的一个小小的动作她都觉得恼火。由于她的暴躁、刻薄，最后患了精神病。如果她心态宁静、心怀淡泊、心底宽厚、不吹毛求疵，她就不会饱尝精神失常的苦果。只要你有一颗宽厚的心，你就会赢得源源不断的快乐。一个不会宽厚待人的人，永远无法体会宽厚待人所得到的喜悦。

夫妻之间、邻里之间、同事之间、认识的不认识的，不妨多一份宽厚，少一份刻薄。学会宽厚待人，全力收获快乐，你就会惊奇的发现，生活多么美好。

献出你宽厚的心吧，你的生活乐趣就会宽朗平和、你的生活空间就会宽阔无比、你的生活内容就会丰富多彩。随处撒播你的宽厚，给别人一个宽厚的微笑、一个宽厚的眼神、一句宽厚的话语、一个宽厚的拥抱，让包容、宽厚成为世间联系的纽带，让人人都有生活在幸福世界的感觉。

第五章

BAIWEIMINGRENCHUSHIZHIHUI

名人之说话艺术

人常说到什么山上唱什么歌，见什么人说什么话，这是人之常情。

《吕氏春秋》中说："善于言谈的人，可以因他人的力量作为自己的力量，因自己的来而来，用自己的去而去……顺风而呼，声音不加强也快，登高而望，视力不增加也看得明白。"所以，我们为人处世，如果因人而为，必然会花费很少的力气就达到自己的目的。否则，必会贻笑于人。

樊哙抓住人心的赞美

樊哙（前242—前189年），沛县（今江苏省沛县）人。西汉开国元勋，大将军，左丞相，著名军事统帅。为吕后妹夫，深得汉高祖刘邦和吕后信任。为大汉开国皇帝汉高祖刘邦第一心腹，楚汉时期仅次于项羽的第二猛将，是一位大汉名将。封舞阳侯，谥武侯。

公元前208年，楚汉之争的结果是刘邦打败了项羽，刘邦心里自然很骄傲，常常问群臣为何能打败项羽这个问题。

然而群臣大都了解刘邦胜者为王的心理，于是对他赞美不已，刘邦遂产生了自满情绪，执政的积极性慢慢懈怠下来。

一次高祖刘邦生病后整日留在后宫中，下令不见任何人，不理朝政。满朝的文武百官都无计可施，就连跟随刘邦多年的周勃、灌婴等身经百战的元勋都找不到办法。

这时候，大将樊哙想出了一个点子，他直接闯进宫中进谏，他掷地有声地对刘邦的过去进行了一番赞美："想当初，陛下和臣等起兵丰沛定天下之时，那是何等的豪情壮志！那时候，君臣上下团结，同甘共苦，终于打败了项羽，建立了汉朝基业。"

就这几句话激起了刘邦的自豪之情，然后樊哙话锋一转："现在天下初定，百废待兴，陛下精神却这么委靡颓废，群臣日夜都在为陛下的疾病恐慌不安，陛下却不见任何大臣，更是不理朝政，却只单单和太监亲近，难道就不记得秦朝宦官赵高祸国的教训吗？"

就这样，樊哙采用既称赞又巧妙批评刘邦的办法，欲抑先扬一片肺腑之言，终于使刘邦专心治理朝政，使民休养生息，从而使汉朝出现一片欣欣向荣的景象。

在这里，樊哙正是通过刘邦引以为荣的历史进行劝谏的，终于达到了说服刘邦勤政的目的。

劝谏实际上是一种很困难的事情。贵为天子的皇帝，一言九鼎，在他们看来一句话可以让人死，也可以让人活。所以，在劝谏时，一定要抓住皇帝的秉性，樊哙就是先夸赞刘邦英勇的过去，先使刘邦开心舒服，接着才转入正题，巧妙引用前人荒废朝政亡国的例子，巧妙地说服了刘邦。

现实生活中，许多老年人奋斗一生，历经沧桑，如果你不了解、不赞美他们一生的成果，他们就会感到失望，许多老年人喜欢在晚辈面前谈起自己曾经历过风风雨雨，自己是如何艰难创业的，除了对你进行教育之外，更希望得到晚辈的崇敬和赞美。称赞一个人引以为自豪的往事时，需要注意正所谓“与人善言，暖若锦帛”，一拍即合的赞美艺术，可以保全自己，巧妙办事，从而达到一种至高的做人谋事境界。

准确地把握对方的心境和环境，同时把握自己说话的分寸，是成功办事的重要因素。如果在这一点上粗心大意，那就有可能冒犯了对方的自尊心，弄僵大局。

把赞美说到对方心里去，既不会有拍马屁之嫌，又可以达到目的，何乐而不为呢？

每个人都渴望得到别人的赞美，因为别人的赞美是对自己的重视和肯定。当你很完美地完成一件事情时，不管你是否承认，你总是期许着别人的赞美的，如果有人称赞你做得好，你或许谦虚地说“我本应该做得更好”或者“谢谢”，其实你心里是很高兴的。从来没有人会拒绝别人的赞美，你不会别人也不会，所以多赞美别人吧。虽然喜欢赞美是人类的缺点，但恰当的赞美可以创造伟大的奇迹。

戴尔卡耐基讲过一个故事，一个美国小女孩，天生一副好嗓子，可上天赐给她好嗓子的同时，也给了她一口的暴牙，所以每次唱歌的时候，她总是不敢把嘴张开大声唱出来。一次，一位听众听完她的歌之后，走到她面前去：“你的小暴牙很可爱，要是你唱歌的时候能张开嘴大声唱出来，你的歌声一定会更美丽”。后来，这个小女孩就一直认为她的暴牙很可爱，每次唱歌都让它暴露出来，听众们在聆听她优美的歌声的同时，也喜欢上了她的暴牙。这位小女孩，后来也成为了全美闻名的歌唱家。

小女孩生怕暴牙影响自己唱歌，因为那是她的缺陷，而仅仅是因为一句话的赞美，她不再认为那是她的缺陷，她才能更加完美地展现自己。而那位听众做了什么呢，他仅仅是说了一句话，一句赞美的话，就让女孩有了如此大的转变。你赞美别人，别人得到了莫大的肯定，你自己也没有失去什么，何乐而不为呢?

如果你讨厌某人，你不妨试着去告诉他你欣赏他，或许他会对你表现出的另一面感到惊讶；如果某人讨厌你，你不妨试着去赞美他，或许他会因为感到被人称赞而对你另眼相看。

如果你试着去赞美周围的人，你会发现，周围的人都变得喜欢你，愿意和你一起交往；如果你试着去赞美你的下属，或许他（她）工作起来会更卖力，完成的工作也会更加漂亮，这比加薪来得更轻松得多；如果你试着去赞美你的上级（记住，不是奉承或者拍马），你会更容易获得升职或加薪，当领导有重要事情或有职位空缺的时候，首先想到的或许就是你。

赞美是一种无形的力量。

赞美是人际关系中非常重要的润滑剂。这不但使人感到开心与振奋，而且使人觉得被肯定与重视。然而绝大多数的人均非赞美的高手，他们仅止于知道赞美的重要，却不谙赞美的技巧，无法化“知道”为“行动”。这牵涉到几个问题：

一、欠缺赞美别人的习惯，人类真是奇怪的动物，人人渴望别人的赞美，大多数人却吝于赞美别人。我们通常只在别人去世或离职之时，才言不由衷地歌功颂德一番，说一堆自己都觉得肉麻的假话。吝于赞美他人的主因，可能是含蓄的民族性使然，把情感藏在心中，不轻易显露；也可能怕说别人好，把自己给比下去了，其实说别人好，更能表现自己的心胸与气度。

二、一般的赞美太过含糊笼统，我们在社交场合理，常听到的赞美不外“你今天好漂亮哦”“你看起来气色很好”等话语，这些赞美太过含糊笼统，听起来假假的，会使你的赞美大打折扣。风靡全球达半世纪的喜剧泰斗卓别林，一九七五年三月四日，以八十五高龄在英国白金汉宫被伊现莎白女王封为爵士之尊荣。在封爵仪式中，女王对兴奋的卓别林说，我观赏过许多你的电影，你是一位难得的好演员。事后，有人问卓别林受封的感想，他有点遗憾地说：“女王陛下虽然说她看过我演的许多电影，并称赞我演得好，可是她没说出哪部电影的哪个地方演得最好。”由此可知，赞美必须说出具体事实，尽量针对某人做出某件事，才会发挥到位的效果。

三、转述的赞美，最高的辗转相传，从第三者转述而来的赞美，最令人高兴的激赏。转述的赞美虽是间接式的，却是双倍的赞美，比当面直接的赞美效果更大。因为当面赞美，很可能是客套话，而背面的赞美常是真心话。真正懂得赞美的人，深知转述赞美的威力，所以较少当面赞美别人，较多背后赞美别人。深谙赞美技巧的人，到处受人欢迎。

晋周谨慎言行做国君

晋襄公有个重孙，名叫晋周。

这位晋周生不逢时，晋献公宠信骊姬，晋国公子多遭残害。晋周虽然没有争立太子的条件，更无继位的希望，也同样不能幸免。为保全性命，晋周来到周朝，跟着单襄公学习。

晋是当时的大国，晋周以晋公子身份来到周朝。但晋周自小受父亲教育，养成良好的品性，他的行为举止完全不像一个贵公子。以往晋国的公子在周朝，名声都不好听，晋周却受到对人要求严厉的单襄公的称誉。

单襄公是周朝有名的大臣，学问渊博，待人宽厚而又严厉，是周天子和各国诸侯王都很尊敬的人，晋周很高兴能跟着他，希望能跟着单襄公好好学习，成长为有用的人才。

单襄公出外与天子王公相会，晋周总是随从在后。单襄公与王公大臣议论朝政，晋周从来都是规规矩矩地站在单襄公身后，有时，一站几个小时，晋周都从未有一丝不高兴的神色。王公大臣都夸奖晋周站有站相，坐有坐相，是一个少见的恭谦君子。

晋周在单襄公空闲时，经常向单襄公请教。交谈中，晋周所讲的都是仁义忠信智勇的内容，而且讲得很有分寸，处处表现出谦虚的精神。人虽然在周朝，晋周仍十分关心晋国的情况，一听到不好的消息，他就为晋国担心流泪；一听到好消息，他就非常高兴。一些人不理解，对晋周说："晋国都容不下你了，你为什么还这样关心晋国呢？"晋周回答："晋国是我的祖国，虽然有人容不下我，但不是祖国对不起我。我是晋国的公子，晋国就像是我的母亲，我怎么能不关心呢？"

在周朝数年，晋周言谈举止的每一个细节，都谦虚有礼，从未有不合礼数的举动发生。周朝的大臣都很赞赏他。

单襄公临终时，对他儿子说："要好好对待晋周，晋周举止谦虚有礼，从未有不合礼数的举动发生。今后一定会做晋国国君的。"

后来，晋国国君死后，大家都想到远在周朝的晋周，就欢迎他回来做了国君，他成为历史上的晋悼公。

晋周作为一个无条件争当太子的王子，仅以谦虚的美德，便征服了国内外众多有权势的人，最终被推上了王位，可见谦虚的力量有多么巨大。

许多人并不看重谦虚的美德。事实上，谦虚是一项积极有力的特质，只要妥善运用，就会使人类在精神上、文化上或物质上不断地提升与进步。

不论你想要取得什么样的成功，谦虚都是必要的品质。在你到达成功的顶峰之后你会发现谦虚的人才能得到智慧。

汉代有个著名的丞相名叫萧何，有一次向汉高祖刘邦请求将上林苑中的大片的空地让给老百姓耕种。

我们都知道，上林苑是为皇帝游玩、嬉戏、打猎、消遣的园林。刘邦一听萧何丞相居然要缩减自己的园林，不禁勃然大怒，认为萧何一定是接受了老百姓的大量钱财，才为他们说话办事的。

他于是下令把萧何逮捕入狱，同时准备治他的罪。当时的法官廷尉为了讨好皇上，只要皇上认定某人有罪，廷尉官就会不惜用大刑迫使犯人服罪。

就在这紧要关头，旁边一位姓王的侍卫官上前劝告刘邦说："陛下还记得原来与项羽抗争以及后来铲除叛军的时候吗？那几年，皇上在外亲自带兵讨伐，只有丞相一个人驻守关中，关中的百姓因此都非常拥戴丞相，假如丞相稍有利己之心，那么关中之地早已不是陛下的了。您认为，丞相会在一个可谋大利的情况下而不谋，反而会贪占百姓和商人的一点小利吗？"

王侍卫官就这寥寥几句，使刘邦幡然悔悟，认识到自己的鲁莽，于是当天赦免萧何。由此可见，说话切中要害，是多么重要。抓住说话的重点，是每一个想要成为大事者都必须修炼的，通过短短几句切中要害的话，也许就可以成就一个人的未来。

说话是有技巧的，不能攻击到对方的要害，就起不到什么作用。对于那些善于操纵说话技巧的人，在处理事情时不是与对方不停地周旋，而是抓住问题关键，一语击中要害。这一点如果发挥得恰到好处，就可以帮助你成就大事。

现实生活中大多数人愿意穷其一生去学习科学、文学和其他各种知识，他们却忽视了语言能力的训练和提高，这常常使他们显得木讷呆板。也许在自己的专业领域造诣很高，在社交场合却羞于开口，沉默不语，像一个无足轻重的人，还有比这更令人沮丧的吗？看到那些才能不及自己十分之一的人，在公众场合滔滔不绝，自己却静静地坐在一旁，只有洗耳恭听的份。其中的区别只是，一个是平时注意培养自己的语言表达能力，另一个却是毫不在意。

谈话如果抓不住重点、拐弯抹角、不着边际，容易让人厌倦。假如与一个说话不着边际、洋洋万言却切不中要害的人谈业务，他人肯定会疲惫不堪，甚至会感到厌烦和恼火。

在生活中，人们都不喜欢和说话拐弯抹角、滔滔不绝、没有主题的人打交道。他们每次都会使人失去耐心，即便你多次看手表，提示时间，他们好像视而不见，似乎没有完的时候，这样的人讨厌至极。

一个有远大抱负的年轻人，不能有这种习惯。这种习惯对事业的发展有严重影响，是成功的敌人。凡是工作效率高、有很高管理才能的人，无不说话简练、利落、主题明确。人们喜欢和这样的人做朋友，他们恰恰也是事业有成、口碑极好的人。

如果只是简简单单地通电话，他们不会有多余的问候和致谢，而是三言两语，直奔主题，还没有等你反应过来，他们已经说“再见”了。和这样的人打交道真是一种享受。他们不会烦人，更不会无端耗费别人有限的时间和精力。一

这种人是思维敏捷、善于决断，高效率工作的人。如果很早就注意自己的不足并能加以改进，做事思想集中，说话言简意赅，就可以培养出很强的经营管理才能。在与他人的交往中，肯定能够体现出雷厉风行的素质。

可见，谈话中抓住问题的关键是最重要的，说多了会让人厌烦，有时候这种厌烦就会转变为疑惑。

诸葛亮根据对方性格巧激将

诸葛亮（181 年—234 年），字孔明，号卧龙（也作伏龙），汉族，琅琊阳都（今山东临沂市沂南县）人，蜀汉丞相，三国时期杰出的政治家、战略家、发明家、军事家。在世时被封为武乡侯，谥号忠武侯。后来的东晋政权为了推崇诸葛亮的军事才能，特追封他为武兴王。代表作有《前出师表》、《后出师表》、《诫子书》等。发明木牛流马、孔明灯等。

三国时候，马超率兵攻打葭萌关的时候，诸葛亮对刘备说："只有张飞、赵云二位将军，方可对敌马超。"

这时，张飞听说马超前来攻关，主动请求出战。诸葛亮佯装没听见，对刘备说："马超智勇双全，无人可敌，除非往荆州唤云长来，方能对敌。"

张飞说："军师为什么小瞧我！我曾单独抗拒曹操百万大军。难道还怕马超这个匹夫不成。"

诸葛亮说："你在当阳拒曹，是因为曹操不知道虚实，如果他知道虚实，你怎能安然无事？马超英勇无比，天下的人都知道，他渭桥六战，把曹操杀得割须弃袍，还差一点丧命，故而马超绝非等闲之辈，就是云长来也未必能战胜他。"

张飞说："我今天就去，如战胜不了马超，甘受军令！"

诸葛亮看自己的"激将"法起了作用，便顺水推舟地说："既然你肯立军令状，便可以为先锋。"

结果，张飞与马超在葭萌关下酣战了一昼夜，斗了二百二十多个回合，虽然未分胜负，却打掉了马超的锐气。

马超最终被诸葛亮施计说服而归顺刘备，成了蜀国的一员名将。

诸葛亮针对张飞有点刚愎自用，脾气暴躁的性格，所以常常采用"激将法”来说服他。每当遇到重要战事，先说他担当不了重任，或说怕他贪杯酒后误事，激他立下军令状，增强张飞的责任感和紧迫感，激发他的斗志和勇气，改掉张飞轻敌的思想。

这个故事启示我们：在用人或求人办事时，如果通常的方法都失去效果的话，可以采用非常规的方法，不要直接求对方，而是委婉地说出对方的不足，从而使对方失去原有的平衡，或是发怒，从而改变原有的态度或做法，达到自己办成事的目的。

我们在办事情时虽然要托的人的情况各不相同，如对方的兴趣、爱好、优点、弱点、情绪、思想等，这些都是我们首先要注意的内容，但身份与性格无疑是很重要，且是需要提前了解的“情况”，不得不优先注意。所以，必要的时候，说出对方的缺欠，将对方一军，反而可以顺利地解决问题。

我们在办事时一定要注意因人而异、视人而变，切不可不分场合，不顾人物性格和身份，没有分寸地胡乱讲话；更不可在任何情况下始终用同一方式来应付“万变”的人物和事件。

做任何事情，都要有针对性。抓住特征才能更好地办事。运用激将法，得有前提，若是运用对象根本不适合激将法，若运用，说不定就不会达到目的，或许会更糟。

梅特涅激怒对方施策略

梅特涅（1773—1859）奥地利政治家，奥地利帝国外交大臣和首相，是19世纪最出色的奥地利外交家。

1812年拿破仑大举征俄。战争失败后，英、俄、普等国组成反法同盟，开始了大规模地反攻。拿破仑帝国虽然取得了一些战役的胜利，但总的趋势却是每况愈下。法国的盟国奥地利一方面积极备战，另一方面以停止结盟对法威胁，提出了种种条件，然而遭到拿破仑断然拒绝。

1813年7月，在德累斯顿的马尔哥和宫，拿破仑会见了奥地利的使者梅特涅。拿破仑想趁这个机会威胁梅特涅，并且打算探听他最近和沙皇会谈的结果。

于是，拿破仑腰佩宝剑，腋下夹着帽子，威仪十足地接见了梅特涅。说了几句寒暄话，问过了弗兰西斯皇帝好后，接着拿破仑就面孔一沉，单刀直入："原来你们也喜欢打仗。那好吧。仗是有你们打的。我已经在包岑打败了俄国，现在你们希望轮到自己吗？你们愿意这样那就这样好了，在维也纳相见吧！真是本性难移呀，经验和教训对你们丝毫不起作用。我已经三次成功地让弗兰西斯皇帝重新登上了皇位。我已经答应永远和他和平相处。我娶了他的女儿。当时我对自己说：'你干的是蠢事。'但到底我还是干了，现在我正十分后悔。"

梅特涅看到对手火了，甚至忘掉了自己的尊严。于是梅特涅愈发冷静，故意刺激拿破仑这只好斗的公鸡。于是梅特涅尝试着提醒拿破仑说："和平取决于你，你的势力必须缩小到合理的限度，不然你终究会在今后的斗争中垮台。"

拿破仑终于被激怒了，大声喝道："任何同盟都吓不倒我，不管你们的兵力有多么强大，我都能制胜。"接着，他说他对奥地利的军队有十分准确的了解，每天都收到这方面的详细情报等等。

终于，梅特涅打断拿破仑的话，提醒拿破仑：如今他的士兵都是小孩，不是大人。

拿破仑激动地回答："你不懂得一个军人是怎么想的。像我这样的人，不大在乎100万人的生命。"说完，他把帽子扔到一边。梅特涅并没有替他捡起来。

拿破仑注意到这无言的蔑视，只得继续说道："我和一位公主结婚，是想把新的和旧的、中世纪的偏见和我这个世纪的制度通通融为一体。结果证明那是自己在骗自己，现在我充分认识到了自己犯下的巨大错误。也许我的宝座会因此而坐不稳，不过，我要使这个世界埋在一片废墟之中。"

梅特涅仍是无动于衷。

拿破仑威吓不成，就改用甜言蜜语，哄骗笼络。

他在把梅特涅打发走的时候，拍一拍这位奥地利大臣的肩膀，改为平和的语言说："好啦，你知道事情会怎么样？你不会对我开战吧！"

梅特涅马上答道："陛下，你完了。来时我已有此预感，去时就肯定无疑了。"

后来梅特涅又对人说："他什么都给我讲清楚了。这个人一切都完了。"

不久，奥地利加入了第六次反法同盟的行列，终于打败法国，宣告拿破仑帝国的结束。

故事中的拿破仑的确是快人快语，而且还很容易发怒。很显然，在这次较量中，梅特涅是胜利者。故事中一向以权谋多变著称的统帅拿破仑却没有控制住自己的情绪，由威胁转为愤怒，致使连连失态，说了些大话、气话，甚至是不该说的话，本打算借此胁迫梅特涅。

与之相反，梅特涅利用拿破仑的愤慨之后易吐真言的心理，自己却冷静地处世，从而不辱此次来法的使命，不失时机地用言辞激怒拿破仑，使其把内心世界暴露无余。故事中，梅特涅的话语不多，但他不但表达了自己对欧洲和平的看法，即取决于拿破仑；而且还得出结论，拿破仑固执己见，不思变通，从而在欧洲联盟的大举进攻下，其失败的命运是注定的。事实上，最后的结果也被梅特涅言中了。

拿破仑可能也有用激将法的策划，结果按捺不住自己的激动，自己反而激动起来，钻进了梅特涅下的套，最终葬送了不可一世的拿破仑帝国。

现实生活中，我们办事，可能也会碰到这种正式庄重的谈判等，所以必要的时候，我们需要有耐心，等待对方的言语和行动，然后决定采用或激将或商榷等方略解决事情。

激怒别人，静观其言，冷眼旁观，让对手由于愤怒而吐出真言，在我们社交办事时，也是一种自己巧说话的策略。这种办法多用来探测对方的意图或态度。

用这种策略的关键在于：对于别人高深莫测的只言片语，你必须要假装不屑一顾，同时要学会暗中揣测对方的心理，并慢慢地将秘密引到他们的舌端，并且学会激怒对方，对方一旦“发烧”，便会不顾一切地先吐后快，最后落入你精心设计的圈套，从而一举取胜。

这个技巧可用于日常交谈办事之中。当对方打开话匣子的时候，首先要佯装怀疑，表示自己不相信，这招能够使你的好奇心如愿以偿地得到满足。这一切都是在不知不觉之中进行的，令对方情不自禁地就范形成的谈话局势，此乃浑然天成的精妙激将之法。我们在激将办事中，遇到此类情况不妨试一下。

激将的高明之处，就是对方不知不觉地跟着你的思路走，或是把自己的话吐露出来，采用具体的方法进行应对。

孟子：对症下药巧说话

孟子（前372年—前289年）：姬姓，孟氏，名轲。战国时期鲁国人，鲁国庆父后裔。中国古代著名思想家，教育家，战国时期儒家代表人物。著有《孟子》一书。继承并发扬了孔子的思想，成为仅次于孔子的一代儒家宗师，有“亚圣”之称，与孔子合称为“孔孟”。有作品《孟子》流传后世。

战国中期，闻名遐迩的齐宣王，好大喜功，爱讲排场。他喜欢听人吹竽，尤其喜欢300多人一起吹竽的场面。于是这支300多人的乐队里就混进了一个根本不懂韵律的南郭先生，并且这个人还一直混到齐宣王驾崩，被爱听独奏的新齐王吓得逃之夭夭。

齐宣王同时还喜好狩猎，为了寻欢作乐，齐宣王曾在临淄城郊建造了一个方圆40里的猎场，专门畜养麋鹿等珍禽异兽供他狩猎之用。这么大的猎场，在当时的诸侯国中，可算是十分难得的了。然而即使这样，齐宣王还嫌猎场不大，又不喜欢听齐国老百姓反对他扩建狩猎场的抱怨之声。

一天齐宣王问孟子道：“当年周文王的猎场方圆有70里，有这回事吧？”

孟子一到齐国，就听说齐宣王建猎场的事，而且还听说齐宣王滥杀进狩猎场百姓的残酷行为。当齐宣王询问他关于周文王猎场的事情时，孟子立即回答道：“听说有的。”

齐宣王一听，果有此事，便进一步追问孟子道：“果真如此，那他的猎场算不算大？”

“很大，但老百姓还认为它太小。”

齐宣王一听，不解了，马上反问孟子：“可是我的猎场才40里，老百姓却嫌它太大，这是什么原因呢？”

孟子一见齐宣王满腹牢骚，于是便乘机进言："文王的猎场虽大有70里，但他多放养幼小的动物，而且与民同游同猎，所以老百姓嫌它太小，不是很正常吗？我来到齐国，一进国就先被人讲授有什么禁忌然后才敢入内。我又听说你建有40里的狩猎场，一旦有人捕杀其中的猎物，罪同杀人，处以重罚。所以虽说只有40里，却像一口深深的陷阱立于国人和大王之间，老百姓认为它大，不也是很正常的吗？"

宣王听完这些话，低头思虑了一会儿，认为果真如此。

从此以后，齐宣王不再觉得猎场小了，也不再禁止百姓入场捕猎了。孟子的此次游说活动取得了成功。

孟子此次游说齐宣王为什么能成功？除了孟子的机敏和才智因素外，最主要的应该说与孟子此次游说善于对症下药，巧妙地运用了因势利导的技巧。

孟子来齐国的唯一目的，就是让齐宣王废除旧的制度，开放猎场与民同乐。但是，在什么时候以及什么情形下才能实现自己游说的目的呢？就在这时，齐宣王却主动征询他关于周文王建猎场的事情。于是，孟子就针对齐宣王好大喜功、好讲排场的秉性，同时也根据齐宣王经常以周文王的故事为引证的心理，顺水推舟，因势利导地回答文王70里的猎场情况属实，而且还巧妙地说"民犹以为小也"。

这样说的目的有二，一来顺着齐宣王的口气，可以展开问题的讨论；二来也能逐步顺着话题引出齐宣王抱怨本国百姓嫌40里猎场规模太大的不满情绪。两个大小不同的猎场形成了鲜明的对比。孟子断定，这时的齐宣王一定十分想知道问题出现反差的原因。可以说这时孟子第一步游说的目的已经达到了。

接下来，孟子有条不紊地展开说辞：你不是喜欢效仿古代圣王吗？然而你要知道周文王的70里猎场是与民同猎同乐的，所以百姓自然还嫌它太小，而你齐宣王呢？猎场虽然只有40里，然而却有"杀其猎物者罪同杀人"的虐民律令，此现象犹如一口深深的陷阱立于百姓和宣王之间，百姓能不怨其大吗？齐宣王终于明白猎场面积的大小在于其是为己还是为民的道理，所以最终欣然接受了孟子的劝说。

我们在求人办事时，讲话不能只顾自己说，而是要善于抓住对方的语言核心和心理特点，力求把握对方的问题所在，从而对症下药，这样才能够顺势取胜，从而达到事半功倍的效果。

许多人认为交往中话不能少说，甚至有人口若悬河、滔滔不绝。其实让交谈能顺利进行，最佳方案绝不是你一个人的独角戏，而是要给对方留些说话的空间。

在恰当的时间，恰当的话题，成为谈话中以听为主的听众，给发话者以呼应，或赞成，助其深入；或反对，引起思考，也能表现出你的说话水平。

有的人在谈话中，喜欢不给他人插话的机会，或者是没有给他人留下足够的时间表达自己的意见。表面上看起来，谈话场面很热烈，而实际上，因为缺少其他人的参与，呈现出外热内冷的局面。

这里有性格方面原因，有的人天性就爱在他人面前表现自己，也有不善于运用谈话技巧方面的原因，不管出于哪种原因，都是一种不良的表现。切记，沟通是谈话最重要的目的，只有双向交流，才可以使谈话场面热烈，气氛和谐。

学会去倾听别人说话。尽量不要去堵别人的话头，使说者欲言又止，产生反感。即使对方看上去是在对你发脾气，也不要反击。别人的情绪或反应，很可能和你一样，是由于畏惧或是受到挫败而造成的。这时你可做一个深呼吸，然后静静地从一数到十，让对方尽情地发泄情绪。例如说："多告诉我一些你所关心的事"或是"我了解你的失落"。这些话总比立即堵住他的话头，如说"喂，我正在工作"或"这不是我分内的事"，要好得多，因为这样很容易激怒对方。

我们可以打个比方：做过推销工作的人大概都认为遇到那些喜欢讲话的顾客是件很麻烦的事，因为当推销员拜访他时，他高谈阔论起来就滔滔不绝，使得推销员在那里停留的时间要比预定的时间多，倘若告辞的时机与方式不恰当的话，又会被顾客认为是服务不够周到，推销产品缺乏诚意。所以，这个时候推销员要有耐心，千万不要堵往他的话头。有的顾客是有意地拿“多侃”做挡箭牌，占用更多的推销时间，使推销员更多的是在听顾客海阔天空不着边际地“胡侃”，而陷于被动。在这种情况下，有经验的推销员首先要及时指出顾客说话内容中矛盾的地方，发现顾客内心真实的欲望，但不可让顾客对推销产生抵触情绪。然后，要尽快给顾客一种错觉，好像推销员一直在全神贯注地听着，使顾客认为自己把推销员弄得糊里糊涂，随后放松警惕或抵触心理，甚至开始对产品进行胡乱评价。这个时候，推销员可以利用顾客内心的矛盾、误解、欲望，用简捷的方式突然直击要害，逼其对关键环节表态，促使事情明朗化。

人生在世，为人处世要留缝隙，任何事情都不要做得太绝，得饶人处且饶人。宽容别人就是宽容自己，给别人留条后路就是给自己留条后路。

苏秦直话曲说妙成事

苏秦（前337－前284），字季子，东周洛阳轩里人（今洛阳东郊太平庄一带），战国时期的韩国人，是与张仪齐名的纵横家。可谓“一怒而天下惧，安居而天下息”。他出身农家，素有大志，曾随鬼谷子学习纵横捭阖之术多年。

与赵秦阳君共谋，发动韩、赵、燕、魏、齐诸国合纵，迫使秦国废帝退地，至乐毅破齐前夕，《汉书·艺文志》著录有《苏子》三十一篇，今佚。帛书《战国策》残卷中，存有其游说辞及书信十六篇，与《史记》所载有出入。

战国时期，赵国认为自己兵力远远强于燕国，于是便萌发了举兵讨伐燕国的念头。

苏秦那个时候在燕国辅佐昭王，为了减少合纵内部的摩擦和实力的消耗，同时也为了共同抵御强秦的武力威胁，昭王派苏秦前去游说赵惠王，希望通过和平的外交途径来解决两国的争端问题。

可是当苏秦到达赵国时，赵惠王很清楚苏秦的来意，于是赵惠王故意不和苏秦谈赵燕争端的燃眉问题，只是礼节性地寒暄："苏卿远道而来敝国，寡君有失远迎，失礼！失礼！"

苏秦也知道赵惠王的用意，却也只字不提赵燕两国争端的事情，更是丝毫不提自己的来意，同样也十分客气地同赵惠王寒暄了一番，然后又漫不经心与赵惠王聊起天来："臣今天来的时候，沿途经过易水河，见蚌正打开盖在晒太阳，此时一只鹬上前直啄住蚌的肉。蚌也急忙合壳而且紧紧钳住鹬的嘴。鹬说：'今天不下雨，明日也不下雨，你蚌的命不久矣！'蚌也对鹬说：'你的嘴今天抽不出来，明天抽不出来，你终究也要变成死鹬了！'两者始终互不相舍，最后来了一渔翁，连鹬带蚌，一同得而食之。"

赵惠王听完这个故事，觉得还挺有趣，便随口哈哈大笑，继而说道："从没听说苏秦你还懂野兽的语言呀！"苏秦于是沉吟了一会儿，也笑了笑说道："现在赵国想讨伐燕国，赵、燕两国倘若长久以刀枪相见，血流飘杵，秦国势必会坐收渔翁之利啊，大王何不再好好考虑考虑呢？"

赵惠王听到这里，方知苏秦讲这个故事的用意。赵惠王想了想，便脱口而出道："好！从今以后，赵、燕就没有刀枪相见的时候了。我们需要派代表坐到一起，友好地进行外交谈判。"

水来土掩，兵来将挡，一个国家处于危难之中，士兵奋起还击，兴许可以拯救这个国家，这是人人都明白的事情。如果有人说，能言善辩的口才可以使对方放下屠刀，从而拯救了一个国家的话，你是否会相信呢？你可能不会相信，但苏秦的这个故事，足以证明这样的事实。

赵燕两国相争，气氛中自然是充满了火药味。因此，作为被征伐对象的燕国的代表苏秦这时来游说征战国赵国的赵惠王，可以想象是何等艰难！苏秦早已领会到这一点，苏秦到达赵国时，赵王就明确摆出拒绝让步的态度，一味做礼节上的寒暄与客套，看得出赵惠王没有丝毫的诚意听苏秦游说。苏秦此时如果单刀直入，说明来意，直陈说词，八成可能是要吃闭门羹的。

所以，苏秦根据当时的实际情况，灵活地采用一种曲折委婉的方法：只字不提来意，而是佯装与赵王闲聊，给赵惠王讲关于“鹬蚌相争，渔翁得利”的寓言故事，麻痹赵惠王，等到赵惠王在随和的气氛中，在津津有味的闲聊中，逐渐解除了对苏秦的防范后，苏秦才话锋一转，一语点破故事的真意，使赵王如梦初醒，最终才使赵国没有对燕国用兵，也实现了苏秦此次来游说的目的：和平的外交。由此可见，恰当机智的言辞，有时候可以起到“三寸之舌，强于百万之师”的作用。

现实生活中，我们也可能已经明确地意识到：有些话不能直说，直说轻则伤人，重则会引起祸端。所以要注意说话技巧，达到不伤人又办事的目的。

委婉含蓄的表达方法有以下几种：赞扬法，目的是顾全对方的面子，使对方容易下台；暗示法，在很难说出口的话可以采用这种方法；模糊法，只可意会不可言传。

它的显著特点是“言在此而意在彼”，能够诱导对方去领会你的话，去寻找那言外之意。从心理学的角度来看，委婉含蓄的话，不论是提出自己的看法还是向对方劝说，都能比较适应对方心理上的自尊感，使对方容易赞同，接受你的说法。有些话，意思差不多，说法稍有不同，给人感觉却大不一样，如：谁——哪一位？不来——对不起，不能来。不能干——对不起，我不能做。什么事——请问你有什么事？如果不行就算了——如果觉得有困难的话，那就不麻烦你了。前者太直白，后者委婉动听了许多，让人容易接受。

委婉是一种既温和婉转又能清晰明确地表达思想的谈话艺术，是运用迂回曲折的语言含蓄地表达本意的方法。

列宁通情达理巧说服

弗拉基米尔·伊里奇·列宁，本名弗拉基米尔·伊里奇·乌里扬诺夫(1870年-1924年)，列宁是他参加革命后的化名。列宁是著名的马克思主义者、革命家、政治家、理论家、布尔什维克党创立者、苏联建立者和第一位领导人。他发展了马克思主义，形成了列宁主义理论。马克思列宁主义者称他为“全世界无产阶级和劳动人民的伟大导师和领袖”。

1921年，俄国开始实行新经济政策，以鼓励和吸引外资。美国商人哈默听说这个消息以后，就打算去俄国做点买卖。

当时在俄国，最需要的是消除饥荒，得到粮食。当时的美国粮食遇到了大丰收，据说1美元可以买到35.24斤粮食，因为生产相对过剩，大多数农民宁愿把粮食烧掉，也不愿意以这么低的价格销售到市场。但是俄国却有着美国所需要的毛皮、白金和绿宝石等名贵物品，如果让双方这样互通一下，这不是对双方都是很好的一大笔生意吗？

哈默到达莫斯科的第二天早晨，列宁在自己办公室亲切地召见了他。列宁和他做了深刻而长久的交谈。双方谈完了粮食之后，列宁就表露出希望哈默在俄国投资经营企业。

哈默听了，默默无语。

因为西方国家对俄国实行新经济政策抱有很深的偏见，甚至还搞了许多不怀好意的宣传，还有许多人把苏维埃政权看成是可怕的怪物。到这里经商，投资办企业，被视为到月球上去探险。虽然哈默做了勇敢的探险者，同俄国做了一笔粮食方面的生意，但对在投资办企业一事上，仍然还是有很多顾虑。

然而，哈默虽未明说自己的顾虑，明察秋毫的列宁却已经看透了哈默的心事。

于是列宁讲了实行新经济政策的目的，告诉哈默："新经济政策主要要求就是：重新发展我们的经济潜能，主要通过建立一种制度，这种制度把工商业承租权暂时转给投资人，从而加速我们经济的发展。"

通过一番交谈，哈默终于搞清楚苏维埃政权的实质，以及列宁的吸引外资办企业的原则：平等、互利、互惠。于是，哈默心里很想干一番。

但是，哈默仍旧还有顾虑。那就是：他听说苏维埃政府机关重重，人浮于事，手续太多，尤其是机关人员办事拖拉得很，于是心里不免又打起退堂鼓来。

列宁看出哈默的担心，立即安慰他："目前，官僚主义是我们最大的祸害之一，为此我准备指派一些专门人员，组成特别法庭委员会，全权处理这件事情，这个委员会会向您提供您所需的帮助。"

除此之外，哈默又担心在这里搞投资办企业，如果他们光顾着发展自己的经济，而不合法保障我们外商的利益，这样外商在这里办企业能否得到实际的利益？

当列宁从哈默的谈吐中听出这种说法时，马上说道："这个我很明白，为了消除您的顾虑，我们双方必须商榷一些条件，签订一定的合同，来保证承租人有利可图才是。我们知道商人不都是慈善家，不然只有傻瓜才会在这里搞投资。"

就这样，没过多久，哈默就成了第一个在俄国开办企业的美国人。

列宁对哈默的一连串的顾虑，像剥竹笋一样逐个加以理清，并且斩钉截铁，干净利落，丝毫不含糊，把政策交代得清清楚楚，终于使哈默心中的一块石头落了地，顺利地使双方达成了共识。

在说服人时，除了技巧外，还需要以理服人，用事实说话，用事来喻理，用事作证据，避免说大话或空话。说理要注意对方文化、身份的高低。切不要跨越别人的思想范畴，不着边际地胡话连篇。讲道理时，要善于用商量的语气来引发听者的思考，使别人感到你不是强迫他接受你的建议和意见，只是在共同探讨，共同解决问题而已。

用道理说服对方时，只要点到即可，千万不要反反复复，唠唠叨叨。这样一定会让对方听了厌烦，甚至听不进去，从而达不到自己预期的目的。

丘吉尔：幽默桥梁巧过度

英国的前首相丘吉尔有一个习惯，那就是一天之中无论什么时候，只要一停下手中的工作，就会毫不犹豫地爬进热气腾腾的浴缸中去洗澡，然后光裸着身子在浴室里来回走动，或想事情或是稍作休息。

在第二次世界大战期间，丘吉尔来到美国的白宫，他的目的是想要求美国给予英国军事援助。

有一天，正当丘吉尔在白宫的浴室里光着身子再次踱步时，有人敲他浴室的门。

“进来吧，进来吧！”丘吉尔连连大声喊道。

门开了，罗斯福总统出现在丘吉尔的门口。当他看到丘吉尔一丝不挂时，便转身想退出去。

“进来吧，总统先生！”丘吉尔伸开双臂，大声地冲着罗斯福总统呼喊：“大不列颠的首相是没有什么东西需要对美国总统隐瞒的。”

于是，两人一阵大笑。

自然，英国从美国得到了全面的军事援助。

还有一个故事，也是发生在丘吉尔担任英国首相期间。

有一次，一个英国女记者拦住丘吉尔问道：“丘吉尔先生，当您知道您每次发表政治演说时，大厅里总是围得水泄不通时，难道您不感到兴奋和激动吗？”

丘吉尔笑道：“承蒙你的夸奖，可是每当我产生这种感觉时，我总会试图让自己记住一点：如果我不是在发表政治演说而是在受绞刑的话，恐怕观众还会多出一倍。”

有一次，演员萧伯纳派人送两张戏票给丘吉尔首相，并附上短笺说：“亲爱的温斯顿爵士，我奉上戏票两张，希望阁下能带一位朋友前来观看我的拙作《卖花女》的首场演出，假如阁下这样的人也有朋友的话。”丘吉尔知道，萧伯纳的幽默一向以尖酸刻薄著称，他这样奚落自己，丘吉尔也并不觉得奇怪。

然而，丘吉尔也不甘示弱，马上写回答给萧伯纳：“亲爱的萧伯纳先生，承蒙阁下赐戏票两张，十分感谢！我和我的朋友因事先有约，因此不便分身前来观赏《卖花女》的首场演出，但是我们一定会赶来观赏阁下的第二场演出，假如你的戏也会有第二场的话。”

以上丘吉尔的幽默故事中，不仅很有力地回击了对方，从而也维护了自己的尊严，成功地办成了自己的事情，上述的故事主要采用的是暗示法的幽默，反语幽默法，以及采用借语作桥法。

就拿丘吉尔的第一个故事来讲，他就是机智而巧妙地借用自己裸着身子，接见当时的美国总统罗斯福，含蓄地表达了自己的心态：我是最真诚地对待你，我已经光裸着见你了，我没有什么可以对你隐瞒的，请相信我。试想这样的话，罗斯福总统怎么能不相信丘吉尔的诚意呢？自然，丘吉尔得到了美国的军事援助。

不过日常办事社交中，我们要想很快掌握这种幽默技巧，有一定难度，它要求有较高水平的说话艺术和高雅的幽默感。它体现了说话者驾驭语言的能力和含蓄表达幽默的技巧，同时，也表现了对听众想象力和理解力的信任。如果说话者不相信听众丰富的想象力，把所有的意思和盘托出，这样不但起不到幽默的作用，而且平淡无味，使人厌倦。

因此，有的话不必直说，甚至把本来可以直说的话，故意用“含蓄表达”法表达，从而产生一种耐人寻味的幽默效果。

相声大师侯宝林有过生动诠释：“幽默不是耍贫嘴，不是出洋相、现活宝。它是一种高尚的情趣，一种对事物矛盾性的机敏反映，一种把普遍现象戏剧化的处理方式。”徐懋庸也说：“非但可笑，而且令人深思，这是一种上品的幽默。”

“幽默不仅是优美健康的品质，也是一种社会文化载体，谈幽默，不能脱离特定的民族文化背景和现实语言环境。比如，西方人善于表情严肃地表达幽默，而中国人则善于以幽默的方式表示严肃的态度。同样的幽默在不同的历史文化语境下可能会有截然不同甚至相反的效果。”山西省社会科学院思维研究所所长张玉明认为，幽默运用应区分不同对象、时机和场合，充分考量交往双方的关系满意度、了解接受程度和幽默使用倾向，把握好火候和分寸。“幽默是对一切存在事物热忱而温存的同情，它的本质是爱，不是蔑视；它不是出现在哄笑里，而是出现在安详的微笑里。”

“在中国人的理想人格中，幽默扮演着最不重要的角色，在对创造力特质的认知中，更是没有幽默的影子。”这是心理学家岳晓东博士对 451 名北京、广州、香港、台北的大学生进行调查后得出的结论。调查显示，中国人对创新特质的认识包含原创力、独创力、愿意尝试、想象力、好奇心、有个性等特质；对理想人格的认知则主要包括责任心、自制力、社会认可、社会服从、谦虚谨慎等核心特质，唯独少了幽默。

幽默是一种气质，一种境界，一种从容不迫的人生态度。幽默是乐观人格的象征，是创造力的直接表现。西方人尤其是美国人一向将幽默视作创新能力与国民素质的核心部分，并把幽默感培养作为情商教育的有机组成。一些家长甚至在婴儿出生 6 周时便开始对其进行独特的早期幽默感训练。

“中国人不重视幽默，但并不缺乏幽默。我们有一种稳重的幽默感，这种幽默感是以达观的人生哲学和广博见识为基础的。”采访中，几位专家列举了幽默气质的培养路径。

心胸豁达。一个有幽默感的人，能时时发掘事情有趣的一面，并欣赏生活中轻松的一面，保持自信、宽容的精神状态。有人请教幽默作家契诃夫：“您是如何成为一名幽默作家的？”契诃夫笑着说：“我的绝招只有一条，就是总让自己快乐，快乐乃幽默之源。为了不断感到幸福和快乐，就需要：第一，善于满足现状，第二，经常感觉到这事原本可能更糟糕。”

学识广博。卓别林说：“智力愈发达，喜剧就愈成功。”幽默是智慧的闪现，而知识是智慧的核心。从文史哲经到世界风云，从珍闻轶事到漫画笑话，只有广泛涉猎，不断充实，才能厚积薄发，纵横捭阖。

洞察深刻。幽默是对生活的洞察，是对事物本质的敏锐捕捉。周立波首先是个观察家，他每天光纸媒要看 14 份，股市跳水、官员贪腐都是他的幽默题材。泡在理财博览会上观察思考整整 3 天，在舞台上，他用 3 分钟时间就将金融危机的前因后果演绎得透彻又轻松。

思维求异。“幽默家是逻辑家，喜欢荒诞地说着话，并且从一种特殊的观点去观察人生。”幽默需要创新思维，只有跳出常规的圈子，融矛盾与协调于一体，才能创造出自然奇巧、出人意表的幽默。

幽默真正成为你人格中独特的一面时，你将听到世界的掌声！

孙权知错认错

吴大帝孙权（182－252）字仲谋，汉族，吴郡富春县（今浙江富阳）人。三国时期吴国的开国皇帝，公元 229－252 年在位。传说是中国兵法家孙武后裔。长沙太守孙坚次子，幼年跟随兄长吴侯孙策平定江东，200 年孙策早逝，孙权继位为江东之主。208 年，孙权与刘备联盟，并于赤壁击败曹操，天下三分局面初步形成。219 年孙权自刘备手中夺得荆州，使吴国的领土面积大大增加。222 年孙权称吴王，229 年称帝，正式建立吴国。

三国时吴国的张昭，是两朝开济的老臣，他在孙权面前从来是直言不讳的，因此获得孙权的信任，也因此产生了矛盾。

有一次，远在辽东的公孙渊派人递交降表，孙权一看，高兴极了，马上派张弥、许晏两人去拜公孙渊为燕王。

张昭听了，马上阻止说：“公孙渊背叛了魏国，怕因此受到征讨，所以才远道来求我们的援助，归顺不是他的本意。如果公孙渊改变了主意，打算重新获得魏国的谅解，就会杀人灭口，这两个使臣肯定回不来了。那样的话，不是白白送了他两人的性命而叫天下人耻笑吗?”

孙权说出自己这样做的想法，张昭一一加以驳斥。这样反复了几次，张昭一次比一次态度坚决，言词非常激烈。孙权说不过张昭，觉得面子上过不去，就变了脸，拔出宝剑怒气冲冲地说：“吴国的士人入宫拜见我，出宫则拜见您。我对您的倚重也到了无以复加的程度，可是您却多次在大庭广众之下让我难堪。真担心有一天我会因为不能容忍而杀死了你。”

听了这话，张昭既没慌张又没退缩，他非常镇定地说：“我之所以明知道您并不按我说的做，还满腔热忱地来规劝您，是因为常常想到太后在临终时发出的遗诏，叫我精心辅佐您啊!”

说完，泣不成声。孙权见状也感到伤心，把宝剑扔在地下，和张昭相对而泣，但是孙权很固执，没有因此采纳张昭的意见。仍旧派张弥和许晏到了辽东。

张昭见孙权不听劝告，非常恼火，回府以后，就称病不理国事。孙权对他这样做很生气，干脆派人用土堵住了他的府门，表示永远不再用他为官。张昭看孙权把他家门堵了，非常气愤，他也不示弱，索性在院里用土封住了门，表示永远不出门为孙权办事。

张弥、许晏按照孙权的意图，来到辽东，公孙渊果真变了卦，把他们俩给杀了。

孙权万万没想到真让张昭言中了，他很惭愧，觉得对不住张昭，派人运走了堵在张昭门口的土，几次向他赔礼道歉，可张昭不理。派人前去，都吃了闭门羹。

怎么办呢？孙权灵机一动，派人放火烧张昭府上的大门。他想，大火一着起来，张昭还不往外跑？到那时，自己不就看见他了吗？

孙权觉得自己主意不错。可是，张昭看见孙权放火烧门，索性把大门关死，等着大火把他烧死。孙权一看这招不灵，大惊失色，真怕火着起来把张昭烧死。于是，下令扑火。

孙权在门口暗暗责备自己，恨自己办错了事，伤了这位股肱之臣的心。张昭的儿子一看再僵持下去也太不像话了，就连劝带拉硬逼着父亲去见孙权。孙权一看张昭终于出了门，就诚恳地请他到宫中一叙。

张昭来到宫里，孙权向张昭承认了错误，并表示今后要尊重他的意见，搞好君臣关系。张昭见孙权这样诚心诚意，满肚子的闷气顿时一扫而光，就又竭尽全力地协助孙权治理国家。

孔子曾经说过："君子之过也必以质，小人之过也必以文。"也就是说，君子犯了错误，会老老实实地承认它、改正它：小人犯了错误，却想方设法去掩饰、辩解。

人的智慧是有限的，所以没有不犯错误的人，有了错误自己能够及时发现、检讨、纠正而且不使自己重复类似的错误，这是很了不起的行为。

孙权作为一国之君，能及时认识到自己的过失，而且马上向张昭认错赔礼，这本身就是一种高风亮节的非凡之举，值得世人称颂效法。

武则天智退留后路

武则天（624 年 – 705 年），汉族。中国历史上唯一一个正统的女皇帝（唐高宗时代，民间起义，曾出现一个女皇帝陈硕真），也是继位年龄最大的皇帝（67 岁即位），又是寿命最长的皇帝之一（终年 82 岁）。唐高宗时为皇后（655—683）、唐中宗和唐睿宗时为皇太后（683—690），后自立为武周皇帝（690—705），改国号"唐"为"周"，定都洛阳，并号其为"神都"。史称"武周"或"南周"，705 年退位。武则天也是一位女诗人和政治家。

善于断然退避，是一个人心怀博大、大智若愚的谋略的具体体现。一个人，在客观条件不允许继续前进时，或再前进就危及自身的情况下，应当自觉地、主动地断然退避。这是保存自己的一个很重要的谋略思想。

武则天刚满 14 岁，就被年老的唐太宗召人宫中，不久封为才人。又因性情柔媚无比，被唐太宗昵称为“媚娘”。

当时宫中观测天象的大臣纷纷警告唐太宗，说唐皇朝将遭“女祸”之乱，某女人将代李姓为唐朝皇帝。种种迹象表明此女人多半姓武，而且已入宫中。唐太宗为子孙后代着想，把姓武之人逐一检点，作了可靠的安置，但对于武媚娘，因其着实可爱，始终不忍弃而处置。

后来唐太宗病危，武则天此时风华正茂，心想一旦太宗离世，自己便要老死深宫，必须投靠新主子。太子李治见武则天貌若天仙，仰羡异常。于是武则天发出暗示，两人一拍即合，山盟海誓，等唐太宗撒手，二人便可做比翼鸳鸯了。

唐太宗自知将死时，还想着要确保子孙们的皇帝位置，于是欲让颇有嫌疑的武则天跟随自己一同去见阎罗王。临死之前，他当着太子李治之面问武媚娘：

“朕这次患病，一直医治无效，病情日益加重，眼看是起不来了。你在朕身边已有不少时日，朕实在不忍心撇你而去。你不妨自己想一想，朕死之后，你该如何自处呢?”

话虽婉转，其意却鲜明，不过是让武媚娘自尽以示忠贞。武媚娘哪肯送死？她急中生智，想保自己一条后路，赶紧跪下说：

“妾蒙圣上隆恩，本该以一死来报答。但圣躬未必即此一病不愈，所以妾才迟迟不敢就死。妾愿现在就削发披缁，长斋拜佛，到尼姑庵去日日拜祝圣上长寿，聊以报效圣上的恩宠。”

唐太宗一听，连声说“好”，并命她即日出宫，心想：现在媚娘既然敢于抛却一切，脱离红尘，去当尼姑，那么对于子孙皇位而言，活着的武媚娘等于已死的武媚娘，大概不可能有什么危害了。

武媚娘拜谢而去。站在一旁的太子李治却如遭晴空霹雳。他借机溜出来，去了媚娘卧室。见媚娘正在检点什物，便对她呜咽道：“卿竟甘心撇下我吗?”媚娘道，“主命难违，只好走了。”泪如雨下，泣不成声。太子道：“你何必自己说愿意去当尼姑呢?”武媚娘镇定了一下情绪，说：“我要不主动说出去当尼姑，只有死路一条。留得青山在，不怕没柴烧。只要殿下登基之后，不忘旧情，不沉湎嫔嫱妃妾，那么我总会有出头之日……”太子李治十分佩服武媚娘的才智，当即解下一个九龙玉佩，递给媚娘作为信物，并发誓：“我若负卿，有如白日……”

太子登基不久，武媚娘果真再次进宫，后来成为中国历史上名声赫赫的一代女皇。

武则天以其绝顶的“糊涂”之智，认清了形势，化险为夷，保住了性命。

面临危难能迅速分清主次，并且能果断地抛弃次要利益，以便明哲保身是练达人情的智慧，观时而动，耐心等待，任何时候、任何环境下，都不可丧失信心，放弃希望。

第六章

BAIWEIMINGRENCHUSHIZHIHUI

名人之搞好关系巧办事

较好的人脉关系是办事成功的必要因素。人脉关系好的人，我们通常称为“人缘”好。人缘好是安全感的来源，是社会生活的基础。好的人缘会使你在办事时左右逢源，事半功倍。我们社交办事时，必要的“礼”和“情”还是不可或缺的，只有这样才可以增加你的人脉关系，才能够提高办事的效果。

鲁肃慷慨借粮结交周瑜

鲁肃（172－217），字子敬，汉族，临淮东城（今安徽定远）人，中国东汉末年东吴的著名军事统帅。他曾为孙权提出鼎足江东的战略规划，因此得到孙权的赏识，于周瑜死后代替周瑜领兵，守陆口。此后鲁肃为索取荆州而邀荆州守将关羽相见，然而却无功而返。建安二十二年（217），鲁肃去世，年仅46岁，孙权亲自为鲁肃发丧，诸葛亮也为其发哀。

三国争霸之前，周瑜还没有取得多大的成就，因此也并不得意。那时的周瑜曾在军阀袁术部下为官，被袁术任命当过一小小的居巢长，相当于一个小县的县令。

一年地方上发生了饥荒，年成不好，再加上兵荒马乱的，粮食问题日渐严峻起来。

居巢的百姓没有粮食吃，就吃树皮、草根，活活饿死了不少人，军队也饿得失去了战斗力。周瑜作为父母官，看到这悲惨情形急得心慌意乱，不知如何是好。

在周瑜急得心慌之时，有人献计，说附近有个乐善好施的财主鲁肃，他家囤积了不少粮食，不如去向他借。

见过鲁肃，周瑜开门见山地说："不瞒老兄，小弟此次造访，是想借点粮食。"鲁肃一看周瑜丰神俊朗，料定他日后必成大器，并不因为周瑜现在只是个小小的县令而看不起他，而是痛快地说："也别提什么借不借的，我送一仓粮食与你好了。"周瑜被鲁肃的言行深深感动了，两人当下就交上了

朋友。后来周瑜发达了，当上了将军，周瑜十分感谢鲁肃，他牢记鲁肃的恩德，后来向孙权推荐了鲁肃，鲁肃终于得到了干事业的机会，成为

三国历史上有名的一位儒将。鲁肃见了孙权，明确提出了与曹操、袁绍三分天下的想法，这就是著名的《塌上策》。

208年，曹操南下，东吴分为主战主和两派。鲁肃力主一战，并主动前往江夏请诸葛亮过江，使孙权看到了刘备联吴抗曹的决心。赤壁之战中。鲁肃以武将身份出战，总领三军，立下了很大的功劳。赤壁之战后，鲁肃力主将荆州借给刘备，这一招吓得曹操不轻。

210年，周瑜病逝，临死前向孙权推荐鲁肃继任都督。鲁肃任都督后不久，刘备取西川成功，于是鲁肃开始和关羽就荆州问题展开了斗争。刘备大军杀至公安，孙权也主张让吕蒙迎敌。鲁肃在关键时候挺身而出，与关羽谈判，要求以湘水为界，归还三郡，这就是著名的单刀会。这件事的真正英雄并非关羽，而是鲁肃。在单刀会上，鲁肃义正词严，蜀方无言以对，只得归还三郡。

鲁肃能成功，这和他帮助周瑜是分不开的。如果当初鲁肃有那么多的粮，不施恩予周瑜，那么他们就不会成为至交，更没有鲁肃的成名成将。

雪中送炭，口渴喂水是施恩的一大特征，别人有难处才需要帮忙，这是最起码的常识。我们内心都有一些需求，有紧迫的，有不重要的，而我们在急需的时候遇到别人的帮助，则内心感激不尽，甚至终生不忘。

濒临饿死时送一只萝卜和富贵时送一座金山，就内心感受来说，完全不一样。有某种爱好的人遇到兴趣相同的人则兴奋不已，以为人生一大快乐。两个人脾气相投，就能交上朋友。所以要做人情，便应洞察此中三昧。

帮助别人也需要技巧。对别人的帮助，要落实到具体的行动上。帮助有两种可能，一种可能是随便帮帮，一种可能是一帮到底，做足人情。第一种帮助不能说它不是帮助，因为它也能给人带来某种好处，但随便帮帮的帮助不是真正的帮助，因为这种随便的帮助在关键的时候总是不管用。第二种帮助才是真正的帮助，它能帮人彻底解决实际困难。

对身处困境中的人仅仅有同情之心是不够的，应给以具体的帮助，使其渡过难关，这种雪中送炭，分忧解难的行为最易引起对方的感激之情，进而形成友情。比如，一个农民做生意赔了本，他向几位朋友借钱，都遭回绝。后来他向一位平时交往不多的乡民求援，在他说明情况之后，对方毫不犹豫地借钱给他，使他渡过难关，他从内心里感激。后来，他发达了，依然不忘这一借钱的交情，常常给对方以特别的关照。

帮助别人时应注意：不要使对方觉得接受你的帮助是一种负担；帮助要做得自然得体，也就是说在当时对方或许无法强烈地感受到，但是日子越久越体会到你对他的关心，能够做到这一点是最理想的。帮助别人时要高高兴兴，不可心不甘、情不愿的。

鲁肃是借粮，还有一位借钱的名人。他就是胡雪岩，他慷慨借钱巧铺路。

胡雪岩开设“阜康”钱庄后不久，库存十分空洞，但还是打肿脸充胖子，用钱毫不吝惜，钱庄的银子就像洒水一样哗哗出去。

有一次，浙江官场的麟桂调动，由原来的浙江藩司调为江苏省江宁藩司。其在任时，亏空银子两万五千两，眼看交接在即，亏空要是不补，马脚立刻拆穿，以后他也就不用在官场混了。

于是，麟桂找上胡雪岩，托人传话，希望胡雪岩能挪借“阜康”钱庄银两，帮他渡过难关，将来到江苏江宁上任之后，再奉还胡雪岩这笔钱款。

按通常情况看，根据“人在人情在，人去人情坏”的原则办事，一般钱庄的普通老板大约会阳奉阴违一番，四两拨千斤，几句空话应付过去，而不去帮他这个忙。或者，就算肯出钱救麟桂之急，也是利上加利。

然而，胡雪岩二话不说，以超低利率，悉数把钱贷给麟桂。胡雪岩这样做，令刘庆生有些不解，胡雪岩则说：“调度，调度，做生意讲究的就是调度。所谓调，就是调得动；所谓度，就是预算。生意要做得活络，有进有出，什么时候有银子进来，什么时候银子该用出去，要有计算。银子调来调去，只要不崩盘就可以。”

胡雪岩这一宝，倒是押对了。尽管麟桂就要调走，但他临走前，送了“阜康”钱庄三样礼物：

1. 找到名目，请朝廷户部明令褒扬“阜康”，这等于是浙江省政府请中央财政部发个正字标记给“阜康”，这样，不但在浙江提高了“阜康”

名声，将来京里户部和浙江省之间的公款往来，也委托“阜康”钱庄办理汇兑。

2. 浙江省额外增收，支援江苏省参剿太平军的“协饷”，也委由“阜康”办理汇兑。

3. 将来江苏省与浙江省公款往来，也归“阜康”经手。

凭此一举，“阜康”钱庄真正站稳了脚跟，也就是靠着这样的投其所好的方式，胡雪岩一直商运亨通，成了古今皆知的“红顶商人”。

胡雪岩之所以成功，并成为“红顶商人”，就在于他将自己包装成一个不计回报、只奉献友谊、希望对方早日成功的朋友，如果对方说有朝一日定当大力回报之类的话，胡雪岩就会以一句“你这样说太见外了吧!”顶回。

在胡雪岩那个时代，对官府中人投其所好将来求利，其实是一个通例。胡雪岩深谙此道，自然也从不吝惜银子，甚至到了有索必给，有“求”必应的地步。胡雪岩所谓拿银子铺路，自然是他为了打通官场路子，寻求官场褒扬而有意为之。

官员麟桂平白无故得了胡雪岩的慷慨馈赠，一方面见情，以后有钱就存入阜康；另一方面这档事口耳相传，外面知道后，都晓得阜康钱庄有抚台、藩台撑腰。招牌靠得住，口碑打响后，钱庄生意自然滚滚而来。胡雪岩的这一招借了巡抚布政使司的势力，长了钱庄的人气。他对什么人能做什么事，看得很清楚。同时，“香饵诱鱼，引鱼上钩”，亦是现在商业营销中常用的手段。

用我们今天的眼光看，他的这种方式，无论在当时还是现在，都属违法，绝对是应该鄙弃的。这是胡雪岩不得已而为之的办法，也是其成功的重要砝码之一。

胡雪岩常说：“天下的饭，一个人是吃不完的，只有联络同行，要他们跟着自己走，才能行得通。”这句话虽然貌似平淡无奇，却透着对于商场运作规律的深刻理解。人们常说，商场如战场，这仅仅注意到商场中的商业竞争，而往往忽略另一面，即商场上有竞争的同时更有合作。无论你实力有多强大，也不管你的本事有多高，没有任何一个人能够独占整个市场。

在现代社会里，你不可能将对方绝对的毁灭，因此你的“单赢”策略将引起对方的一种愤恨，对你形成一种潜在的危机，从此陷入冤冤相报的恶性循环里。所以，不管什么时候，与人为善，帮助别人都是很好的感情投资。

赵匡胤巧依亲信得天下

宋太祖赵匡胤（927 年－976 年），中国北宋王朝的建立者，庙号太祖，汉族，涿州（今河北）人。出身军人家庭，高祖赵朓，祖父赵敬，赵弘殷次子。948 年，投后汉枢密使郭威幕下，屡立战功。951 年，郭威称帝，建立后周，赵匡胤任禁军军官，周世宗时官至殿前都点检。周世宗柴荣死后，恭帝即位。建隆元年（960 年），他以“镇定二州”的名义，谎报契丹联合北汉大举南侵，领兵出征，发动陈桥兵变，黄袍加身，代周称帝，建立宋朝，定都开封。

善于搞好关系，巧妙办成自己事的成功典型大概要算宋太祖赵匡胤发动陈桥兵变这件事。

公元 959 年，后周显德六年，后周世宗柴荣病死。新继位的恭帝年龄很小，只有七岁，因此当时政治不稳。

公元 960 年，后周显德七年正月初一，北汉主刘钧勾结辽兵进攻后周。当时主持朝政的符太后也是一介女流，尚且年纪轻轻，没有什么主见，听到这个消息，茫然不知所措，最后只得屈尊求救于宰相范质，皇室威严荡然无存。范质思来想去，朝中大将唯赵匡胤才能解救危难，不料赵匡胤却推脱兵少将寡，不能出战。范质只得委赵匡胤最高军权，可以调动全国兵马。

于是符太后命都检点赵匡胤率兵北征，副都检点慕容延钊，素称骁悍，符太后便封他为先锋，带兵先行。符太后另外还命各镇将领，会集北征，全归赵匡胤调遣。旨意下达后，慕容延钊挑选精锐兵士，按时起程。

赵匡胤也调集各处守帅，如石守信、王审琦、高怀德、张令铎、张光翰等，一队一队地先后出发。

几天后，赵匡胤统率大军出了东京城（今河南开封），行军至陈桥驿（今河南封丘东南陈桥镇）。当时，大军刚离开不久，东京城内就起了一阵谣传，说赵匡胤将做天子，这个谣言不知是何人所传，但多数人不信，朝中的文武百官对此事也略知一二，此时对谁也不敢相信，早已慌作一团。虽然赵匡胤此时不在朝中侍奉，但是东京城（开封）内所发生的一切他都了如指掌，这也正是他的杰作之一。

原来周世宗在位时，赵匡胤就是用同样的办法促使驸马张永德被罢免了殿前都点检的职务，而由他接任。赵匡胤很清楚皇帝的心理，就怕自己的江山被人抢去，所以任何传言都会使他们疑心很重。

这次赵匡胤故技重施，目的就是为了造成朝廷的慌乱，并使他的军队除了绝对听命于自己之外别无他路。在陈桥驿这个地方，赵匡胤的弟弟赵匡义（即后来的宋太宗赵炅）和归德军掌书记赵普授意将士把黄袍加在赵匡胤身上，拥立他为皇帝。

正月初四，赵匡胤从陈桥率兵回到开封，符太后无奈被迫交出玉玺，赵匡胤成功逼使恭帝禅位，顺利地登上了皇位，轻易地夺取了后周政权，改国号为“宋”，做了宋朝第一代皇帝，建立了赵宋王朝，史称宋太祖。

赵匡胤黄袍加身、陈桥兵变的故事启示人们：在办事时，除了审时度势、机智之外，同时依靠一些有交情的患难兄弟或朋友，共同合作，团结一致，才能取得事情的成功。

虽然据记载赵匡胤本人和史书里都多次写到赵匡胤是糊里糊涂当上了皇帝，然而实际上大家心里都明白，这场黄袍加身、陈桥兵变的故事，原来都是赵匡胤亲人、朋友和他精心策划的一出闹剧。

赵匡胤老谋深算，当他刚开始留在柴荣王朝中做禁军长官时，就十分善结人缘又颇爱读书，这为他日后的谋反称帝埋下了伏笔。事实上，在朝中的6年来，赵匡胤一直暗中在禁军发展自己的势力。

赵匡胤和杨光义、石守信、刘庆义、李继勋、刘守忠、王审琦、刘廷让、王政忠等这些人结拜兄弟，组成“义社”时，他们都还是郭威部下的低级军官。经过十多年的军旅生涯，等到了后周末期，由于赵匡胤晋升最快、官职最高，成为义社兄弟的首领。

他在禁军和藩镇中结拜的这10个兄弟，有谋士、心腹，目的就是趁机夺权。此时，周世宗年幼，符太后胸无大略，北汉、辽国又派兵攻打，后周已是内外交困，赵匡胤此刻见时机成熟，便和几个同僚一起导演了历史上有名的“黄袍加身”一剧。当天夜里，众将拥着赵匡胤上马，向汴京进发。汴京方面得知这一消息后满朝文武大臣都吓得相顾失色，不知所措，符太后更是泣不成声。

试想，光靠赵匡胤自己和亲人，能够成功赢得“黄袍加身”、“陈桥兵变”的成功吗？所以，平常结交朋友，关键时刻可以成为重要的力量，从而可以帮助自己成功。

现实生活中，赵匡胤结交朋友的故事，启示我们：搞好同事关系才好办事。

同事，即在同一单位从事着同样事业的人。由于工作条件和环境相近，追求的目标大致相同，因而要是合理地加以利用，在办事时可以很好帮助自己。

尼克松　沟通解丑闻

尼克松（1913—1994），全名是理查德·米尔豪斯·尼克松，爱尔兰人后裔，做过律师、官员。尼克松于1972年2月首次访华，成为访问新中国的第一位美国总统。

1952年，四年一度的美国总统选举又拉开了帷幕。美国共和党全国代表大会确定尼克松作为艾森豪威尔的竞选伙伴，也就是共和党提名的副总统候选人。

民主党人和共和党内反对尼克松的人，为了搞垮这个竞争对手，使出了“杀手锏”——尼克松受贿事件。1952年10月，《纽约时报》突然刊登年轻的参议员尼克松，在为艾森豪威尔竞选总统中曾受贿。

面对对手的造谣中伤，在民主党的进攻面前，共和党内有些人也劝尼克松退出竞选，艾森豪威尔将军也持同样的意见。然而，年轻的尼克松有着执著的追求。

丑闻不胫而走，压力越来越大，形势越来越严峻。尼克松感到了从未有的压力，正当共和党与艾森豪威尔打算抛弃他的关键时刻，尼克松经过再三思考，他准备在电视台发表诚实的演讲，把这件事情的详细情况说清楚，让公众来决定他是否能够继续参加竞选。

尼克松来到洛杉矶电视台，他坦率地把全部事实摆到公众的面前。他不是单刀直入地为自己辩解以洗清丑闻给他蒙上的灰尘，而是把自己的财务全部公开……他说道：“我的美国朋友们，……我确信，你们已经听说过关于我、参议员理查德·尼克松从他的支持者那里拿到了1.8万美元的指责了。”挑明问题后，尼克松首先不正面回答他是否拿了那1.8万美元，而是谈他的欠债……争取听众的同情。

接着，话锋一转，详细述说自己的收入情况，连听众都熟悉的每天生活怎样花掉每一元钱都讲了出来，他继续说：“还有一件事，也应该告诉你们，提名之后我的确得到过一件礼物，那就是我6岁的小女儿让我给起名。一只叫杰克尔斯的小狗。她和其他孩子一样，喜欢这只小狗，不管怎么说，我们就是要把它留下来……”

结果证明尼克松成功了。尼克松的演讲选择了一个容易使听众产生共鸣的话题，获得了超出预想的效果，事实澄清了，他拥有了一大批同情者，连杰克尔斯都成了全国知名的小狗。

真诚而又朴实地同大家沟通，有意抓住生活中的细枝末节，在人们的心弦上轻拢慢捻，定会弹奏出人情味，从而可以缩短彼此已经疏远的感情距离。

要不是这次出色的演说产生效应的话，也许尼克松就会作为一个贪官的形象留在选民们的心目中，结局肯定是悲惨的，也就不大可能有后来他担任两届美国总统的历史了。这就是说：尼克松的这次沟通起到了很重要的作用，保证了他的总统地位。

良好的人际关系依赖相互的了解。人与人之间的了解依靠彼此在思想和态度上的沟通。许多人苦于自己的意见不被采纳，其实是由于自己不肯和别人沟通，没有掌握“自己的意见怎样才能够被人采纳的策略”的缘故。

我们与对方加强沟通，及时“推销”自己的见解也是一种才能。与人沟通之前，有一件事情不要忘记做，那就是对对方作出一些判断。

在今天这样一个时代，许多人因为年龄的差异，彼此敬而远之。他们认为对方的想法与价值观与自己大相径庭，因此双方也就不会坦率地讲出自己的真实想法，只有外表的粉饰。然而，双方常常在打开天窗说亮话、坦诚地交流思想后，才发现还有忘年之交的朋友。

朱元璋卖乖笼人心

朱元璋，明王朝的开国皇帝。原名重八，后取名兴宗。汉族，濠州（今安徽凤阳县东）钟离太平乡人，25 岁时参加郭子兴领导的红巾军反抗蒙元暴政，龙凤七年（1361）受封吴国公，十年自称吴王。元至正二十八年（1368），在基本击破各路农民起义军和扫平元的残余势力后，于南京称帝，国号大明，年号洪武，建立了全国统一的封建政权。朱元璋统治时期被称为“洪武之治”。

元朝末期农民起义中，群雄割据，其中以朱元璋、陈友谅和张士诚三支势力最为强大。他们都想称王称霸，彼此都想吃掉对方，于是互相攻打。

1366 年 5 月，陈友谅和张士诚联合一起对在应天的朱元璋进行两面夹攻。在双方正进行一场浴血奋战的险恶形势下，江北形势突然有变。

小明王韩林儿和刘福通派出的三支北伐军队，遭到元军的强烈反击从而惨遭挫败。于是小明王退兵安丰，然而张士诚却派大将吕珍围攻安丰，情势十分危急。于是小明王多次派士卒向朱元璋征兵解围。

有一天，朱元璋正在召开军事会议，商讨派兵解围的问题，会上大家议论纷纷，众将大都反对派兵给小明王解围，就连军师刘基也坚决不同意派兵。然而朱元璋这次却力排众议，阴险地对大家说："我自有安排！"他决定毅然派兵去救安丰小明王。

朱元璋为什么愿意冒此风险？因为奸诈狡猾的朱元璋自有他的如意算盘。朱元璋认为安丰是应天的天然屏障，安丰一旦失守，自己的应天也就暴露在陈友谅等的攻击下，所以他解救安丰就是保住应天；至于小明王，他在红巾军和劳苦群众心中的影响力最大，有很强的号召力，可以说是一面旗帜。也是一颗棋子。

朱元璋表面上之所以尊小明王为主，打他的龙凤旗号，主要有两个目的：一是利用小明王的影响，争取人心；另一个目的是，敌方打击的矛头首先是小明王，这样就可以实现朱元璋自己今后的更大图谋。

于是，朱元璋亲自带兵率军北上，杀退了吕珍，同时保住了安丰。小明王从此对朱元璋感激涕零。朱元璋乘胜回师，和陈友谅在鄱阳湖进行了一场激烈的交战，陈友谅兵败身亡。朱元璋获取胜利以后，巧妙地打着小明王的旗帜，被封为吴国公。

也就在安丰战争的胜利后，朱元璋计划把小明王控制在自己手中。他先处处卖乖，把小明王迎到滁州，在滁州先后给小明王建造了巍峨的宫殿，安排了威武的銮驾仪仗、丰厚的食物、华丽的服饰，背地里朱元璋迅速安排亲信，对小明王实行封锁和隔离，甚至把侍奉小明王的宫中人员全部换上自己的部下。从此，小明王的一切，统统在朱元璋的掌握之中。

后来，朱元璋又以借刀杀人之计杀了对自己无利用价值的小明王，直到面临死亡时，小明王还念念不忘朱元璋的大恩大德。就这样，朱元璋既赢得了江山又赢得人心。

朱元璋能把事业干大，关键在于他把人脉关系放在了第一位。由此可见，靠人脉打天下，远比苦干死干要强得多。

故事中，朱元璋不让自己帮助别人即得的利益明示于人，而是将其掩饰成给他人带来实惠和利益，从而使他在受惠时看起来好像在帮别人的忙。

当用常规的方法很难奏效的时候，“欲擒故纵”和“欲纵故擒”都是为人处世的高超手段。笼络人心靠的不是金钱，而是智慧。某公司成立以来，事业可谓蒸蒸日上。但因受国际上恐怖活动的影响，当年的利润却大幅滑落。董事长知道，这不能怪员工，因为大家为公司拼命的情况，丝毫不比往年差，甚至可以说，由于人人意识到经济的不景气，干得比以前更卖力。这也就愈发加重了董事长心头的负担，因为马上要过年，照往年，年终奖金最少加发三个月的工资，多的时候，甚至再加倍。今年可惨了，算来算去，顶多只能给一个月的工资做奖金。“这要是让多年来已被惯坏了的员工知道，士气真不知要怎样滑落！”董事长忧心地对总经理说，“许多员工都以为最少加两个月，恐怕飞机票、新家具都定好了，只等拿奖金就出去度假或付账单呢！”总经理也愁眉苦脸地说：“好像给孩子糖吃，每次都抓一大把，现在突然改成两颗，小孩一定会吵。”“对了！”董事长突然触动灵机，“你倒使我想起小时候到店里买糖，总喜欢找同一个店员，因为别的店员都先抓一大把，拿去秤，再一颗一颗往回扣。那个比较可爱的店员，则每次都抓不足重量，然后一颗一颗往上加。说实在话，最后拿到的糖没什么差异，但我就是喜欢后者。”突然，董事长有了主意，没过两天，公司突然传来小道消息——“由于营业不佳，年底要裁员，上层正在确定具体实施方案。”顿时人心惶惶了。每个人都在猜，会不会是自己。最基层的员工想：“一定由下面杀起。”上面的主管则想“：我的薪水最高，只怕从我开刀！”但是，不久之后，总经理就宣布：“公司虽然艰苦，但大家同一条船，再怎么危险，也不愿牺牲共患难的同事，只是年终奖金，决不可能发了。”听说不裁员，人人都放下心头上的一块大石头，那不致卷铺盖的窃喜，早压过了没有年终奖金的失落。眼看新年将至，人人都做了过个穷年的打算，取消了奢华的交往和昂贵的旅游计划。突然，董事长召集由各单位主管参加的紧急会议。看主管们匆匆上楼，员工们面面相觑，心里都有点儿七上八下：“难道又变了卦?”是变了卦！没几分钟，主管们纷纷冲进自己的单位，兴奋地高喊着："有了！有了！还是有年终奖金，整整一个月，马上发下来，让大家过个好年！"整个公司大楼，爆发出一片欢呼，连坐在顶楼的董事长，都感觉到了地板的震动，关心和激励下属并不一定对下属有求必应，不断提高下属的待遇。人的需求是无止境的，满足了一个需求又会产生另一个需求。下属的需求是多种多样的，有的和组织的目标一致，有的却与组织的目标背道而驰。而且，一个公司的经营状况也不一定稳定，因此，作为领导者，你只能在公司条件允许的情况下，尽量满足下属那些与组织目标一致的需求，对不合理的需求和难于满足的需求，就要采取一定的策略，让下属自愿主动放弃。

把他人利益放在明处，将自己的实惠落在暗处，不但会达到自己的目的，而且可以获得对方的人情。卖乖的确是最为精明的人情术。

现实生活中，英雄难过熟人关。有了熟人，才有人情，有了人情，才好说话，才有人脉关系，才能把别人难办的事顺利办成。

无巧不成书。有些精明人送人情、收买人心从不用投入多少，也能达到预期的目的。他们是怎样做到操纵自如的呢？那么日常的社交办事时，如何培养自己简单的卖乖或买心术呢？

事实上，我们都知道：有人脉才能办好事，有了人脉关系才好说话。不善于建立人脉关系的人，不会建立良好的人脉关系的人，就不可能把每件事都顺顺当当办成，更不必说是难办的事情了。

卖乖术是办事关系学中较为精妙的一招。这要求我们做人乖巧精明，伶俐机智；要求我们做事要多长心眼，只有这样才会讨大家的喜欢。然而只有这一点却不够，还要善于学会在人情上投机取巧，甚至需要我们能够制造错觉的能力，就像一个神奇的魔术师。

日常，我们的人际关系中，存在着一个"成本"的问题。善于利用卖乖术搞人情关系，不但能够降低自己办事的成本，而且还可以不用投入也一样可以获得人心。这里的卖乖收买人心主要有：扮可怜博得别人的同情；用廉价的称赞赚取高贵的回报；赏个虚头衔鼓励干劲；以及对名人或是强者明贬实褒加深印象等，都是极妙的卖乖之法。

在商业活动中，卖乖术的巧妙运用，也常会出奇制胜，以小换大，取得良好的办事效果。比如捐助、义卖、让利等等看似公益的活动，这些表面上资助非赢利甚至“倒贴”的社会公益事业，以及“无私地”奉献爱心的事件，实际上所起的广告效应，会远远超出同等成本的“硬性”广告。并且这样的“软”广告却在出名的同时获得更多的好感与支持。

刘备：以无情之举获忠心

蜀汉昭烈帝刘备（161—223）字玄德，涿郡涿县（今河北涿州）人，据说是汉中山靖王刘胜的后代，三国时期蜀汉开国皇帝，公元221—223年在位。政治家，庙号烈祖。

当阳长坂之战是曹操、刘备两军的一次遭遇战。当时长坂坡大战时，刘备君臣、妻子相失，有人报告说：“赵子龙一定是投曹操去了！”

刘备十分自信地说：“子龙从我于患难，心如铁石，非富贵所能动摇也”，“子龙此去一定是有事故，我猜想他一定不会弃我们而去的”。刘备之所以说得如此斩钉截铁，坚信不疑，是因为他洞察赵云肺腑，深知其人。

曹军势大，刘备兵少，曹兵掩至，势不可当，把刘备队伍冲得七零八落。赵云保护的刘备家小也失散了。赵云自己想：自己奉命保护主人刘备一家妻小，然而却给弄丢了，不知如何向主人刘备交代，于是虽杀出了重围的赵云，准备拼死回去找到刘备的妻小（这一段在三国演义中是“我上天入地，好歹寻主母与小主人来。如果不见，死在沙场上也。”）

于是赵云拼死杀入曹操的百万雄狮般的军队中，经过艰难的七进七出的拼杀，终于找到了小主人阿斗。他怀抱阿斗，杀出层层重围，砍倒大旗两面，夺槊三条；只见他枪刺剑砍，杀死曹营名将50余员。

抱着小主人，赵云追上刘备，准备把自己如何英勇杀敌，如何突破重围，救回幼主阿斗的过程，详详细细地向刘备讲述，可是战事紧迫，他只得改口说“托主公洪福，幸而得脱”。

赵云下意识摸了摸怀中的阿斗担心地想："刚才小主还在我怀中啼哭不停，怎么一会儿工夫就不见了哭声，变得如此安静，不会是命不能够保住了吧?"

赵云赶忙看小主人阿斗，原来阿斗正酣睡未醒。赵云欢喜地对刘备说："还好，小公子安然无恙!"遂将阿斗双手递与刘备。

刘备接过阿斗，把阿斗摔到地上，接着自言自语道："为了救自己的这个小孩子，几乎损失了自己的一员大将。"

赵云于是赶忙从地上抱起阿斗，哭泣着拜倒在刘备面前，说："子龙即使肝脑涂地，也不能够报答主公对我的器重和恩情!"

由此，一个脍炙人口的歇后语流传了下来：刘备摔阿斗——收买人心。

后来刘备对赵云虽不是称兄道弟，他对赵云却像对自己的兄弟关云长和张翼德一样。

有人说，刘备爱子是真的，他摔阿斗只是做个表面文章给赵云看。这话不是没有任何根据的。事实上作为刘氏统治集团的继承人阿斗，刘备是不会轻易摔他于地上的。

刘备摔阿斗只出于爱将之心，激情所至，成为对赵的感情投资，是对赵云的精神赏赐，这是可以理解的。赵云作为难得的将才，其地位在刘备的心目中是可想而知的，如果赵云有什么闪失，刘备还得掂掂分量。

然而，更重要的是，刘备的这一举动激发了赵云誓死追随刘备的决心。在东汉末年，群雄逐鹿中原的时刻，各地的势力都在竭尽全力搜罗人才，壮大自己的实力。若能让赵云这个难得的将才誓死报效自己，那就可谓是如虎添翼了。

其实，刘备摔阿斗的目的有二，既收买了赵云效忠的人心，同时也很好地教育和感化了当时在场的所有文武百官，从而起到了一石二鸟的作用。因此后人诗曰："曹操军中飞虎出，赵云怀内小龙眠。无由抚慰忠臣心，故把亲儿掷马前。"

动人心者莫过于动情。情动之后自然就会心动，心动之后自然就会理顺。目前在我们的社交办事中，仁爱他人，仁爱部下，仁爱朋友，无非也是要求为将者如何动之以情，达到自己办事做人制胜的目的。

商场如战场，现代市场竞争也犹如古代的兵战。所以现代的管理者也要像刘备一样，必须深深洞悉：人类最富有感情，因而情感的投资便是搞好管理以及调动人心，获取效益的一项最重要的方式。

有一项心理学的研究表明：一个人在温馨友爱的环境里，如果大家相互尊重、容忍和理解，就容易使人产生愉悦、兴奋和上进的心情，工作热情和效率也会大大地提高；反之，其工作热情将大打折扣。所以，管理者在情感投资的过程中，首先应该抓住一个“心”字，要能与下属互相交心、互相关心以心换心，从而达到同心同德、共同干自己事业，丰裕自己也实惠他人的目的。

所以，情感投资是企业管理一项十分重要的软件投资。做好感情投资，不但能够减少下属的流动，降低企业的人力资源的成本消耗，而且还能够调动下属的工作积极性，增强凝聚力，从而增强企业的市场竞争力。因此，情感投资是十分必要的。

众多事实已经证明“情感投资”对于科技飞速发展的今天所带来的收益，已经大大超过企业通过扩大生产“硬件”规模而产生的效益。重视情感的投资，已经成为许多成功企业家的制胜法宝。

《孙子兵法》中，兵圣孙武要求为将者应具备“智、信、仁、勇、严”五个方面的才能，他强调将帅不仅要拥有威武之仪，还需要怀揣仁爱之心。唐朝诗人白居易也说：“动人心者莫过于情。”

记得美国钢铁大王卡内基有句名言：“将我所有的工厂、设备、市场、资金全部夺去，但只要留住我的组织人员，四年之后，我仍然是一个钢铁大王。”当然，卡内基的话，不无对他已掌握一批有真才实学的管理者的肯定，同时也告诉我们：成功的企业家是从来不会忽视对人才的培养、选拔和爱抚的。

在这个处处需要人情的社会，人们不自觉地要进行对别人感情投资，才能够巧妙地办事。“投之以桃，报之以李”，情感投资成了不少人关注的方向。在人际交往中重视感情因素，不断增加感情的“储蓄”，聚积信任度，保持和加强亲密互惠的程度。

赫鲁晓夫设身处地解难堪

赫鲁晓夫（1894—1971）：全名为尼基塔·谢尔盖耶维奇·赫鲁晓夫。苏联领导人，是第二次柏林危机，古巴导弹危机等事件的主要策划者。1953年。赫鲁晓夫任苏联共产党中央第一书记，举起了改革的大旗。他把农业作为改革的突破点，推行一系列发展农业的措施：削减农业税，提高农产品价格；增加农业投资，大规模开垦荒地。1964年，勃列日涅夫等人策划发动了“宫廷政变”，免除了赫鲁晓夫的一切职务，赫鲁晓夫被迫退休，1971年，赫鲁晓夫因心脏病复发于莫斯科逝世。

由于赫鲁晓夫曾经是斯大林非常信任和器重的人，他批评斯大林后，很多苏联人都怀有疑问：既然你早就认识到了斯大林的错误，那么你为什么早先从来没有提出过不同意见？你有没有参与这些错误行动？有一次，赫鲁晓夫再次批判斯大林的错误，这时，有人从听众席上递来一张条子。赫鲁晓夫打开一看，上面写着：“那时候你在哪里？”这是一个非常尖锐的问题，赫鲁晓夫的脸上表现得很难堪。他很难做出回答，但他又不能回避这个问题，更无法隐瞒这个条子，他也知道，许多人有着这样的问题。更何况，这会儿台下成千双眼睛已盯着他手里的那张纸，等着他念出来。赫鲁晓夫沉思了片刻，拿起条子，大声念了一遍条子的内容，然后望着台下，敲着桌子大声喊道：“谁写的这张条子，马上站起来，走上台。”

没有人站起来，所有人的心在“呼呼”直跳，不知赫鲁晓夫要干什么。写条的人更是忐忑不安，心里后悔刚才的举动，想着一旦被查出来会有什么结局。赫鲁晓夫又重复了一遍他的话，全场仍死一般的沉寂，大家都等着赫鲁晓夫的爆发。几分钟过去了，赫鲁晓夫平静地说：“好吧，我告诉你，我当时就坐在你现在的那个地方。”

赫鲁晓夫巧妙地随机创造出一个场景，巧妙地借这个众人皆知其含义的场景来婉转、含蓄地表达出自己的答案。这种回答的高明之处就在于：既不失自己的威望，也不让听众觉得他在文过饰非。

赫鲁晓夫这么做的意图很明显，是让人真正地体验、理解自己被质问所存在的强人所难的苛刻之处。别人希望你怎么对待他们，你就怎么对待他们。这种设身处地、将心比心的方法之所以很奏效，是因为它能让人真正地体验，快速地醒悟，他的质问所存在的强人所难的苛刻之处。

将心比心时，要准确判断对方的品格类型。预见对方的行为，从而预先调整自己的行为来顺应他。对症下药，因人而异。

在今天高度竞争、瞬息万变的世界里，以一相情愿的方式来对待或是回应你的服务对象、合作伙伴以及下属显然是不太妥当的。你还十分有必要去了解他们的需求，而且最好能够满足他们物质和精神的需求才行，因为你的成功很大程度上就取决于你如何迎合他们的个人需要。

将心比心，也就是要求做事的人有一种站在别人的立场上想问题的自觉。站在别人的角度设身处地，从而对对方的厉害得失与困难有较为深切的了解，由此再做出自己的决策，使自己的决策不仅有利于自己，也使对方容易接受，有效地避免自己的决策在实际运作中损害了对方的利益。如此一来，我们就不难理解做人为什么要将心比心了。

你种下什么，收获的就是什么。播种一个行动，你会收到一个习惯；播种一个习惯，你会收到一个个性；播种一个个性，你会收到一个命运。播种一个善行，你会收到一个善果；播种一个恶行，你会收到一个恶果。你有权利非公平地对待其他人，但你这种非公平的态度，将会使你“自食其果”。而且，进一步说，你所释放出来的每一种思想的后果，都会回报到你身上。因为你对其他人的所有行为，以及你对其他人的思想，都经由自我暗示的原则全部记录在你的潜意识中，这些行为和思想的性质会修正你自己的个性，而你的个性相当于一个磁场，把和你个性相同的人吸引到你身边。

更重要的是，能为别人着想，也善于为别人着想，这会使对方一下子就想到你的义气和情分，知道跟着你做事，决不会吃亏，他也就心悦诚服地被你拉住了。

社会生活愈发展，人与人的关系愈密切，对文明的要求也就愈高，就愈要求人们自觉地把自己放到社会中，想到自己言行对社会影响。想到社会和他人。在世界已经愈来愈成为地球村的情况下，人们的一举一动都与社会、与他人有着密切的联系。从这一点上看，将心比心的为人准则在人生活中就有了越来越重要的意义。

有一个企业讨论什么是“文明”的标准，员工们的回答是，时时想到他人就是文明。这个回答通俗而又生动地反映了文明的本质。换句话说，就是要求人们时时想到他人、想到社会，这也是文明的要求。

孔子说“己所不欲，勿施于人”是很难做到的，孔子的弟子子贡说他能做到，孔子却说：“非尔所及也。”子贡在孔门弟子中是一个全才，他比孔子小31岁，出生于商贾之家，后来在鲁国季孙氏手下做了不小的官。据说孔子晚年生活得以维持，子贡出了不少的力。孔子死后，子弟们多是服新丧三年，即待师如父，内心服孝三年，子贡却在孔子的墓旁搭了一茅棚，亲自在那里守孝三年。

风水先生中还传说，孔子的墓地原先选在葬早亡皇帝的地方，但子贡看了后认为那是帝王风水，孔子是千古圣人，那处风水不适，然后才选了曲阜孔子坟墓所在的那块风水圣地。

确切地说，将心比心就是文明。人能像考虑自己、为自己着想那样来考虑别人、为别人着想就可以进入“文明”层次了，就真正有点精神文明了。我不愿别人加到我身上的事，我也不加到别人的身上。

李世民真诚换忠心

唐太宗李世民，是唐朝第二位皇帝，他名字的意思是“济世安民”。陇西成纪人，祖籍赵郡隆庆，政治家、军事家、书法家、诗人。即位为帝后，积极听取群臣的意见、努力学习文治天下，有个成语叫“兼听则明，偏信则暗”，就是说他的，他成功转型为中国历史上最出名的政治家与明君之一。唐太宗开创了历史上的“贞观之治”，经过主动消灭各地割据势力，虚心纳谏、在国内厉行节约、使百姓休养生息，终于使得社会出现了国泰民安的局面。为后来全盛的开元盛世奠定了重要的基础，将中国传统农业社会推向鼎盛时期。

隋唐时期最有名的战将之一尉迟恭，字敬德，原为宋金刚的部下，公元620年4月，宋金刚兵败逃命，尉迟恭等人被迫投降了李世民，一同投降的寻相将军及宋金刚的部下士卒在夜间偷偷地逃走了。

这样一来，唐营里都指着尉迟恭窃窃私语。屈突通、殷开山等几人，害怕尉迟恭逃跑，为唐留下后患，就把尉迟恭捆了起来，然后跑去对李世民说：“尉迟恭骁勇绝伦，万人无敌，日后必为唐之大患，必须及早除之。现我等已乘其不备把他捆起来了，听候您的发落。”

李世民闻言大惊：“你们可知道，尉迟恭如果要叛变，他怎么可能落后于寻相将军？现在寻相叛而敬德留，足见尉迟敬德毫无叛志呀！”

说完，赶忙走到尉迟恭面前，亲手为其解开了绳索，并把他引到了自己的卧室，拿出一箱金子相赐，说：“大丈夫只以意气相待，请不要为小事介怀。如果将军不愿留在这里，这箱金子可供作为路费，略表我的心意。当然，我是怎么也不会因谗害正，更不会强留不愿与我交朋友的人。”

尉迟恭听李世民如此一说，声泪俱下，立刻下拜道：“大王如此相待，恭非木石，岂不知感，誓为大王效死，厚赠实不敢受。”

李世民忙扶起他说：“将军果肯屈留，金不妨受。”

尉迟恭继续推辞，李世民便说：“先收下，作为以后有功时的赏赐吧。”

第二天，李世民带了500骑兵巡视战场，突然遭到王世充骑兵的包围追杀。王军人数超过万人，带队的又是大将单雄信，单是隋唐时名将，惯用长槊，紧紧地缠住李世民不放，李世民眼看就要被生擒，正在这性命交关的紧急关头，突然一员猛将飞驰而至，冲开层层包围，把李世民从刀林枪海丛林中救了出来。

此人正是众人皆疑，独李世民信任的尉迟敬德。

李世民回营后对敬德说：

“众将疑公必叛，我谓公无他意，相报竟这般快速么？”

再把昨夜那箱金子相赐，尉迟恭这才收下。

经此事变以后，尉迟恭几乎成了李世民的贴身侍卫，每次征战，都寸步不离。李世民好冒险，总喜欢把最勇猛的将领组成一支突击队，在敌军阵中左冲右突，以挫敌锐气或打乱敌人阵脚，其中每次尉迟敬德都参加了突击队。尉迟敬德也为能加入这支冒险队伍为荣，感激李世民的信任，对李世民更加忠诚，决心以死来报答李世民的知遇之恩。

唐朝统一中国之后，皇宫内部争夺皇位的斗争越来越激烈。

李世民的哥哥李建成被立为太子，但他怕功劳盖世、战将如云的李世民与他争夺太子之位，便联合三弟李元吉企图刺杀李世民。

可是，李建成又十分害怕李世民的大批战将和护卫，尤其是形影不离而武功绝世的尉迟敬德。李建成深知尉迟恭是除掉李世民的最大障碍。于是他就采取了分化互解政策。

有一天李建成派人送给尉迟恭一车金银珠宝，尉迟恭坚决辞退：

“敬德出身微贱，久陷逆地，幸亏秦王提拔，得有今日，现欲酬报秦王相遇，尚未有好机会，若取太子礼，我报恩更报不过来了……”李建成等见金银珠宝并不能收买尉迟敬德，便又施一计，准备以北讨突厥为名，要调尉迟敬德作先锋，由李元吉带领离开长安。并决定在大军出发前，趁尉迟恭不在李世民身边时突然行刺以便除掉李世民。

尉迟敬德在探知这一情况后，便与其他谋臣一起，劝说李世民先下手为强，李世民率先发动玄武门事变，尉迟敬德协助李世民，捕杀了李建成和李元吉，并亲手割下两人的首级，假冒圣旨斥退李建成等人布置的军队，然后冒险执槊闯到李渊面前，逼迫李渊立李世民为太子。这样，李世民在尉迟敬德等人的协助下，终于顺利地登上太子之位，不久便做了皇帝。

真诚是人格魅力的基础，没有真诚，就不会有真心的朋友。

以诚待人，才能得到友谊和真情，有的人总是疑神疑鬼，谁也信不着，到头来，他只能收获孤独。

真诚的价值在于可以置换。秦王李世民用真诚去对待降将尉迟恭，尉迟恭终生都真诚地辅佐李世民，毫无二心。

当然，也不能没有原则地对任何一个人都奉献真诚。面对虚伪之徒，你还真的要留几个心眼儿，否则，对方会利用你的真诚去实现他个人的卑劣目的。真正的朋友之间，应该是在平常的日子里看不出什么色彩，有了大的事故也不改变初衷，富贵之后仍然互相惦记着，经历了千难万险之后，情感更深厚。

鲍叔牙不计前嫌推管仲

鲍叔牙（约前723或前716~公元前644年）姒姓，鲍氏，亦称“鲍叔”、“鲍子”，是鲍敬叔的儿子。颍上（今属安徽）人，春秋时代齐国大夫，管仲的好朋友。早期管仲贫困，鲍叔牙时常接济他。后来管仲侍奉齐襄公的儿子公子纠，鲍叔牙侍奉公子纠的弟弟公子小白。齐国内乱，管仲则随公子纠出奔鲁，鲍叔牙随公子小白出奔莒，小白返国继承君位之后，公子纠被杀，管仲被囚车运送回国。鲍叔牙推荐管仲当上了宰相，被时人誉为“管鲍之交”、“鲍子遗风”。

年轻时的管仲经常跟鲍叔牙来往，因此鲍叔牙了解管仲的为人。

有一年，鲍叔牙出钱跟管仲合伙做买卖，管仲负责经营，赚了钱两人对半分。管仲经营得很上心，结果赢得了鲍叔牙信任。

于是，一切都由管仲自己管理，年终赢利很多。分利润时也由管仲掌握，他自己分得利润三分之二，而给鲍叔牙三分之一。

有个了解情况的人告诉了鲍叔牙，可鲍叔牙不仅没怨恨管仲，而且劝那人说：

“不要再说这些事。虽然当时商定各得利润的一半，可他家穷困，多分些是应该的。”此后也就再没人说到这件事。

后来，管仲给鲍叔牙作帮手，替鲍叔牙出谋划策。可是，管仲想出来的方法很多是行不通的。鲍叔牙的家人对他说：

“管仲也不像你说的那样有才能。虽不能说是愚人，也和一般人差不多少。”

鲍叔牙立刻教育家人，他说：“人的才能遇到有利的时机，就能大大发挥出来，你就会断定他是有才能的。有时，遇不到有利的时机，才能施展不出来，就使人认为他没有才能。比如姜太公，他没遇到有利时机，是在渭钓鱼的老头儿，遇到时机后，助武王灭纣，就大展奇才了。”

家人也就不再说管仲能与不能了。

从鲍叔牙家中出来，管仲曾到好几个小国做官，好多次替小国领兵打仗。可是每次都是败逃而归。结果，被国君驱逐了。后来，就跟鲍叔牙一起到齐国。鲍叔牙侍奉齐国公子小白，管仲侍奉齐国公子纠。

不久，齐国发生内乱，公孙无知领兵杀了齐僖公，自立为齐君。鲍叔牙领公子小白逃到莒国避难，管仲辅助公子纠跑到鲁国避祸。

齐国内乱平定以后，两个公子都要回国做国君。小白和鲍叔牙先回到齐国，被立为国君，就是后来的齐桓公。

鲁庄公派兵护送公子纠回齐国为君迟了一步。正当回齐途中，遇到齐桓公和鲍叔牙领兵阻击，结果鲁军被打败。这时，管仲为掩护公子纠逃跑，用箭射齐桓公，箭正好射在桓公腰间的大带铜钩上，齐桓公对此事非常恼怒。

战后，齐桓公派鲍叔牙领兵到鲁国处理战后事情。鲍叔牙对鲁庄公说：“我代表齐君向君王请求两件事：一、公子纠是齐君的亲兄弟，齐侯不能亲手杀他，请君王把他杀死吧！二、随同子纠的管仲、召忽是齐君的仇人，请国君把他俩交给我，齐国才能甘心。”

鲁国既战败，庄公不得不听从齐国的意旨，就在生窦那地方杀了公子纠。召忽听说此事，也自杀了。但管仲则不然，他请求鲍叔牙把自己囚禁起来，送到齐国治罪。鲍叔牙答应了他的请求，用囚车囚禁管仲，然后送往齐国。可是，一到齐国境内的堂阜，就立即打开囚车，放出管仲。

回到齐国首都临淄，鲍叔牙就向齐桓公报告说：“管仲的才能比我强，可以让他辅助君王。”

齐桓公说：“用箭射我的仇恨不报倒可以，但不能再用他来辅助我。鲍叔为相足可矣！”鲍叔牙立刻推辞道：“我不如管夷吾的地方太多了，大体说来有五个方面：宽怀联系民众并给民众恩惠，不如夷吾；治理国家不失国家的权柄，不如夷吾；忠于恩惠能跟百姓结合，不如夷吾；制定礼仪制度能使四方国家效法，不如夷吾；在军前击鼓行令，使将士都增强勇气，努力作战，不如夷吾。"

齐桓公说："尽管如此。有鲍叔为相，齐国可治好。"

鲍叔牙见齐桓公如此坚信自己而不用管仲，就费思索了。两天后，又对齐桓公说："君王要是只为了治好齐国，那么有高梗和我两人，就可以了。若国君要在天下称王称霸，那就非用管仲不可了。"

鲍叔牙见齐桓公没立刻反对，而且似乎有同意的神情，就补充道："管仲在哪个国家哪个国家就会兴旺发达，不能失掉这个人才呀！"齐桓终于公听信了鲍叔牙的意见，用管仲为相。

齐国果然逐渐强大起来，并称霸于诸侯。

"管鲍之交"可谓千古绝唱。没有理解，就没有友情。只因为鲍叔牙对管仲的人品、才华了解得一清二楚，他们之间才建立了不分彼此，相互信任的友情。交朋友的目的不是想占朋友的便宜，而是心灵上沟通的一种需要。交朋友如果是为了利益的获取，友情是短暂的。朋友有了困难，当拔刀相助，朋友的才智高于自己，当引以为荣，不能心怀忌妒。庞涓跟孙膑是同窗但称不上是朋友，朋友之间没有忌妒。友谊有时候像一根拐杖，有时候像一片辽阔的海洋。

阎锡山军阀之中巧立足

阎锡山（1883—1960）字百川，号龙池，汉族，山西五台县河边村人，日本陆军士官学校第六期毕业生，清朝陆军步兵科举人、协军校，同盟会员，组织与领导了太原辛亥起义。民国时期，历任山西省都督、督军、省长、北方国民革命军总司令、国民党中央政治委员、军事委员会副委员长、太原绥靖公署主任、第二战区司令长官、山西省政府主席、国民政府行政院院长、国防部部长。一级上将。解放前夕去台湾，卸职后避居阳明山著述至去世。1939 年 12 月至 1943 年 4 月任山西大学校长，其著述有：《物产证券与按劳分配》、《阎伯川言论集》等。

军阀割据时代，阎锡山与冯玉祥两人各自都拥有一支数万人的军队，雄踞西北一隅，并对中原虎视眈眈。两人虽割据一方，但仍保持较好的关系，而一直想打倒军阀、独霸中国的蒋介石南京政府，在与桂系的战争刚一结束，就把战刀挥向这西北双雄。

鉴于两人的力量合在一起过于强大，蒋介石决定运用离间、分化战术。依据形势和地理因素，蒋介石选择了占有河南大部分的冯玉祥作为首攻的目标，于是他积极地拉拢起阎锡山来。两人的信使来往频繁，不久，蒋介石就与阎锡山商量起联合讨伐冯玉祥的问题来。没想到阎锡山竟以与冯玉祥有协议为由拒绝联合。蒋介石说，既然不能联合，保持中立总可以吧。为了使阎锡山同意，蒋介石又补充说，讨冯结束后，河南的大权归你支配。阎锡山早已对这一肥肉垂涎已久，终于点头同意，保持中立。

得到阎锡山的许诺后，蒋介石集中大量兵力向冯玉祥驻扎在河南的军队发起全面进攻，接着向他的老剿陕西推进，很快取得了胜利。冯玉祥战败后宣布下野，蒋介石则逼其出洋，并准备整编他的残兵败将。这时，阎锡山决定不再中立，而与冯玉祥联起手来，以阻止蒋介石对西北军的收编，同时利用冯玉祥作筹码与蒋介石讨价还价。

该怎样向冯玉祥开口，提出重归于好的意愿呢？正在这时，机会送上门来了。原来冯玉祥在宣布下野后，还心有不甘，便不计前嫌派亲信到太原会晤阎锡山，商谈联合反蒋事宜，以便借此重整旗鼓。阎锡山满口答应愿意与冯玉祥联合，但不明确反蒋，只说急盼冯玉祥来太原详细商讨。

但是，冯玉祥怀疑阎锡山有诈，不敢贸然人晋。不久事情又有了变化。蒋介石窥知阎、冯有交往，为了拆散他们刚刚搭起的独木桥，蒋介石致电阎锡山请他敦促冯玉祥出洋，并委任阎为北路军总司令，要求山西出兵配合他对西北军发动五路进攻。精明的阎锡山从电报中立刻意识到自己现已占据主动的地位，可以公开打出冯玉祥这张牌了，即利用拒蒋来赢得冯玉祥的信任，然后再用冯玉祥来压蒋。

第二天阎锡山即回电蒋介石，称不主张内战，提倡和平解决，还表示愿与冯玉样一起下野出洋，以显示自己倡导和平的诚意。随后即派人到天津订购船票，到日本安排住房。冯玉祥看到阎锡山的行动如此坚决，心中的疑虑也顿时消解，在阎锡山特意请来的自己的老相识李书城劝说之下，带上妻女到达太原。

两人相见，阎锡山滔滔不绝，可所谈的都是些闲杂事务，每当冯玉祥提到联合抗蒋之事，他总是避而不谈。会谈一结束，阎锡山就抓紧着手实施他的策略。他一边向南京再次发电表示坚决与冯玉祥一起下野出洋，一边又派人四处活动，造成阎冯要一起出洋的假象。

蒋介石一看急了，他知道，如果阎、冯果真并肩出洋，无疑会使西北军与晋军联合起来，他的各个击破的目的就难以达到了。于是，紧急采取措施，极力劝阻阎锡山出洋，同时委任阎锡山为西北宣慰使，全权处理西北善后事宜。阎锡山为了继续蒙骗冯玉祥，对蒋的委任不作明确答复，却详细地向南京报告冯在山西的一切情况。蒋介石对阎锡山的含糊态度困惑不解，于是派人到山西去摸底，并具体协商敦促冯玉祥出洋、改编西北军的办法。但阎锡山认为蒋介石给他的好处还不够多，于是决定继续利用冯玉祥的这张王牌向蒋介石要高价。因此，他以强硬的态度再次向蒋介石提出，一定要与冯玉祥同时出洋。

蒋介石急忙表示挽留，并函请阎锡山与冯玉祥到北平，共同商讨冯玉祥出洋考察实业的问题。但阎锡山并不理会，而是电请中央撤销对冯玉祥的处分，并对冯玉祥佯称到北平见蒋之后即与冯一同出洋。但是，他到北平后却另行一套，用冯玉祥与蒋介石亲热地做起交易来了。经过讨价还价后，蒋介石委任阎锡山为全国陆海空军副总司令。作为交换条件，阎锡山答应协助蒋介石尽快解决西北军。这已是一人之下，万人之上的职务了。这下阎锡山再没有什么可说的了。但是，为了掩饰，他在公开场合仍表现出一副与冯玉祥共沉浮的姿态。回晋后他又再次通电南京政府，又一次地表明要坚决出洋，称此举是“其济艰难”，一副忠心耿耿的样子，并召集部下开会，重申此项旨意。再次表示坚决与冯一同出洋。

阎的此番表演是与蒋介石商量好了的，意在继续麻痹冯玉祥。蒋介石为了配合阎，又派人到阎锡山那里装作苦劝一番。结果，阎锡山第二天就突然“得病”住进了医院，闭门谢客；又把去日本的船票退了，并以冯住晋祠不便为名，将冯玉祥骗到建安村软禁起来。李书诚知悉后，会同山东名流王鸿一力劝阎锡山不可出卖朋友，阎锡山以沉默来对付各种谴责。

阎锡山虽然出卖了冯玉祥，但又极想在冯的面前充当好人，极力解释自己暂缓出洋并非本心，而是有种种苦衷的。此时，冯玉祥已看穿了阎的诡计，知道他与蒋介石做了交易，但他不动声色，表面应付说，他非常理解阎锡山的处境，实地里则令部下向南京政府靠拢，以拆散蒋、阎并不稳固的联盟。

蒋介石看到西北军已归顺屈服，即派人送去军饷加以抚慰，而此时阎锡山对他来说再也没有多大的用处了。加上他对阎锡山的左右摇摆的不定性格很反感，于是不再答理阎锡山了。但阎的亲信在南京看到西北军与南京政府来往频繁，很是焦急，立即把情况电告阎锡山。

阎锡山看了电报后，隐隐感到一种灭顶之灾正向他袭来，老蒋的下一个目标该是自己了。冯玉祥这张牌还是不能丢，于是他立即改变对冯玉祥的态度，于中秋之夜亲自前往建安村，当面向冯玉祥赔礼道歉，共商联合反蒋之计。冯玉祥看到自己的拆蒋、阎之计已奏效，也就乐意地接受阎锡山的歉意，阎、冯联盟暂时又建立起来了，阎锡山也获得了一时的安宁，躲过了一场将要临头的灾难。

一个人的力量是有限的，一方的势力也是有限的，只有与他人联手，求得外援，方才可以站稳脚跟。这在数学上是三角形的稳定性，而在物理上是力的平衡关系。外援虽然不是足够强大，但犹如砝码，可以从中巧妙地获取自身的平衡。

阎锡山虽然想得到河南的支配大权，但当他看到蒋介石着手整编冯玉祥的残兵败将时，他如再中立，势必会出现自己独个儿面对蒋介石大军打压的局面。在三角关系中，他最明智的便是与冯玉祥联起手来。这是一个保全自己、发展自己的绝妙良策。

阎锡山凭借自己的圆滑手腕，在蒋、冯、阎三角争斗中巧妙地游移。

狄仁杰：天下桃李满京城

狄仁杰，生于隋大业三年，即607年（一说生于唐贞观四年，即630年），卒于武则天久视元年（700年），唐代并州太原（今山西太原）人，字怀英。武则天时期宰相，杰出的封建政治家。应试明经科（唐代科举制度中科目之一），从而步入仕途。从政后，经历了唐高宗与武则天两个时代。初任并州都督府法曹，转大理丞，改任侍御史，历任宁州、豫州刺史、地官侍郎等职。狄仁杰为官，如老子所言“圣人无常心，以百姓心为心”，为了拯救无辜，敢于拂逆君主之意，始终保持体恤百姓、不畏权势的本色，始终是居庙堂之上，以民为忧，后人称之为“唐室砥柱”。

狄仁杰是武则天时期有名的宰相，但有一件事当初他并不知道：正是一个他不大瞧得起的将军娄师德，曾在武则天面前竭力推荐了他。

有一次，武则天故意问狄仁杰：“你看娄师德这人怎么样？”

狄仁杰说：“娄师德做个将军，小心谨慎守卫边境，还不错。至于有什么才能，我就不知道了。”

武则天说："你看娄师德是不是能发现人才？"

狄仁杰说："我跟他一起工作过，没听说过他能发现人才。"

武则天微笑着说："我能发现你，就是娄师德推荐的啊。"

狄仁杰知道真相后，十分感动，觉得娄师德为人厚道，自己不如他。从此，狄仁杰也努力物色人才，随时向武则天推荐。

一天，武则天要狄仁杰物色一个能当宰相的人才，狄仁杰就推荐了荆州一位官员，名张柬之，年纪虽然大了一些，但办事干练，是个宰相人选。武则天听了狄仁杰的推荐，提拔张柬之担任洛州司马。

过了几天，狄仁杰上朝，武则天又向他提起推荐人才的事。狄仁杰说："上次我推荐的张柬之，陛下还没用呢！"

武则天说："我不是已经把他任用了吗？"

狄仁杰说："我向陛下推荐的，是一个宰相人选。不是让他当司马的啊。"

武则天这才把张柬之提拔为侍郎，后来，又任命他为宰相。

像张柬之那样的有才能的官员，狄仁杰一共推荐了几十个人，后来都成为当时有名的大臣。这些大臣都十分钦佩狄仁杰，把狄仁杰看做他们的老前辈和师长。有人对狄仁杰说："天下桃李，都出在狄公的门下了。"

狄仁杰谦逊地说："这算得上什么，推荐人才是为了国家，又不是为了我个人的私利！"

一心为国、忠诚无私地为国家荐贤，不仅能使国家寓强，也是自家门下的福气啊。武则天时期社会的兴旺繁荣，少不了狄仁杰的功劳。狄仁杰活到七十岁。他曾多次要求告老，武则天总是不准。他死后，武则天常常叹息说："老天为什么这么早就夺走我的国老啊！"

其实说到感恩，我们并不是提倡一定要感激的大恩大德。感恩可以是一种生活态度，一种善于表现美和欣赏美的道德情操。人生在世，不如一事长把久，如果我们都被局限在这种不如意中，终日惴惴不安，那么生活就会变的索然无趣。

但当今又有多少人会用一颗感恩的心去面对一切事物，人若不知感恩，则他对身边的一切事物都不会满足，总认为上天对自己不公平，从而对生活不断抱怨，对社会不断抱怨，从而失去对生活的热爱，步入一个“黑色的生活”。

回想我们虽然生活在无忧无虑的环境中，但多少人拥有一颗“感恩的心”？假设你所处的环境很好，但你总是感到不满，这时你或许就应该以一颗“感恩”的心去看待一切事物，例如：你在享用丰盛的晚餐时，是否你会想到要感谢你的母亲或妻子，感谢她们，为你做了顿丰富的晚餐。永远也不要认为这是多此一举的，否则，你将永远也不知感恩。又例如：当你坐出租车时，你已经到达你的目的地，在你付钱的时候，是否你会感谢一下司机呢？或许你认为是多此一举的，但请换个角度，这位司机把你安全快速的送到了目的地，难道就不应该说声感谢吗？

生活中有许多事我们应该以感恩的心态去面对，可人们总认为多此一举，这样就使本该美好的生活变了味，人们总是对生活不满，从而不断的抱怨，不断的去厌恶，以至于失去时，才感到它的可贵，后悔当初！后悔是没用的，覆水难收，失去的东西是很难回来的。若在失去之前便知感恩，从而去珍惜，难道会轻易失去吗？

如果你不是一个会感恩的人，现在开始慢慢去发现，一点点去感恩，或许这以后你会发现生活变得如此美好，如此值得去珍惜。

狄仁杰因为别人对自己的推荐之恩，自己就把这种精神发扬光大，向朝廷多多的推荐人才。从某方面上来说，也是娄师德的功劳。狄仁杰的这一做法不仅对朝廷做了贡献，也使自己结交了很多的人才。

第七章

BAIWEIMINGRENCHUSHIZHIHUI

名人之巧用契机

机遇来到你面前，最终能不能为你效力，能不能替你创造财富，这还要看你的选择能力。机遇不等人，如果我们优柔寡断、犹豫不决，就会失去机遇。有人说：“人生的悲剧说穿了就是选择的悲剧。随便选择机遇将失去更好的机遇。”世间让人感到可惜的就是那些不能决断的人。事情对他有利时，他不敢拍板，前怕狼后怕虎，这也顾忌那也犹豫，往往会失去很多机遇。

勾践屈身隐忍待契机

春秋末越国国君（前497年—前465年）在位。姓姒（因为是大禹的后代，所以姓姒），名勾践，又名菼执。曾败于吴，屈服求和。后卧薪尝胆，发愤图强，终成强国。公元前473年灭吴。

公元前494年，即勾践三年，吴王夫差为了报杀父之仇，发动兵马，大举向越国进攻。吴军在梅山之战大获全胜，越军被打得落花流水，几乎全军覆没，退守在会稽山。

越王勾践眼看着就要国破家亡，决定启用谋臣范蠡、文种等的主意：要求跟吴王讲和。吴王提出了一个条件，他要越王夫妇到吴国给自己当仆人。勾践与大臣文种和范蠡经过一番谋划之后，答应携着妻子心甘情愿地侍奉夫差。

然而夫差的大臣伍子胥极力反对，并要求直接杀死勾践，以绝国家后患。当时夫差有心要羞辱勾践，拒绝了伍子胥的建议。夫差在先父阖闾的墓旁建了一所简陋的石头房子，将勾践夫妇安置其中。里面没有床铺，他们就铺上干草，从此也换上了奴隶的服装。他们整日蓬头垢面，替夫差喂马、劈柴挑水、做饭洗衣，过着奴隶般的生活。

为了麻痹夫差，争取早日回国，让夫差放松对自己的警惕，勾践想方设法讨好夫差，博取他的信任，甚至还亲自舔尝夫差的粪便。

一次，夫差生病，腹泻不止，勾践三番五次地恳求让他探问病情。夫差正在腹泻，便令勾践暂时回避一下。勾践连忙说："贱臣过去曾从师学医，了解一些医学上的基本知识，如果让我观察一下您的粪便，我就可以判断你病情的轻重。"

夫差从厕所出来后，侍从就将便桶抬出来，一股恶臭扑鼻而来。在场的侍卫有的掩住鼻子，有的皱起眉头。勾践却径直走到便桶边，掀起桶盖，伸手取了一块大便。站在一旁的人无不惊诧，都瞪大了眼睛，夫差也颇为震惊。

只见勾践把大便放入口中细细品尝，之后面露喜色，高兴地对夫差说："贱臣拜贺大王，您的病近日就会痊愈！不必担忧！"

夫差好奇地问："你何以知道？"

勾践回答道："贱臣曾听医师说：粪者，谷味也，体健其味重，体病其味轻。贱臣刚才尝过大王的粪便，味酸而稍苦，可见没有什么大碍！稍加调养就可以了。"

夫差感叹道："勾践今日如此对我，这些是我宠信的大臣和儿子都做不到的啊！勾践对我的确忠心耿耿！"感动之余，吴王决定释放勾践夫妇回国。

勾践回国以后，发愤图强，对内笼络群臣，对下教养百姓。十年卧薪尝胆，他的国力大大增强，终于在公元前475年进攻吴国。五湖决战，他大败夫差，越军随后包围了夫差的王宫，杀死宰相，活捉夫差。吴王没想到昔日舔尝自己大便的人竟然就此倾覆了自己的国家，他请求世世代代为越国附庸。勾践一心想痛雪当年的耻辱，断然拒绝，夫差被迫自杀。

中国有句成语：忍辱负重。不忍受侮辱，怎么能够负重，又如何制造机会雪耻呢？这是对勾践脱离"虎口"，而不惜承受尝粪之辱的最好解释。

勾践在这件事情上所表现出来的忍辱的确是一般人所做不到的。我们不排除勾践是想尽一切办法回国，这种忍辱的行为的确让人自叹不如。纵观这一时期勾践的屈辱，是极其恭顺的屈辱。因为勾践很明白，这种为人奴仆的生活可能是茫茫无期，也可能近在咫尺。为什么呢？因为这完全取决于吴王，只要吴王高兴，对自己所做的事满意，那么自己很有可能会提前获得自由，回到越国，所以勾践以其恭顺屈忍来讨好吴王。

坚韧善忍的精神造就了春秋末代霸主。国王——奴仆——霸主把勾践的人生轨迹勾画得清清楚楚。

时至今日，我们在人生的关键时候，我们在社会中的各个角落，必须扮演各种角色，甚至包括众人认为是屈辱的行为尤其是在人生的低谷时期。只有这样，也许不久，就会出现我们事业新的转机。

忍耐不是一味的逆来顺受，茫然失措的结果，而是一种主动收缩和战略调整。善忍耐者必然有大智慧，大视野，大心胸。若要培养自己超人的忍耐力，可从以下几个方面入手。

不要急功近利。急功近利的人不会等待；狭隘自私者不善等待。等待需要冷静的头脑，坚定的目标，宽广的胸怀。等待不是消极颓废，而是蓄势待发；不是停滞不前，而是慎思密行，以便选取进取的最佳路径、切入点和突破口。也许正是因为我们年轻才少了些慎重与平和，多了些气盛与浮躁；少了些等待与大度，多了些遗憾与无奈。

通过身体耐力培养精神耐力。忍耐力包含精神耐力和身体耐力两方面的品质，两者之间是相互关联的，并且可以通过锻炼养成这种良好的品质。身体越是强健，精神越能够自律，能够整天辛苦劳作。情况恶化时，身体和精神都能够为忍耐做充足的准备。

如果身体健康，那么你就更容易下定决心做一些事情，比如在寒冷的清晨跑步。身体不健康的话，要想继续前进就需要更顽强的意志和更大的决心。“健全的精神寓于健全的身体”，就是既注重身体，又注重精神，使两者能够相互协作，发挥出最佳水平。

积极地思考。事实上，积极的思考能使人周身充满活力，而消极的态度会使人精神消沉、萎靡不振。一旦形成了积极思考的习惯，这种习惯就能够使你产生难以想象的忍耐力。持续的积极思想能够消除犹豫和疑虑，它与决心、坚定不移联系在一起，使你能够坚持更长一段时间。

在成大事人的眼里，任何艰难困苦都不足以让人心灰意冷，相反能更加鼓舞士气，激发起一定要办成事的欲望。在遇到困难的过程中，不和对手直接对抗，而是稍稍低一下头，避开强劲的疾风才是明智之举。请看一下几则关于忍耐的名人名言：

忍耐是一帖利于所有痛苦的膏药。

——（西班牙）塞万提斯

忍耐是痛苦的，但它的果实却是甜蜜的。

——（法国）卢梭

先苦后甜要比先甜后苦的味道迷人得 多。

——（中国）王绍男

要是你无法避免，那你的职责就是忍受。如果你命运里注定需要忍受，那么说自己不能忍受就是犯傻。耐心是一切聪明才智的基础。

——（古希腊）柏拉图

君子忍人之所不能忍，客人之所不能容，处人之所不能处。

——（中国）马南邨

在人生的历程中，我们会遇到一些需要忍耐的事情，借以历练自己的心智。只是希望这种情况不要成为一种定式，生命中出现的越少越好。希望这样的格言，对我们会有很大的帮助。

当然，我们的忍是为了机遇，是机遇之忍，而不是毫无意义的单纯的忍，只有有希望的忍才是我们的目的。

顺境是指在追求美好生活、实现美丽梦想的过程中，可以一帆风顺地到达理想彼岸的优越环境条件。顺境有时也指人们渴求的万事如意、心想事成的理想境遇。顺境的优势在于占有“天时、地利、人和”等发展的资本，可以使个人的才能得以自由充分的发挥。但人们在身处顺境时，容易滋生停滞不前、骄傲自满、心浮气躁、意志消沉等问题。逆境则是指人们所处的环境荆棘丛生，不尽人意，在生存与发展的道路上障碍和阻力频生。身处逆境时，容易产生消沉、空虚、寂寞、苦闷、惆怅和无助等心理倾向。

人生在世，不可能凡事都一帆风顺，难免要经历逆境与顺境。逆境与顺境是相对而言的，两者在一定条件下可以相互转化。逆境和顺境都是外因，但作用不同，取得同样的成就，当事者所付出的代价也不相同。在逆境中向目标前进，犹如逆水行舟，要付出更大的努力和更多的艰辛才可能成功。顺境仅是一种相对优越的境遇，并非一劳永逸。逆境也绝非造就一种积极人格的充分条件，逆境中产生的过度自卑会瓦解一个人的活力。经历逆境时，一些人会感叹自己怀才不遇，怨天尤人，觉得生活太不公平。逆境对人的压力大部分来自内心，可以成就一些人，也可能毁灭一些人。对于大多数人来说，只能依靠自己的勤奋努力去把握顺境和摆脱逆境。

人生就是一个不断挑战的过程，不论处于何种境遇，都应该正视现实。要珍惜顺境，“一粥一饭，当思来之不易；半丝半缕，恒念物力维艰。”但每个人都不可能时时与环境相宜，都会有遇到逆境的时候。当你无力改变环境时，就应该设法改变自己，使自己尽可能去适应环境。“大事难事有担当，逆境顺境向前看，临喜临怒看涵养，群行群止看眼光。”要不因顺境而固步自封和狂妄自满，不因逆境而一蹶不振和妥协丧志。境由心造，乐观的心态，是战胜逆境的精神动力；积极的行动，是走出逆境的有效途径。

“人有悲欢离合，月有阴晴圆缺”，再顺利的人生也有残缺。生活不会自己变得轻或重，灾难也不会因为你的祈祷或诅咒转弯改道。但是，你却有办法改变你的心情你的感受。如果不是硬与自己过不去，应当学会制造出一些好心情和好感受，并且可以说，制造好心情永远是创造美满人生的一大技法。不仅遇上挫折和烦恼时需要，就是遇上单调和平淡时也需要。

不能改变环境，但可以改变心情。有了好心情，幸福还会远吗！学会控制自己的情绪，人的一生当中会遇到很多问题，也会遇到很多挫折，一个随意让情绪“喷”出来而不能自控的人，一定是与成大事无缘的。只有学会自制和忍耐，控制自己的情绪，保持平稳的心态，才能客观地把问题解决，才能攀上胜利的巅峰。

朱棣：储备力量，伺机而发

朱棣（1360—1424）：明成祖，是明朝第三个皇帝，明太祖朱元璋第四子。

洪武三年（1370 年）封为燕王，镇守北平。洪武二十三年（1390 年），他出兵攻伐元残余势力大获全胜，得到太祖的嘉奖。太祖命他节制北部边境兵马。多次统率诸将出征，名声大震。1398 年，明太祖朱元璋病死，皇太孙朱允炆继位，即惠帝。惠帝下令削藩。朱棣于是韬光养晦，以

“清君侧”除去齐泰、黄子澄为由，起兵“靖难”。自建文元年（1399 年）起，经过四年内战，攻陷京师，夺取帝位。第二年改年号为永乐。朱棣在内政方面也有许多建树。他完善内阁制度，整肃吏治。重用人才，组织编纂《永乐大典》等措施，促进了社会的安定、文化的发展。但他重用宦官，设置东厂，开明代宦官干政之弊端。造成了不良的影响。永乐二十二年（1424 年）朱棣不幸病死，终年 65 岁。死后葬于长陵，谥孝文皇帝，庙号太宗。嘉靖皇帝时将他的庙号改为成祖。

公元 1398 年，明太祖朱元璋病死，将皇位传给了孙子朱允炆，这个 21 岁的年轻皇帝接到手的是一根荆棘编成的权杖，这些荆棘不是别人，而是他的 20 多个辈尊位高的皇叔，他们一个个都被封为藩王，割地而据，坐拥大权，要想保住自己的帝位，必须削夺这些藩王。建文帝认为：这些藩王里面最使自己感到棘手的是燕王朱棣。

朱棣是朱元璋的第四个儿子，他生性坚毅沉稳，机智多谋，英勇善战，以诚待人，在创建大明王朝的斗争中屡立战功，深为朝野所推崇，就连朱元璋也对他另眼看待。由于朱棣前面的三位兄长俱已死去，如今诸王之中以他为长，若能先将这根荆棘削掉，其他诸王自然会乖乖地听命。于是，一道削藩的诏书下到北平。

朱棣 11 岁被封为燕王，21 岁就镇藩，至今已近 20 年。北平是元朝的故都，朱元璋建国之后，把国都定在长江之南的南京，这里便成了偏远的边陲，被驱赶的元蒙残部还不断地前来袭扰，朱元璋将他封到这里，是将保土安民的重任交给了朱棣。他果然不负所望，不但击退了元蒙的侵犯，还多次率部出征，深入沙漠腹地，将蒙古人赶到大漠之北，他的实力也因此而大大地增强。

朱棣满以为朱元璋会将帝位传给他，当年朱元璋也曾说要把帝位传给他，没想到最后却是朱允炆，更可气的是，朱允炆已经下诏书准备削弱藩王的势力，于是朱棣不得不小心翼翼地对这个侄子称臣。

朱棣很清楚还不能公开同朱允炆抗衡，于是他便借口有病终日不出。而是在王府内秘密训练士卒。不料此事被人告发，朱允炆便派使臣前来查问。

使臣们到北平，却发现北平街头有一疯汉，蓬头垢面，衣衫褴褛，在街上的闹市区，边走边狂吼乱叫；走到酒楼饭铺门前，直接闯了进去，夺了酒店的酒肉就吃，同时还疯疯癫癫地胡说八道；他吃饱了，喝足了，便倒在街头上呼呼大睡，有时从早睡到晚也不醒来。这个疯汉，便是燕王朱棣。

使臣命人将他护送回到王府，并亲自前去探视。那时已是六月盛夏，天气极为炎热，人们虽然赤膊摇扇，却依旧是挥汗如雨，朱棣却围炉而坐，一边烤着火，一边却嚷嚷叫道："太冷了，太冷了！"

朱棣就这样装疯弄傻，骗过了朝廷的使臣。

公元1399年7月7日，朱棣发动军事政变，此时，他的病态病容一扫而光，对众人宣布道："我哪里有病，迫于奸臣陷害，不得不如此。"接着兴兵南下，经过三年内战，推翻了建文帝朱允炆，朱棣称帝登基，成了历史上大名鼎鼎的"明成祖"——也就是我们常说的"永乐皇帝"。

做大事要学会忍耐，要懂得明智地等待机遇，相机而动。该深藏不露的时候要保持沉默，蓄积暗藏的力量，做好充分的准备，等待时机成熟的一刻。这就是朱棣这个故事给我们的启示。

如果朱棣当时像其他藩王一样，明着来硬抗，结果只会是头破血流，死路一条，沉稳的朱棣知道当时时机不成熟，敌我力量悬殊太大，所以假装疯病，韬光养晦，准备、蓄积力量，蓄势待发。最后终于一鸣惊人，成功地登上了梦寐以求的皇帝宝座。

在当代社会，竞争更是残酷，所以遭遇不测或是情形不妙的时候，不妨像朱棣一样藏锋显拙，保全自身又出奇制胜。作为一个当代人，尤其是作为一个有才华的人，要做到不露锋芒，不但要说服、战胜盲目骄傲自大的病态心理，凡事不要太张狂、太咄咄逼人，更要养成谦虚让人的美德。所谓"花要半开，酒要半醉"，凡是鲜花盛开娇艳的时候，不是立即被人采摘而去，就是衰败的开始。人生也是这样。当你志得意满时，趾高气扬，目空一切，不可一世，这样你不被别人当靶子打才怪呢！

所以，无论你有怎样出众的才智，但一定要谨记：不要把自己看得太了不起，不要把自己看得太重要，适当的时候，还是收敛起你的锋芒，夹起你的尾巴，掩饰你的才华。

“难得糊涂”历来被推崇为高明的处世之道。危难或不得已的时候，只要你懂得装傻，降低自己，你就并非傻瓜，而是大智若愚。做人切忌恃才自傲，不知饶人。

锋芒太露易遭嫉恨，更容易树敌。功高震主不知给多少下属臣子招来杀身之祸。

当机会到来时，如果善加运用，就不但会摆脱困境，而且还会转危为安。

有一个不会游泳的人来到海边，他认为即使他不会游泳也不会淹死，因为他相信上帝会在重要时刻来解救他。就在他快被淹死的时候，有一艘船经过，船上的人叫他赶快上船，他回答：“不用了，上帝一定会来救我的。”这个人一直在海中挣扎，这时又来了另一艘船，船上的人又叫他赶快上船，他还是回答说：“不用了，上帝一定会来救我的。”正在这千钧一发的生死关头，空中飞来了一架直升机，一根绳子从空中放了下来，机上人员告诉他：“朋友快上来吧！你会被淹死的。”这个人还是回答说：“不用了，上帝一定会来救我的。”因为他错过了许多获救的机遇，最后还是被淹死了，等他到了天堂，他很不服气地责问上帝为什么不肯来救他？上帝说：“你胡说八道，我派了两艘船、一架直升机去救你，你死了是因为你自己没有把握住机遇。”

当机会到来之时，我们千万不要犹豫，否则它就会从你面前溜掉，到时候悔之晚矣。

李嘉诚用诚信抓住契机

李嘉诚1940年随父母到香港定居。1943年冬其父辞世，至此少年李嘉诚开始了学徒、工人、塑胶厂推销员的生活。1948年，20岁的他就开始在新蒲岗担任了一家塑胶厂的业务经理、总经理。1950年，在筲箕湾创立了长江塑胶厂。1957年，在北角创立了长江工业有限公司，发展塑胶花、玩具生产等。1972年9月，李嘉诚创建了长江实业有限公司，1986年，长实集团名列香港十大财团首富，2000年，李嘉诚以个人资产126亿美元，登上世界10大富豪排行榜。2001年被《星期日泰晤士报》评为全球最有钱的华裔富商。2005年《福布斯》全球富豪排名第22位，个人净资产约130亿美元。

1957年春的一天，李嘉诚阅读新一期的英文版《塑胶》杂志，无意看到一则消息：意大利一家公司利用塑胶原料制造塑胶花，正全面倾销欧美市场。这则消息使李嘉诚欣喜起来，他敏锐地意识到：塑胶花也会在香港流行。

李嘉诚抓紧时机，亲自带人赴意大利塑胶厂去“学习”，在引入塑胶花生产技术的同时，还专门引入外国的管理方法。从意大利回来后，他把长江塑胶厂改名为长江工业有限公司，积极扩充厂房，争取海外买家的合约。

这时的李嘉诚虽然率领企业步出了深渊，但并非就此脱离困境，他的资金仍然十分不足，生产设备仍旧很简陋。他仍然无法更新设备，增加厂房，招聘技工，生产规模也不能够按照计划那样扩大。

正当在李嘉诚无计可施之时，一个意想不到的机遇来了。有位欧洲的批发商，来北角的长江公司看样品，他对长江公司塑胶花赞不绝口：“比意大利产品的质量还好。我在香港跑了几家，就数你们的款式齐全，质优价廉!”

他要求参观长江公司的工厂，他对能在这样简陋的工厂生产出这么漂亮的塑胶花，甚感惊奇。这位批发商快人快语：“我们早就看好香港的塑胶花，品质优良，处于世界先进水平，而价格不到欧洲产品的一半。我是打定主意订购香港的塑胶花，并且还会大量订购。然而你们现在的规模，满足不了我的数量。李先生，我知道你的资金出现问题，我可以先行和你做生意，条件是你必须有实力雄厚的公司或个人作担保。”

找谁担保呢？李嘉诚找遍了所有的亲戚、朋友和银行，没有人愿意为他担保。

但是李嘉诚的内心，太想做成这笔交易了。该批发商的销售网遍及西欧、北欧，那是欧洲最主要的市场。李嘉诚未能找到担保人，还能说什么呢？机遇既然出现，他是无论如何不会轻易放弃的。如果批发商对他们的产品产生浓厚的兴趣，看看能否宽容一点，双方寻找变通；如若不成，就送给他做纪念，争取下一次合作。

第二天，在香港一家酒店的静谧而优雅的咖啡厅里，李嘉诚和订货商对坐着。有那么几秒钟，他们都没有说话，而是沉默地品尝着咖啡。

接着，李嘉诚说，很遗憾，我找不到担保人。

订货商说，你很坦诚，你的真诚和信用，就是最好的担保。

两人都为这则幽默笑出声来。

谈判在轻松的气氛中进行，很快签了第一份购销合同。按协议，批发商提前交付货款，基本解决了李嘉诚扩大再生产的资金问题。而且是这位批发商主动提出一次付清，可见他对李嘉诚信誉及其产品质量的充分信任。

这次的合作使李嘉诚从此站稳了脚跟，并在香港塑胶企业内有了相当的竞争力，在接下来的日子，李嘉诚领导长江工业公司迎来了香港塑胶花制造业最具辉煌的时期。欧美各国对塑胶花的需求量更大了，从此李嘉诚的产品市场也逐渐扩张到欧洲等海外，并且拥有一席之地。

李嘉诚凭借良好的信用和诚实的待人方式取得了事业上的辉煌，为此李嘉诚认为：信誉是不可以用金钱估量的，是生存和发展的法宝。信誉是企业能否向前发展的关键。

他说："不论是在香港还是其他地方做生意，毕竟信用最重要。一时的损失将来还是可以赚回来的；但损失了信誉就什么事情也不能做了。"无论李嘉诚的事业发展到如何庞大，获得的声誉如何多，他永远不会忘记从事塑胶花生产的岁月，是塑胶花把他引入辉煌事业的大门，坚定了他实现远大抱负的信心，更使他得到磨炼，积累经验。

"一个有信用的人，比起一个没有信用、懒散、乱花钱、不求上进的人，自必有更多机会。"这是李嘉诚给年轻人的忠告，同时也是他的座右铭。

李嘉诚回首这段岁月时说："虽历经坎坷，但从未彷徨。""我深刻感受到：资金，它是企业的血液，是企业生命的源泉；信誉、诚实，也是生命，有时比自己的生命还重要！"

由此可见，诚信对一个人的重要性，诚信是一笔财富，人与人之间，只有真诚相待，才能够获得朋友，才能够得到别人的支持。

卞和苦等遇伯乐

卞和，春秋时楚国人。荆（今安徽蚌埠）人，一作和氏。和氏璧的发现者。卞和荆山（今怀远境）人。春秋时楚民。相传他在荆山得一璞玉，两次献给楚王，都被认为是石头，以欺君之罪被砍去双脚。楚文王即位后，他怀抱璞玉坐在荆山下痛哭。文王令工匠剖雕璞玉，果是宝玉，遂称此玉为"和氏之璧"。此璧后传入赵，再转于秦。因献玉而闻名古今。《韩非子》载，卞和在荆山得一玉璞（南漳县巡检山区，现有玉印岩，传为卞和得玉处），献给厉王，厉王使人鉴别，说是石头，有欺君之罪，断其左足。到武王（约公元前740年）即位，卞和再次献玉，武王使人鉴别，仍说是石头，又断其右足。后来文王即位，卞和抱玉恸哭于荆山下，文王派人去问他为什么哭。他说："宝玉而名之曰石，贞士戮之而漫（欺骗），此臣之所以悲也。”文王令人剖璞，果得宝玉。因此称“和氏璧”。卞和以功封为零阳侯。《史记·卷八十一》所说的“完璧归赵”故事中的“璧”，即是卞和所献之宝玉。

怀才不遇空遗憾，展露才华争时机。成功讲究“天时、地利、人和”，不遇天时，不得地利，光发牢骚是没有用的。做事，一定要选好时机。

好的才华，需要有懂才之人的赏识。在没有成才之前，要能经受住怀才不遇的考验。

很多有才华的人，在没有遇到赏识的人之前，都是隐藏在普通百姓之中的。西汉的司马相如，字长卿，成都人。他年轻时没做官，和妻子卓文君在临邛卖酒为生。文君卖酒，相如穿着犊鼻裤，在市场上洗涤器具。相如曾写有一篇《子虚赋》。武帝读了这篇文章并称赞它写得好，并说，可惜我不能够和这个人生活在一个时代。当时蜀人杨得意任狗监，陪同汉武帝。他说，这是我的老乡司马相如写出来的。武帝很惊讶，把司马相如找来问，司马相如回答说。《子虚赋》都是一些荒诞的话，没有什么值得读的。我愿意写一篇《游猎赋》给您。皇帝给他纸笔，于是相如在赋中假托一问一答的形式，先陈述天子园囿的丰富和壮丽，然后用提倡节俭结尾，通过它来进行婉转的劝说。呈上之后，武帝当即委任他为中郎。

五谷生在肥沃的土地上，不生在石头田里，意思是人没有碰到机会的时候，就好比在石头上求谷，哪里会得到？等到运气来了，就好像在自家的园子里摘果实，随取随得。西汉的主父偃，齐国临淄人。当初学习纵横学说，后来学《易经》、《春秋》。和齐国的士人处不好关系。家里很穷.借钱买米，又借不到，北游燕赵之地，都没得到很好的待遇。汉武帝元朔元年，往西进入关中，他给皇帝写了一封信。早晨把信写好送上去，晚上就召见了他。皇帝说，我们认识得太晚了。委任为郎中。陈说九件事情，八件是关于律令的，一件是劝汉武帝停止攻伐匈奴。

真正有才华的人，善于捕捉被人重用的机会。唐人马周，字宾主，在平人，在长安寄居，住在中郎常何家。碰到皇帝因为发生旱灾而要求大臣们提批评意见。常何是个武官，没有学问。马周代常何作奏章。写了二十多条意见。皇帝读后，很奇怪，问常何，常何如实回答，是他家的客人马周代写的。皇帝立即召见马周，和他说了一番话，非常欣赏。任命他为监察御史。因为常何发现了人才，赐给他绢三百匹。后来，马周被任命为中书令。

有的英才，很难找到人生的伯乐。正如和氏璧几经曲折，才被楚王认同一样。这是一种怀才不遇的苦恼。子夏在《鲁论》中说，生死由命运决定，能否富贵，取决于天。楚国有一个平民卞和，在荆山找到了一块璞玉。他把它拿去献给楚怀王，怀王叫玉匠检验，玉匠说它是一块石头（另一种说法是怀王叫乐正子检验）。楚怀王认为卞和是个骗子，便砍了他的左脚。怀王死后，他的儿子楚平王继位，卞和又将璞玉献给平王。平王叫玉匠检验，玉匠又说是石头。平王又把卞和的右脚砍了。楚平王死后，他的儿子楚荆王继位。卞和抱着璞玉在荆山大哭，眼泪都哭干了，眼睛流出了血。荆王听说了以后，就派人去问，天下被砍去脚的人很多，你怎么就哭得如此悲伤?”卞和说，我并不是为此事而悲伤。可悲的是宝玉被认为是石头，忠正的人被认为是骗子。荆王派人去雕琢那块璞玉，果然得到一块美玉。于是荆王封卞和为陵阳侯，卞和推辞不接受，离荆王而去。荆王就将这块璞玉命名为和氏璧，成为世间的奇宝。不是玉不美，不是玉不好，而是楚王不识玉，不懂玉，以至于让和氏璧多次被埋没。最后差点儿赔上了卞和的性命，才真正展露出光华。

怀才不遇的人，要等到受重用的机会，有时候要隐忍很多年。西汉时的颜驷，汉文帝的时候任郎中。后来头发眉毛全白了，汉武帝乘车经过郎署，问他说：“你是什么时候开始任郎中的？怎么年纪这么大了?”颜驷说：“我是从汉文帝时任郎中的。”武帝说：“为什么一直没有升迁的机会?”颜驷说：“文帝好文，而臣好武；景帝好美，臣貌丑；陛下好少，臣已老。是以三世不遇。”意思是，文帝喜欢任用文人，而颜驷擅长武功；景帝喜欢任用长得端正的人，而颜驷面貌丑陋；武帝喜欢任用年轻人，而颜驷年纪已经大了。所以，颜驷经历三代都未有机会升迁。后来，汉武帝提升颜驷为会稽都尉。

有时候，有才之人得到重用后，又可能因为种种原因，导致重新不被重用，又成为怀才不遇之人。汉人贾谊，洛阳人。从小就很有才华，年纪也不大。汉文帝继位时，河南太守吴公推荐他进入朝廷为官。文帝委任他为博士，当时他只有二十出头。皇帝后来考虑升他为公卿。大臣绛灌等都说了他许多坏话。因此他被贬为长沙王太傅，后来又调任梁王太傅。他心里很苦闷，正巧有只鹏鸟飞到他房子中，落在他座位上。贾谊认为这是不吉祥的征兆。长沙地方潮湿，他担心自己寿命不会很长，因此借写鸟抒怀，作了篇赋。在赋中探索生死的道理，抒发心中的悒郁。有这样的句子，万事万物都在变化着，不会停止运动。福中潜伏着祸，祸里又有福。担忧和高兴聚在一起，吉祥和凶兆在同一个地方。天下是无法把握的，规律是无法掌握的，一切都由命运安排好了，而只有鹏鸟懂得天机。

每个人的人际机遇，都要讲究一定的机缘。有的人可能一生都得不到重用，不得不忍受怀才不遇之苦；有的人虽然满腹经纶，却总是得不到他人的认可。这种不遇的境况中，要懂得忍耐之道。只有充实自己的才华，伺机而动，才能找到建功立业的机会。

机遇是偶然的，因时、因人、因地而异。真像“有心栽花花不发，无心插柳柳成荫”那样不以自己的意志为转移。既然如此，何必为知遇腾达而狂喜，为不遇明主、未能显贵而郁悒呢！像贾谊那样伤感，不是自寻烦恼自我戕害吗？通过自己努力，创造条件，终有成就之日，也终会知遇于世，不应屈从于命运．蹉跎于不遇。

以忍耐待机遇　洛克菲勒

约翰·D·洛克菲勒（1839—1937）美国实业家、超级资本家，美孚石油公司（标准石油）创办人。出生于纽约州里奇福德镇，父亲威廉·埃弗里·洛克菲勒是一个无牌游医，母亲伊莱扎·戴维森是一个虔诚的浸理会教徒。由于其父缺乏责任心，长年在外以药贩身份流浪，人称“大个子比尔”，是个到处闯荡的木材商、马贩子，也是个走江湖的巫医，兜售所谓“立见奇效，包治百病”的灵丹妙药。此外，他还出卖土地，买卖毛皮，贩盐，推销杂货，几乎是无事不干的百事通，导致家庭生活艰难。母亲伊莱扎肩负起养家糊口的繁重任务，独自抚养五个子女。他的父母，个性截然不同：母亲是个一言一行都皈依《圣经》的虔诚的基督教徒，她勤快、节俭、朴实，家教严格；而父亲却是个讲究实际的花花公子，他自信、好冒险，善交际，任性而又以自我为中心。洛克菲勒作为长子，他从父亲那里学会了讲求实际的经商之道，又从母亲那里学到了精细、节俭、守信用、一丝不苟的长处，这对他日后的成功产生了莫大的影响。

人生就是由无数个机会与失落构成的。

抓住机会的就是成功者。少有机会或根本没有把握住机会的，就是失败者。

怎样抓住机会？怎样把握机会？

忍耐是最有效的法子。

我们看看美国实业大亨洛克菲勒是怎样在自己的创业与发展的路上，运用忍耐这个策略的吧。

他说：我知道，屈从是思想的大敌，也是自由的狱吏。然而，对于一个胸怀大志的人而言，保持必要的屈从与忍耐，恰恰是一条屡试不爽的成功策略。追溯过往，曾经我忍耐过许多，也因忍耐得到过很多。

在我创业之初，由于资金缺乏，我的合伙人克拉克先生邀请他昔日同事加德纳先生入伙，对此我举双手赞成，因为有了这位富人的加入，就意味着我们可以做我们想做、有能力做、只要有足够资金就能做成的事情。

然而，出乎我意料的是。克拉克带来了一个钱包的同时，却送给了我一份屈辱，他们要把克拉克——洛克菲勒公司更名为克拉克——加德纳公司，而他们将洛克菲勒的姓氏从公司名称中抹去的理由是加德纳出身名门，他的姓氏能吸引更多的客户。

这是一个大大刺伤我自尊的理由，我愤怒啊！我同样是合伙人，加德纳带来的只是他那一份资金而已，难道他出身贵族就可以剥夺我应得的名分吗？但是，我忍下了，我告诉自己：你要控制住你自己，你要保持心态平静，这只是开始，路还长着呢。

我故作镇静，装作若无其事的样子告诉克拉克：“这没什么。”事实上，这完全是谎言。想想看，一个遭受不公平、自尊心正受到伤害的人，他怎么能有如此的宽容大度？但是，我用理性浇灭了我心头燃烧着的熊熊怒火，因为我知道这会给我带来好处。

忍耐不是盲目地忍，需要冷静地考量情势，要知道你的决定是否会偏离或有害你的目标。对克拉克大发雷霆不仅有失体面，更重要的是，它会给我们的合作制造裂痕，甚至招致一脚把我踢出去、让我从头再来的恶果。而团结则可以形成合力，让我们的事业越做越大，我的个人力量和利益也必将随之壮大。

我知道自己要到哪里去。在这之后我继续一如既往、不知疲倦地工作。到了第三个年头，我就成功地把那位极尽奢侈的加德纳先生请出了公司，让克拉克——洛克菲勒公司的牌子重新竖立起来！那时人们开始尊称我为洛克菲勒先生，我已成为富人。

在我眼里忍耐并非忍气吞声，也绝非卑躬屈膝，忍耐是一种策略，同时也是性格磨炼，它所孕育的是好胜之心。这是我与克拉克先生合作期间的心得。

我崇尚平等，厌恶居高临下发号施令。然而，克拉克先生在我面前却总要摆出趾高气扬的架势，这令我非常反感。他似乎从不把我放在眼里，把我视为目光短浅的小职员，甚至当面贬低我除了记账和管钱之外一无所能，没有他我便一文不值。这是公然的挑衅，我却装作充耳不闻。我知道自己尊重自己比什么都重要，但是，我在心里已经同他开战，我一遍一遍地叮嘱自己：超过他，你的强大是对他最好的羞辱，是打在他脸上最响的耳光。

结果正像你所知道的那样，克拉克——洛克菲勒公司永远成为了历史，取代它的是洛克菲勒—安德鲁斯公司，我就此搭上了成为亿万富翁的特快列车。能忍人所不能忍之忤，才能为人所不能为之事。

在任何时候冲动都是我们最大的敌人。如果忍耐能化解不该发生的冲突，这样的忍耐永远是值得的；如果顽固地一意孤行，非但不能化解危机，还会带来更大的灾难。安德鲁斯先生似乎并不明白这个道理。

安德鲁斯先生是一个没有商业头脑却自以为是的人，他缺乏成为伟大商人的雄心却有着邪恶的偏见。这种人与我发生冲突毫不奇怪。

导致我们最终分道扬镳的那场冲突，缘于公司发放股东的红利。那一年我们干得不错，赚了很多钱。可是我不想把公司赚到的钱全都让股东们拿回家，我希望能将其中的一半收益再投入到公司的经营中去。但安德鲁斯坚决反对，这个自私自利的家伙想把赚来的钱全分了，甚至怒气冲冲地威胁我说，他不想在公司继续干下去了。我不能忍受任何阻止公司强大的想法，我只能向他摊牌，请他为他持有的股票开价，他说一百万，我说没问题，第二天我就用一百万买下了。

钱一到手，安德鲁斯兴奋极了，他自以为自己交了好运，认为他手里持有的股票根本不值一百万。但他没有想到，我很快一转手就赚了三十万。这事传到他那里，他竟然骂我手段卑鄙。我不想因为区区三十万就落得个卑鄙的名声，就派人告诉他可以按原价收回。但懊恼中的安德鲁斯拒绝了我的好意。事实上他拒绝的是一次成为全美巨富的机会，如果他能把他价值一百万的股票保留到今天，就会成为当然的千万富翁，但为赌一时之气，他丧失了终生再也抓不住的机会。

在这个世界上我们要忍耐的人和事太多太多，而引诱我们感情用事的人和事也太多太多。所以，你要修炼自己管理情绪和控制感情的能力，要注意决策时不要受感情左右，而是完全根据需要来决策。

用苦肉计待契机的慈禧

慈禧太后，孝钦显皇后，满族，1835 年（道光十五年十月十日）—1908 年（光绪三十四年十月二十二日），又称“西太后”、“那拉太后”、“老佛爷”，徽号“慈禧端佑康颐昭豫庄诚寿恭钦献崇熙”。死后清朝上谥号为“孝钦慈禧端佑康颐昭豫庄诚寿恭钦献崇熙配天兴圣显皇后”。咸丰帝的妃子，同治帝生母，光绪帝养母。慈禧博学多才，能书善画，书法长于行书、楷书，绘画有花卉等传世。

强与弱，这是这个充满竞争的世界里本来的划分，然而，天下也没有绝对的强弱，“苦肉计”就是弱者以中庸之道在面对强者前所使用的技巧。不过，苦肉计不是谁都能用好的，所备条件是心狠手黑，能演戏，另外还得看对谁。对方如是苦肉计的高手，割过的肉足有三公斤，你割上三两肉去骗他，岂不自讨苦吃。苦肉计如随便模仿，就如东施愚效西施。

慈禧的一条苦肉计，就是设法与慈安太后交好。为了取得慈安的感动，她趁慈安生病时，狠狠地在自己大腿上割下一块肉来混在药中煎了给慈安服用。

慈安事后知道慈禧割股疗疾，感动得涕泪交流，乃决定与慈禧联手合作，打倒肃顺。慈禧太后的这条苦肉计，不但路子走对了，而且里应外合，所以很顺利地将政权接掌过来。

按理来说，慈禧所以能够成功，主要得力于慈安与恭亲王。彼此既有患难与共，同舟一命的感情与经验，又有共同的利害及立场，其相互间的关系，应该不同凡俗才对。可是，由于慈禧的阴狠与精明，这两人都没得到好的结局。

恭亲王后来被授命为“议政王”，由他决定一切政事，且广植党羽，势力庞大，慈禧渐感无法控制，于是设法夺其大权，叔嫂间最后势同水火。

慈安太后自从和慈禧共同垂帘以来，感情日增，双方皆坦诚相待，共谋国事。慈安为人忠厚无用，所以大事都由慈禧来拿主意。

如此相安无事达20年之久，在这中间平洪杨、灭捻军、定大局，大都取决于慈禧的决策，所以慈安对慈禧是既感且佩。

忽然有一天，慈安从密箱中找到一张她早已遗忘的密诏，咸丰临终前怕慈禧弄权，交给她要宣示廷臣诛慈禧的诛谕。

她看着这张密诏，想想现在，觉得先帝的顾虑不免多余，不如毁掉比较好，以免一不小心泄露出去，造成极大波澜。

慈安太后相信这么多年来，与慈禧可谓以心换心，彼此容忍相让，以礼相待。自己何不以这密诏向慈禧宣示，让她大大地感动一番呢？

于是，她夜访慈禧，摒人密谈，详述始末，最后她说："我们姐妹相处了这么多年，还留这个做什么呢?"一面说，一面就将那张遗诏在灯下焚烧了。

慈安太后的想法十分单纯，只以自己的苦心必为慈禧所感动，此后两人一定会更加水乳交融一条心。

可是这对慈禧来说，何尝是能够简单就忘记的事，自己一生争强好胜，偏偏有这么一个短处捏在别人手里，密诏虽然毁了，但永远无法挥去自己不如慈安受信赖的阴影。

与慈安天天见面，一见面就会想起密诏，无端端的心病使慈禧夜不安枕，食不甘味。同时还要时时防范着，不能得罪她，否则她会将这件事抖出来。

于是慈禧低声下气，刻刻留心慈安的喜怒，迁就她的好恶。这种日子怎么过得下呢？越想、心越烦，也越不安，为了铲除心腹大患，于是一不做，二不休，釜底抽薪之计就是将慈安除去。果然，不到几天，健康硬朗的慈安就暴毙了。

慈安暴崩，是慈禧指使心腹太监李莲英，在慈安的膳食中下毒药。20多年来，她们姐妹俩人的感情非常好，好到没有人会怀疑是慈禧下的毒手。

慈禧太后用了条苦肉计，使自己成功地操持政柄，控制大清天下长达50年之久。

慈禧的苦肉计可谓用得实在是妙极了，以苦肉计得人心、以忍耐伺机夺位，她做得天衣无缝、滴水不漏。

蔡锷秘密计划待反袁

蔡锷（1882—1916），原名蔡艮寅，字松坡。1911年云南重九起义的主要领导者，总指挥。1915年云南护国起义的主要组织者和领导者，中华民国开国元勋。我国近代著名的革命家，军事家，政治家，爱国将领。中华民国历史上第一位享受国葬殊荣的革命元勋。

1915年5月，卖国贼袁世凯接受了日本灭亡中国的“二十一条”，蔡锷非常生气，在参议院慷慨激昂地发表了一个多小时的演说，力主拒绝丧权辱国的“二十一条”，又制定秘密作战计划，上书袁世凯，希望袁世凯回心转意，以国家和民族的命运为重，采纳他的意见。

不料，这更激起了袁世凯对他的敌视观念。袁世凯派侦探严加监视，把他变相软禁起来。蔡锷将军对此忧心如焚，终日坐卧不安。最后，蔡锷想不妨以退为进，以忍做假相，迷惑袁世凯，于是便想出了一条为世人叹为观止的脱身“妙计”。

北京城有一位孤高多才又有爱国之心的艺妓，名叫小凤仙。蔡锷公开与她同居，引起满城风雨。一时间，蔡锷竟被人称为“风流将军”。接着，蔡锷又委托袁世凯的谋士梁士诒，以重金购买别墅，声称准备“金屋藏娇”。人们又见他挥金如土，购置大宗名人字画、古玩金石，往往汽车满载而归。

侦探及时将这些情况报告给袁世凯，认为蔡锷已胸无大志，正醉心于声色犬马之中。但老奸巨猾的袁世凯对他仍抱有戒备之心，于是指使爪牙拿着一份拥护帝制的“题名录”进行试探。蔡锷知其用心，毫不犹豫地在“题名录”上写了“赞成”二字，并主动代表云南全省军界人士给袁世凯上“劝进书”。

正是在这些烟幕的掩护下，蔡锷每周带着小凤仙去天津，会见梁启超，同主张共和的反袁势力密商大计。他精心筹划着，袁世凯一旦称帝，云南便立即宣布独立。

由于他与京、津反袁势力联络频繁，与西南军政人士密电甚多，终于被袁世凯的鹰犬探出了蛛丝马迹。袁世凯立即秘密派人闯人蔡宅，翻箱倒柜，检查了所有信函电报。由于蔡锷对此早有准备，结果一无所获。但蔡锷却借此大做文章，愤然提出责问、抗议，逼得袁世凯不得不枪毙了几个肇事的爪牙以掩人耳目。

这时，蔡锷清楚地知道，京城再也不能逗留下去了。但蔡母、蔡夫人及子女都在袁世凯的眼皮底下，这等于是人质。怎么办呢？深夜，蔡锷与夫人进一步密商脱身大计。蔡夫人通情达理，深明大义，对蔡锷的“妙计”深表同情和支持。含泪答应“唱”一出“双簧”。

第二天，蔡府便闹翻了天，蔡夫人一反常态，大骂蔡锷“道德败坏”，“留恋妓院”，抛妻弃子，有辱门风，蔡锷“气愤”不过，拔拳便打。蔡夫人一气之下，竟把蔡锷重金购来的瓷器、古玩、镜屏等砸个粉碎。蔡锷友人和左邻右舍闻讯无不大惊失色，立即赶来相劝。此时，只见两人手脸血迹斑斑，器皿碎屑满地皆是。后经调解，蔡锷愿出赡养费数万，决定与夫人“离婚”。蔡母也表示了对儿子的行为“不满”，与蔡夫人及子女一起，当即收拾行李，号啕大哭，离开了京城回云南老家。结果，京城各报都争相报道了“风流将军”的离婚秘闻。袁世凯看了略略松了口气，说：“松坡家事尚不得了，哪还顾得上国事！”

这年 11 月 11 日，蔡锷化了装，乘坐一辆骡车，从西便门出城，直奔天津。12 月初，蔡锷又乘日本商船“山东丸”东渡。

以后，从日本乘船经上海转台湾、香港，再从越南境内进入云南。他历经千辛万苦终于抵达昆明，并立即组织发动讨袁战争。

消息传到京城，袁世凯竟恼怒得捶胸顿足，说：“我一生骗人，不料今日被蔡锷所骗！”

就这样，蔡锷以隐忍的谋略智斗了袁世凯，为讨袁积蓄了宝贵的力量。

王莽以退为进计谋成

王莽（公元前45—公元23），字巨君，汉元帝皇后侄，新朝建立者，公元8—23在位。魏郡元城（今河北大名县东）人，祖居东平陵（今山东济南东75里），汉族。西汉哀帝自元寿二年六月（公元前1年）去世后，九岁的汉平帝即位，元后临朝称制，以王莽为辅政大臣，出任大司马，封“安汉公”。至公元9年元旦，篡位称帝，登基成为一朝开国君主，改国号为“新”，年号“始建国”。直至公元23年赤眉绿林军攻入长安被杀，在位15年，死时69岁。

古代官场厚黑学认为，影响和操纵舆论的另一种手段就是激起人们的逆反心理，比如你有意谦让，或有意示弱，激起舆沦的同情，舆论就会站在你的一边。但示弱和谦让时一定要懂得“绷”的道理。

王莽就是一个很会在人前“绷”，很会打官腔的人。

例如，西汉末年的王莽立女为后，就是经过了一番欲显先隐的精心策划。

在西汉末年平帝当政时，王莽已掌握大权，并有篡位之图。当时汉平帝只有十几岁，还没有立皇后。王莽便想把自己的女儿配给平帝，当上皇后，以稳固自己的权势。

一天，他向太后建议说：“皇帝即位已经成年了，还没有立皇后，现在是操办这件大事的时候了。”太后哪有不允之理。一时间，许多达官显贯争着把自己的女儿报到朝廷，王莽当然也不例外。然而王莽想到，报上来的女孩，有许多人比他的女儿强，不要花招，女儿未必能入选。于是他又去见太后，故作谦逊地说：“我无功无德，我的女儿也才貌平常，不敢与其他女子同时并举。请不要让我的女儿入选吧！”太后没有看出王莽的用心，反而相信了他的“至诚”，下诏：“安汉公之女是我娘家女儿，不用入选了。”

王莽如果真是有意避让，把自己的女儿撤回来就行了，但经他鼓动太后下令，反而突出了他的女儿，引起了朝野的同情。每天都有上千人要求选王莽之女为皇后。朝中大臣也给说情，他们说：“安汉公德高望重，如今选立皇后，为什么单把安汉公的女儿排除在外？这难道是顺从天意吗？我们希望把安汉公之女立为皇后！”于是王莽又派人前去劝阻，结果是越劝阻说情的人越多。太后没有办法，只好同意王莽的女儿入选。

王莽抓住这个时机又假惺惺地说：“应该从所有被征招来的女子中，挑选最适合的人立为皇后。”朝中大臣们力争说：“立安汉公之女为皇后，是人心所向。请不要再选别的女子干扰立后这件大事。”王莽看到自己的女儿被立为皇后已成定局，才没有表示推辞。不久，王莽的女儿就当上了皇后。

以退为进，获得同情与支持，最终达到了自己的目的。

“君子之道，暗然而日章；小人之道，皓然而日亡。君子之道，淡而不厌，简而文，温而理。知远之近，知风之自，知微之显．可与人德矣。”光彩照人往往不一定是最珍贵的，世界上最明亮的宝石，其价值或许抵不上一块能够制造原子弹的铀矿石。而真正的君子，其做人更是像春雨一般，有着“润物细无声”的味道。所以说：君子的道，深藏不露而日益彰明；个人的道显露无遗而日益消亡。君子的道，平淡而有意味，简略而有文采．温和而有条理．由近知远，由风知源，由微知显，这样，就可以进入道德的境界了。

先在对方心理上造成一个自己很弱的形象，是有利于自己后来再采取措施的。

春秋末年，晋国有一个当权的贵族叫智伯。他虽名叫智伯，其实一点都不聪明，却是个蛮横不讲道理、贪得无厌的人。他本来有很大一块封地，却平白无故地向魏宣子索要土地。

魏宣子也是晋国的一个贵族。他很讨厌智伯的这种行为，不肯给他土地。他的一个臣子叫任章，很有心计，任章对宣子说：“您最好给智伯土地。”

宣子问："我凭什么要白白地送给他土地呢？"

任章说："他无理求地，一定会引起邻国的恐惧，邻国都会讨厌他，他如此利欲熏心，一定会不知满足，到处伸手，这样便会引起整个天下的忧虑。您给了他土地，他就会更加骄横起来，以为别人都怕他，他也就更加轻视他的对手，而更肆无忌惮地骚扰别人。那么他的邻国就会因为害怕他、讨厌他而联合起来对付他，那时他的死期就不远了。"

宣子非常高兴，马上改变了主意，割让了一大块土地给智伯。

智伯尝到了不战而胜、不劳而获的甜头，接下来，便伸手向赵国要土地。赵国不答应，他便派兵围困晋阳。这时，韩、魏联合，趁机从外面打进去，赵在里面接应，在里应外合、内外夹攻之下，智伯很快便死亡了。

宣子在这里扮演了一个一要土地就给的角色，在某个方面助长了智伯不劳而获的心理。先示弱，后联强消灭了智伯。

当然，历史上还有不少明白人，他们深知示弱的好处。当你在不具备占优势的前提下先示弱，也是一个为后来积蓄力量的契机。

在工作中也要学会以退为进。

以退为进，避免人生的死胡同。

"宁可收入减少，也要转投他行"这样的建议的确不讨人喜欢，但在职场中发展犹如爬树一样，当发现自己所攀缘的枝干已经腐朽时，唯一可做的事就是退下来，换一个方向继续爬。

行业转换是不可避免的。世界经济正在飞速发展，新的行业模式及新的职位不断出现，谁也无法保证十年之后自己不换工作。在这种情况下，一个人需要不断掌握新的工作技能，以适应新的工作机会，这其中当然要付出相应的代价，问题的关键是这一代价是多少以及是否值得。

让一个人放弃他（她）所熟悉甚至已有成就的领域而转投他行确实不易，不但要从头学起，从头干起，而且还要承担经济上的损失和精神上的压力，但如果将这些都看做是投资的话，整个事情就变得相对简单：你并不是在换工作，而是在对一新领域进行投资。

在转换行业时，就像另选树干。还有一个退下来的过程，在这一过程中，收入的减少和职位的降低很难避免，但只要再选的方向正确，这一现象只是暂时的，超越旧有职位与薪水只是时间问题，所谓退一进二，即是此意。

在旧有树干上爬得越高的人，退下来转爬新树干的难度也就越大，一个人不管在旧树干上爬得多高或多低，只要他认为转换方向是必然，则千万不能犹豫，等待、观望的时间越长，他所付出的代价也就越大。相反，越是及时做出反应，其相应代价的可控制程度也就越高。

学会放弃，还应该舍得放弃求而不得的事物。追求目标的过程中，发现尽力而为之后，此事依然与自己无缘，就应该潇洒地放弃，另辟发挥自己才华的道路，使自己的生命另有价值。树挪死，人挪活，挪挪窝儿，是以退为进，避免人生中的死胡同，寻觅欢乐的人生之道。

司马懿装疯卖傻待夺权

司马懿（179－251）即晋宣帝，字仲达，河内温（今河南温县）人。三国时期魏国杰出的政治家、军事家，西晋王朝的奠基人。曾任职过曹魏的大都督，太尉，太傅。是辅佐了魏国三代的托孤辅政之重臣，后期成为全权掌控魏国朝政的权臣。平生最显著的功绩是多次亲率大军成功对抗诸葛亮的北伐。死后谥号舞阳宣文侯，次子司马昭被封晋王后，追封懿为宣王，司马炎称帝后，追尊懿为宣皇帝。

生活中，的确有许多事不能太认真，尤其是个人的名利，该糊涂时糊涂，该聪明时聪明，有时太认真，反而害了自己，伤了别人。顺其自然糊涂点，不丧失原则和人格；或为了大家事业的长远利益，受点委屈，也不失为一件乐事。

记得郑板桥曾说过："难得糊涂。"其实有时候糊涂一点，要比要小聪明好得多。三国时的杨修够聪明了吧，可他就是喜欢接领导的话茬，领导的隐私也被他猜透，所以曹操很恼火，在“鸡肋事件”中把他给杀了。

做人不要恃才自傲，不知饶人。如果锋芒太露很容易遭到嫉恨，更容易树敌。功高震主不知给多少臣子招致杀身之祸。适时地“装装傻”，既有效地保护了自我，又能去从容地观察形势动态。

有时候，装傻也是迷惑敌人、以退为进的一种有效策略。

魏明帝曹睿死时，太子还年幼，大将军司马懿与曹爽共同辅佐太子执政。曹爽是皇室宗族，自从他掌握大权后，野心勃勃，一直想要独揽大权。但司马懿是三朝元老，功劳高，有威望，而且谋略过人，在朝廷中有相当大的势力，因此，曹爽还不敢轻易公开与司马懿斗。而司马懿也想夺权，他早把曹爽的举动看在眼里，记在心上，但表面上仍然装糊涂，后来，干脆称病不上朝。

曹爽虽然一人独揽朝廷大权，可他对司马懿仍然不放心。司马懿虽然自称年老多病，不问朝政，可他老奸巨猾，处世谨慎，谁知他是真有病还是假有病？当初武帝曹操创业的时候，听说司马懿胸怀韬略，多次派人请他出来为官，可司马懿出身士族，自视高贵，瞧不起出身寒门的曹操，不愿在曹操手下为官，就装病在家。后来见曹操的势力强大了，才出来跟随曹操，为曹操出力。这一次有病，谁知他是不是又故伎重演呢？因此，曹爽对司马懿不敢掉以轻心，他经常派人打听司马懿的情况，可就是摸不到实情。

河南尹李胜很会讨好曹爽，得到了曹爽的信任，曹爽就把李胜召到京城，任命他为荆州刺史。李胜临去上任时，曹爽安排李胜以探望为名，到司马懿府中去探听虚实。李胜见到了体弱多病的司马懿，他连吃饭穿衣都不能自理了，李胜非常高兴，认为司马懿确实老病无用了，然后匆匆离开了太傅府。

李胜刚出府门，司马懿就从椅子上站了起来，手捋胡须，看着司马昭，父子两人相视而笑。

李胜出了太傅府，直奔曹爽的府中，见到曹爽，高兴地说：“司马懿人虽活着，却只有一息尚存，已经老病衰竭，离死不远了，不值得您忧虑了。”

曹爽听了，心中大喜，当即把李胜留在府中，饮酒庆祝。从此以后，曹爽根本不把司马懿放在心上了，更加独断专行。

春天到了，按照惯例，曹魏皇帝宗族要去祭扫高平陵。曹芳起驾，曹爽、曹羲等兄弟全部随驾同行，一行人耀武扬威，浩浩荡荡地开出了洛阳城。

在曹爽他们出城不久，司马懿就精神抖擞地带领着司马昭、司马师披挂上马，率领着精锐士兵占领了洛阳各城门与皇宫，把洛阳城四门紧闭，任何人不得随便出入。然后假传皇太后的诏令，废曹爽为平民，并派人把诏令送到了皇帝曹芳那里。

司马懿握有重兵，曹爽又没加以防备，所以只能坐以待毙。司马懿下令把曹爽兄弟及其亲信桓范、何晏等人抓起来砍了头，并灭掉了三族。

其实，在我们的周围，有些人是很聪明，但更喜欢抬杠，以显示自己是个有想法且聪明胜于别人的人，搭上话就针锋相对，无论别人说什么，他总要加以反驳，其实他自己一点主见也没有。不过当你说“是”时，他一定要说“否”，当你说“否”的时候，他又说“是”了。事事要占上风，纯粹是没有“心眼”的失败者。

即使你真的聪明，也不应该以这种态度去和别人说话。你简直不为对方留一点面子，好像要把别人逼得无路可走才心满意足。你说想让人无话可说，达到心理上的满足。可你想过没有，你满足了，那么人家会不会满足呢？答案是显而易见的。相信你并没有想到这一层，但实际上你却是这样做的。别人会意识到你是一个没有“心眼”的傻人。这种不良习惯使你自绝于朋友和同事；没有人愿意给你提意见或建议，更不敢向你提一点忠告。你本来是一个很好的人，但不幸你染上了这种坏习惯，朋友、同事们都远你而去了。唯一改善的方法是养成尊重别人的习惯，首先你要明白，在日常谈论中，你的意见未必是正确的，而别人的意见也未必就是错的。把双方的意见综合起来，你至少有一半是对的。那么，你为什么每次都要反驳别人呢？大概有这种坏习惯的人当中，聪明者居多，或者是些自作聪明的人，也许他太热心，想从自己的思想中提出更高超的见解，他以为这样可以使人敬佩自己，但事实上完全错了。一些平凡的事情，是没有必要费心做高深的研究的，既然不是在研究讨论问题，又何必在一些琐碎的事情上固执己见侍奉呢；另外有一点你也应该注意，那就是在轻松的谈话中不可太认真了。

别人和你谈话，他根本没有准备请你说教，大家说说笑笑罢了。你若要硬作聪明，拿出更高超的见解（即使确是高超的见解），对方也决不会乐意接受的。所以，你不可以随时提出像要教训别人的神气。

当你的同事向你提出建议时，你若不能立刻表示赞同，但起码要表示可以考虑，不可马上反驳。假如你的朋友和你聊天，那你更应注意，太多的执拗能把有趣的谈话变得枯燥乏味。

如果别人真的犯了错误，而又不肯接受批评或劝告时，你也不要急于求成，不妨后退一步，把时间延长一些，隔几天再谈，否则，大家固执己见侍奉不但不能解决问题，反而伤害了感情。

因此，最聪明的做法就是表现得谦虚些，尊重别人的想法，随时考虑别人的意见，不要做一个固执的人，而应让人们都觉得你是一个可以交谈的人。

做人要聪明，但关键时刻也要会装傻。能聪明做人是再好不过的事了，但真正聪明的人，决不会处处显示自己比别人有能耐，特别是关键时刻，他总会故意装傻，以避树大招风，麻烦事缠身。《红楼梦》中的王熙凤做人可谓聪明，倚仗贾母的宠爱和自家的背景，欺上瞒下、左右逢源。“机关算尽太聪明”，最后令众人生厌，郁郁而死。可见，做人不能不聪明，但也不能聪明过头。

聪明要有度。适度装疯卖傻也是可以达到自己的目的的。

生活中，有很多人都很有实力，但是，我们可以发现，那些有实力的人并不是全部都走向了成功，这是为什么呢？原因就是他们没有在明争暗斗的斗争中隐藏自己的实力。

做人要含蓄，要低调，不要锋芒太露。锋芒除了能证明一个人的价值，同时还容易伤害别人，容易刺激别人的嫉妒心理，从而迟早会将伤害到自己。老子在《道德经》第九章中也说过：“揣而锐之，不可长保。”

韬光养晦，收敛锋芒，隐藏才能行迹，使对方被假象所迷惑，而不被对手注意自己的存在，以免遭不测。《三国演义》里“青梅煮酒论英雄”的故事可以说家喻户晓：刘备起兵之初，寄曹操篱下。曹操将英雄比作龙：“龙能大能小，能升能隐；大则兴云吐雾，小则隐介藏形；升则飞腾于宇宙之间，隐则潜伏于波涛之内。”曹操的试探，刘备固然知晓，于是在曹操面前装疯卖傻，表现出一各无所作为的假象，最终以弱胜强，奠定了三足鼎立的局势。反观往古，锋芒外露者惹祸招灾又何其多！

曾国藩对“藏锋”有过精辟论述：“言多招祸，行多有辱；傲者人之殃，慕者退邪兵；为君藏锋，可以及远；为臣藏锋，可以及大；讷于言，慎于行，乃吉凶安危之关，成败存亡之键也！”

有道是枪打出头鸟，出头的椽子容易烂。锋芒外露，于交友、处世都不利。自恃满腹经纶，在人前口若悬河，人们难免将你视为狂妄自大之徒，当面对你“洗耳恭听”，转身却对你嗤之以鼻。在工作中要学会“夹起尾巴做人”，时时谦虚，事事谨慎，才能获得人脉与人缘。只有先当孙子，然后才能做老子。

聪明才智之人不足畏，唯沉潜人道、澄心观理者为可畏。

藏而不露，并非不露。易经上说：“君子藏器于身，待时而动。”把握好藏与露的分寸，最后才能露出真正的锋芒。空空无迹，浩浩无垠，藏之愈深，发之愈溥。

正所谓：灵芝与众草为伍，不闻其香而益香，凤凰偕群鸟并飞，不见其高而益高。善藏者，方能立于不败之地！

就算自己具有相当强大的实力，只要故意不露锋芒，才能显得软弱可欺，这样才可以麻痹敌人，骄纵敌人，然后再伺机给敌人以措手不及的打击。秦朝末年，匈奴内部政权变动，人心不稳。邻近一个强大的民族东胡，借机向匈奴勒索。东胡存心挑衅，要匈奴献上国宝千里马。匈奴的将领们都说东胡欺人太甚，国宝决不能轻易送给他们。匈奴单于冒顿却决定：“给他们吧！不能因为一匹马与邻国失和嘛。”匈奴的将领们都不服气，冒顿却若无其事。东胡见匈奴软弱可欺，竟然向冒顿要一名妻妾。众将见东胡得寸进尺，个个义愤填膺，冒顿却说：“给他们吧，不能因为舍不得一个女子与邻国失和嘛！”东胡不费吹灰之力，连连得手，料定匈奴软弱，不堪一击，根本不把匈奴放在眼里。这正是冒顿单于求之不得的。不久之后，胡东看中了与匈奴交界处的一片茫茫荒原，这荒原属于匈奴的领土。东胡派使臣去匈奴，要匈奴以此地相赠。匈奴众将认为冒顿一再忍让，这荒原又是杳无人烟之地，恐怕只得答应割让了。谁知冒顿此次突然说道："千里荒原，杳无人烟，但也是我匈奴的国土，怎可随便让人?"于是，下令集合部队，进攻东胡。匈奴将士受够了东胡的气，这一下，人人奋勇争先，锐不可挡。东胡做梦也没想到那个痴愚的冒顿会突然发兵攻打自己，所以毫无准备。仓促应战，哪里是匈奴的对手。战争的结局是东胡被灭，东胡王被杀于乱军之中。

韬光养晦，不露锋芒就是一种智慧的表现，不要炫耀自己的聪明才智，显得比别人聪明。而巧妙地隐藏自己的实力，则是成功的前提。

陈子昂一举扬名

陈子昂（约公元661～公元702），唐代文学家，初唐诗文革新人物之一。字伯玉，汉族，梓州射洪（今属四川）人。因曾任右拾遗，后世称为陈拾遗。其存诗共100多首，其中最有代表性的是《感遇》诗38首，《蓟丘览古赠卢居士藏用》7首和《登幽州台歌》。

陈子昂是一位文学士，唐高宗时四川射洪人，出生于富贵人家。聪颖非常，自知所学足可以应试，于是入京去求功名。

他到了长安，人地生疏，又没有权贵人士为他吹嘘，其诗文自然更不受人注意，落落寡合，郁不得志。

不过，子昂不愧是聪明人，他认为在此陌生环境非自己打开局面不可。

一天，他带着小侍去逛街，见一位卖胡琴的，索价百万。很多豪贵子弟文人学生都议论纷纷，评此古琴价值，却谁也不买，子昂突然跑过去，叫小侍把琴买下了，照价付钱。

众人大为吃惊，争问此古琴底细，陈子昂高声答："此琴名贵，我又善操此琴，故不惜高价把它买下了。"

有人问："你可以弹弹给大家欣赏一下吗？"

子昂说："当然可以啦，各位若有兴趣的话，明天中午请到宜阳里来，我会献丑为君等奏一曲。"

次日正午，很多豪贵及文士果然齐集宜阳里，陈子昂也早就摆好了酒肴，欢宴嘉宾。在此场合，陈子昂结识了一班新朋友，各位也幸会这位陌生的豪华文士。应酬过后，陈子昂捧着那个古琴，当众宣说："本人陈子昂，乃蜀中文士，写下诗文不少，自信皆呕心沥血之作，不无可诵之处。只因初到贵地，不为人知。现在操琴之前，特先为各位朗诵拙作一篇。"

因他的文才好，声音又圆润洪亮，朗诵起诗来，使听众大为折服。忽然，他朗诵骤停，转调感叹地说："唉，弹琴只不过是一种娱乐消遣，并不是我们的途径，争取的目标。这个琴虽名贵，对我究竟有什么作用呢！"

说完，将琴当场打碎，随将自己印好的诗文遍赠宾客。

因此，陈子昂的豪举及文名，一日之内，传遍了长安，也从此，陈子昂的诗文，为世所重。

如何去推销自己，这里确实有一个技巧问题，尤其是到了一个新环境，要想让周围的人在短期内认识到你的能力及特长，最好的办法是干出一两件标新立异的事情来。陈子昂的"成名术"为我们提供了可借鉴的经验，那就是用奇异的行为先引起众人的注意，然后再亮出你的真才实学，你就有可能一举扬名，然后再徐图发展。但话说回来，陈子昂的扬名办法，必须有一个前提，那就是你必须有真才实学，如果你是一个胸无点墨的人，即使做出一百件怪异的事情也没有用处，也不会获得成功。

看看一鸣惊人的例子。

战国时期，齐威王继承王位已有三年了，可是他整天饮酒作乐，不理朝政。

大臣淳于髡想了个激励齐威王的办法。他说："大王，臣听说齐国有一只大鸟，三年来不飞也不叫……”他故意停顿一下，试探地问：“大王知道这是一只什么鸟?”齐威王知道淳于髡在暗喻自己，不由得大笑起来。笑过一阵后，他才说： “此鸟不飞则已，一飞冲天；不鸣则已，一鸣惊人!”

从那以后，齐威王就到各地去视察。看到称职的大夫，就给予奖励；对一个破坏生产的河地大夫，扔进油锅处死。接着，他又严格整顿军队，打败了入侵的魏国军队。

齐威王“一鸣惊人”，使各国君主都感到震惊。

陈子昂就是一鸣惊人的例子。

对于命运，陈子昂并没有甘于命运。而是把握住了自己的命运。

古人云：“知命者，不怨天；知己者，不尤人。”那么，什么是命？什么又是运？通俗地讲，命就是过去造作的行为影响现在与未来者；也就是说，既已造业，必有果报，不易改变。运，就是现在或未来即将造作的行为尚未发生。善恶正邪，人人可以做主。由此可见，命是结果，而云是一个开始，也可叫做一个因。佛家讲因果、因果，种什么因，得什么果。也就是说，运是因，命是果；运是车，命是路；运是船，命是海……命运掌握在自己手中，命运是由前因后果来决定的，掌握了好前因，又何惧后果呢?！所以，有这样一句话：“圣人畏因，凡人畏果!”也就是说，不是生命线在掌握人，而是人在掌握生命线；谁在呼风唤雨，那就是自己!

然而，现实生活中，却有不少人对自己的命运心存敬畏，整日里战战兢兢、如履薄冰。其实，正是因为他们观念不正确，人生无正见，当然也就不会走正道，也就没有办法得到正果!

有道是：“以铜为镜，可以正衣冠；以史为镜，可以知兴衰；以人为镜，可以知得失……”，几句圣贤的名言，人人皆懂，人人会说，可是又有几人能够做到?!

原因在于：人往往过于自我，而忽略他人。也由于如此，丧失了许多可以改过变迁的机会。到头来，怨天尤人，抱怨周遭的人不够仁慈，不愿接纳自己的过错，毫无自省的念头!

曾子三省其身，孔子闻过则拜，颜子不二过……这都是他人成为圣人之道。由此可知，成功，是别人给我们下定论、评语；失败，则是我们自己签下的降书。

“天行健，君子以自强不息”。每个人，都不能轻易地放弃自己修持自己的机会。诗仙李白曾说：“天生我才必有用。”意思是说，除非自己放弃自己，否则，上苍怎可能放弃我们?！俗话说，“德不孤，必有邻”，一个有心向上的人，哪有不成功之理，哪有人可以阻挡得了?！

其实，自省是勇气的表现，是自知的明镜，是明日的祥和，是觉悟的根本，是成功的要务。因此，要想人生成功、人际和谐，就必须善于自我反省，并时时自省！

当今社会上，不乏“鸟头族”之人。这种人普遍具有“眼红、嘴尖、心小”的特质，见不得人家好，看见别人漂亮，就嫉妒；看见别人成功，就诅咒。对于这样的人，我们应当敬而远之！

只要我们能够经常省身关照自己，然后重新再出发，把失败成功都当成肥料，重新来灌溉你这棵树，就一定能够茁壮成长！

因为，无论是补救过去的错误，还是重新开始，永远都不会迟，成功的希望已在握，因我已有了教训。所以，有教训的时候，有时候是好事！

很多人遇事总爱“听天由命”。其实，这种想法和做法，不仅带有一种偏见，而且还是对自己不负责任的具体体现。

殊不知，所谓的“天命难违”，实际上是指客观规律不可违背，并非是人们常说的“人的命运不可改变”，也就是说“成事在天，谋事在人”。

我们每个人的命运均掌握在自己的手中，所谓的“听天”和“由命”，只是人们的主观臆想和思维盲点，既不可信，又不可靠，尊崇的结果必将扼杀自己的意志和创造力，使自己的人生交上“白卷”。

人生中，有许多事情非常有趣。比如说，危机关头常常能遇到转机，“船到桥头自然直”、“车到山前必有路”等民谚俗语揭示的就是这样的道理。

也就是说，只要我们在困难和挫折面前不低头、不丧气，仍然保持着百折不挠、锲而不舍的精神状态和勇气，就有可能绝处逢生、遇难呈祥，就有可能柳暗花明、出现转机！

因此，若想使自己的命运有所改变，就必须自觉地摒弃“听天由命”的宿命论观点。只有经过勤奋的努力和顽强的拼搏，才能赢得好命佳运；只有经过辛勤汗水的浇灌，我们的“命运之花”才能结出丰硕之果！

陈子昂的一鸣惊人并不是偶然，而是蓄积待发的力量之源。

第八章

BAIWEIMINGRENCHUSHIZHIHUI

名人做人之道

如何做人？怎样做人？做一个什么样的人？这是一门艺术，更是一门学问。很多人一辈子都没有弄明白。

平时我们经常听到“做人难，难做人”的感慨，也经常能感受“先做人，后做事”的领悟。可见，做人不是个小问题，而是大问题，是每个人一生的必修课。

人来一世，无外乎两件事：一件是做人，一件是做事。做人固然没有一定的法则和标准，但它存在一定的通则，一定有它的技巧与规律。这里只能说些小道理，大提示。

有人说世事如井水，如何探得深浅，最终达到如鱼得水的境地，需要下一番工夫摸清做人做事的门道。门道是什么？是暗藏的玄机，是成功的潜规则，是成功者用而不言、秘而不宣的手段和心法。做任何事情，只要摸清门道，吃透规则，掌握方法，就如同宝刀在手，削铁如泥，也才能胸有成竹，气定若闲，谈笑间办成你梦寐以求的好事。

羊续：悬鱼太守

羊续（142—189），东汉大山平阳（今山东新泰东南）人，字兴祖。其父在桓帝。时曾任太常。羊续以忠臣子孙拜郎中，后去官，辟为大将军窦武官署。窦武败后，因党锢之祸被禁锢十年。党禁解，辟大尉府，四迁为庐江太守。后又任南阳大守，征入为太常。所在施政清平，深受官民爱戴，为官清廉俭朴，府中资藏仅布衾、盐、麦数斛而已。卒于太常任上，年仅四十八岁。

东汉时，有一个叫羊续的人到南阳郡做太守。南阳是东汉开国皇帝光武帝刘秀的老家，这个地方北靠河南省的熊耳山，南临湖北省的汉水，土地平坦，气候温暖，水源充足，农业生产和工商经济比较发达。由于生活安定富裕，这里郡、县等各级政府机构大讲排场、比吃比喝之风颇盛。

羊续到任后，对这种不良风气十分不满。但是，他知道要纠正一郡之风，先从郡衙和郡守做起。于是，他下定了决心。

一天，郡里的郡丞提着一条又大又鲜的鲤鱼来看望羊续。他向羊续解释说，这条鱼并不是花钱买来的，也不是向别人要来的，而是自己在休息的时候从白河里打捞上来的。接着他又向羊续介绍南阳的风俗人情，极力夸赞白河鲤鱼的鲜美可口。他又表白说，这条鱼绝非送礼而是出于同僚之情，让新到南阳的人尝尝鲜，增强对南阳的感情。羊续再三表示自己心领了，但是鱼不能收。那郡丞无论如何不肯再把鱼拿回去，他说，要是太守一定不肯收，就是不愿意同他共事了。羊续感到盛情难却，只好把鱼收下。郡丞放下鱼，欢天喜地告辞走了。郡丞走了以后，羊续提起那条鱼想了一会儿，就让家里人用一条麻绳把鱼拴好挂在自己的房檐下边。

过了几天，郡丞又来家里拜望羊续，手里提着一条比上次更大的鲤鱼。

羊续很不高兴了，他对郡丞说：“你在南阳郡是除了太守以外地位最高的长官了，你怎么好带头送礼给我呢?”郡丞听了，不以为然地了摇摇头。刚想再说几句什么，可是抬头一看，上次送的那条鱼已经风干得硬邦邦了，一下子脸红到脖子根，很不好意思地离开了太守的家。自此，南阳府上下再也没有人敢给羊太守送礼了。

这件事情很快就传开了，南阳的百姓非常高兴，纷纷赞扬新来的太守。有人还给羊续起了一个“悬鱼太守”的雅号。

空气无声无色无味，谁也看不见听不到嗅不出，可是谁也离不开它。德到了这种境界，当然是种圣人了。可谁又能达到这种境界呢?就是孔圣人也未必就能达到吧。所以还有次一等的境界，这就是“轻如鸿毛”的境界。借用诗圣杜甫的“好雨知时节，当春乃发生。随风潜入夜，润物细无声”的境界。这种境界，春雨，沁人心脾而入人肺腑，使人在潜移默化中受到感化，这大概就是圣人的境界。

牛根生时刻修德

牛根生，中共党员，中国社会科学院研究生院工商管理硕士，曾到北京大学深造。从事乳业27年。2004年底，牛根生捐出全部个人股份设立“老牛专项基金”，成为“中国捐股第一人”、“全球华人捐股第一人”。牛根生于1999年创办蒙牛乳业，在“一无工厂，二无奶源，三无市场”的困境下开拓进取，使现在的蒙牛“一有全球样板工厂，二有国际示范牧场，三有液态奶销量全国第一”。目前，蒙牛已在全国14个省级行政区建起20多座生产基地。产品覆盖全国除台湾省外的所有地区。开发的产品有液态奶、冰淇淋、奶品等三大系列100多个品种。

“君子之中庸也，君子而时中。小人之中庸也，小人而无忌惮也。”怎么样能把人做到最好?这是个千古以来的大问题，聪明的中国人知道从内部找依据，我们的依据便是加强自身的道德修行。为什么说君子是中庸的？是因为君子随时做到内外平衡，恰到好处，无过无不及，而小人之所以违背中庸是因为小人肆无忌惮，专走极端。想一想我们的身边，你所欣赏的人是否就是随时注意自己修为者，而你所不齿者是否就是那些“无所忌惮”的小人呢？

熟悉蒙牛公司的人都说，牛根生演绎了一个中国企业快速发展的传奇，而在这个掺杂着做人艺术和资本财富的故事中，牛根生的“修德”功夫也一次次地被大家提起。

“小胜凭智，大胜靠德”。这是常挂在牛根生嘴边的话，因为“德”是制服人心的最佳利器。“想赢两三个回合，赢三年五年，有点智商就行；要想一辈子赢，没有‘德商’绝对不行。”

牛根生所竖起的蒙牛大旗之所以有这样的号召力，这与牛根生的德商有着最为直接的联系。

在伊利工作期间，因为业绩突出，公司曾奖励牛根生一笔钱，让他买一部好车，他却用这笔钱买了四辆面包车，此举使得其直接部下一人有了一部车；据接近牛根生的人介绍，当时牛根生还曾将自己的108万元年薪分给了大家。

这就是牛根生给部下的一种心理预期，这样的预期让他们知道，只要牛根生能走向成功，牛根生绝不会亏待跟自己一起打天下的部下。也正是因为这样的预期，曾经的老部下便又义反顾地投其麾下。牛根生离开伊利，卖掉伊利股票成立蒙牛时，原来跟随牛根生的兄弟便一起投奔到了牛根生的麾下。

人性很复杂，人心更是难以揣测，而牛根生却能自如地管理人心。也许这要源于牛根生“以德服人”的准则。牺牲自己，成全别人，听起来都像是不真实的歌颂之词，而牛根生做到了。

2005年1月12日牛根生再次将自己的“德商”发挥到了极致，宣布将其个人所得股息的51%捐给“老牛基金会”，49%留作个人支配；在他百年之后，将其所持股份全部捐给“老牛基金会”，这部分股份的表决权授予其后任的集团董事长，家人不能继承其股权，每人只可领取不低于北京、上海、广州三地平均工资的月生活费。

与那些商学院科班出身的企业家相比，牛根生绝对称不上什么资本运作高手，事实上牛根生也反对这样的称呼，他甚至不愿意听到别人过多地提到“资本运作”这四个字。

牛根生对于资本有着自己最为朴素的理解，“如果我当初只用自己的100万块钱做事，肯定做不大，所以我想用1000万来做事，于是我就把别人的钱和自己的加起来。”

牛董事长的做人标准体现的正是“行贤而无自贤之心”，他在外表上做出默默无闻的贡献，却树立了一个重视道德修为的光辉形象。他是一个成功者，更是个有德者，如果你仔细观察一下真正成功的人，他们哪一个不是在自己的位上默默完善自己呢？庄子说：“圣人无名”，大概也就是这个意思吧。

《中庸》里说：“素富贵，行乎富贵；素贫贱，行乎贫贱：素夷狄，行乎夷狄；素患难，行乎患难。君子无入而不自得焉。”做人之“德”从根本而言与这个人的人生所“得”有很大的渊源，而能在做人的方面成就大德者往往就是能“自得”的人。什么叫做“自得”，就是处于富贵的地位，就做富贵人应做的事；处于贫贱的状况，就做贫贱人应做的事；处于边远地区，就做在边远地区应做的事；处于患难之中，就做在患难之中应做的事。君子无论处于什么情况下都是安然自得的。

以德服人的人，能够真正抓住人心。

华盛顿宽恕获友谊

乔治·华盛顿（1732—1799），美国开国总统。早年当过土地测量员。在美国独立战争中，他任大陆军总司令，为美国的独立做出了巨大的贡献。1789年当选总统，1793年再选连任。由于他对争取美国独立、发展美国经济、建设民主法制和巩固联邦基础所做的贡献，被美国人尊称为“国父”。1797年两届任满后，华盛顿拒绝再参加竞选，隐退回乡。

胸怀远大，志存高远，这是人人心中都明白的“简单道理”。可是真正能望到远方的人又有多少呢？当我们举目远眺的时候，是不是忘记了“内外平衡、恰到好处”的中庸之道：首先自己要有德，有德者才能修身。懂得修身的人才能平衡心态，只有把心态摆正，面对世间纷繁杂乱之人与事，方才能确定人生将达到的彼岸。须知道，做人的原则才是人生之帆迎风而行的基本动力。

美利坚合众国第一任管理者乔治·华盛顿在领导独立战争和组织联邦政府的过程中，发挥了巨大的领导和协调作用。华盛顿为美国的远大前途所做出的努力，直接得益于他的德行修为所产生的巨大的感召和激励作用。

身高6.2英尺的华盛顿身材伟岸，重约190磅，棕色头发，灰蓝眼睛，天庭饱满，脸上带着一些雀斑和太阳的晒痕，当他微笑时，几颗有明显缺陷的牙齿显露无遗。他的外貌呈现出习惯于受人尊重和服从，但决不傲慢自大的男人形象。

“亲切”和“谦虚”是人们对他的评价。见过他的人们经常描述他眼里不时掠过的温柔。“要平易近人，”他告诫他的军官们，“这是赢得尊重的必要条件。”除此之外，他还教育他的军官们，“要学会宽恕别人的错误，这是你赢得别人尊重的秘诀之一。”

当华盛顿还是一位上校的时候，他率领着部队驻守在弗州亚历山大历亚。在选举弗吉尼亚议会的议员时，有一个名叫威廉·佩恩的人反对华盛顿所支持的候选人。同时，在关于选举问题的某一点上，华盛顿与佩恩形成了对抗。华盛顿出言不逊，冒犯了佩恩。佩恩一怒之下，将华盛顿一拳打倒在地。华盛顿的部下闻讯，群情激愤，部队马上开了过来，准备教训一下佩恩。华盛顿当场加以阻止，并劝说他们返回营地，就这样一场干戈暂时避免了。第二天一早，华盛顿派人送给佩恩一张便条。要求他尽快赶到当地的一家小酒店来。佩恩怀着凶多吉少的心情如约到来，他猜想华盛顿一定要和他进行一场决斗，然而出乎意料，华盛顿在那里摆开了丰盛的宴席。华盛顿见佩恩到来。立即站起来迎接他，并笑着伸过手来，说道：“佩恩先生，犯错误乃人之常情，纠正错误是件光荣的事。我相信昨天是我不对，你已经在某种程度上得到了满足。如果你认为到此可以解决的话，那么握住我的手，让我们交个朋友吧。”华盛顿热情洋溢的话语感动了佩恩。从此以后，佩恩成为一个热烈拥护华盛顿的人。

除了平易近人，宽恕别人，华盛顿还有其他品行赢得了无数人的尊重：他目光远大、心地光明、坚定果断而又谦逊质朴，他一生的行事为人，处处让人体会到他的谦卑、真诚和执著。他功勋卓著却不贪恋权力，即使在处于权力巅峰、统率千军万马之时，他也从来没有自我膨胀，没有任何狂妄的野心。他作风平和，踏实认真，讲话不多，但他的每一次讲话都发自内心，真挚感人，能字字句句打动人心坎。告别政坛之后，他毅然临危受命，再度应召为国服务，却断然拒绝了总统提名，他的每一次选择都证实了他纯洁无私的人格。

作为美利坚合众国的首位总统，他肩负起组建联邦政府机构的责任。他心地宽广，把美国第一流的人物都纳入他的政府。为了确立政府的威信，他力求从才能和品德来判断选举人才。他对各部官员的选择有两个条件：第一要受人们的欢迎和爱戴，第二要对人民有影响力，两者缺一不可。面对政府内阁中的党派之争，他总是冷静地用超人的智慧加以调解，对待联邦党人和共和党人的论争，他希望能不带偏见地将对美国有利的观点集中起来。他不想压制别人的意见。他对别人过人的才干，毫无卑劣的嫉妒之心，他把当代最伟大的政治家团结在自己周围，使之造福国家。他主张为人处世要襟怀坦白，光明磊落。

他虽然大权在握，却始终听从良知的召唤，谨慎谦卑地使用权力。后人可以从他身上看到，原来政治家还能够是这样一种形象。也正是他，用自己的言行告诉世人，政治和道德可以良性结合到什么程度。华盛顿犹如一座政治人格的灯塔，时刻提醒着拥有或想拥有权力的人们，不要在权力的迷宫里晕头转向。

正是他的这种伟大品格，使他赢得了众人的信任和爱戴。所以才在独立战争期间，大陆会议决定授予他相当独断的军事指挥权，最终帮助美国获取了独立。而在联邦政府成立期间，他被一致推选为第一任总统。在宪政陷入争吵的时候，也正是凭借他的伟大人格，才有效地协调了各派的利益，把各种不同派别的人团结在自己的周围。他的伟大品格促成了他的丰功伟绩。

萧何为人谨慎保性命

萧何早年任秦沛县狱吏，秦末辅佐刘邦起义。攻克咸阳后，他接收了秦丞相、御史府所藏的律令、图书，掌握了全国的山川险要、郡县户口，对日后制定政策和取得楚汉战争胜利起了重要作用。楚汉战争时，他留守关中，使关中成为汉军的巩固后方，不断地输送士卒粮饷支援作战，对刘邦战胜项羽，建立汉代起了重要作用。萧何采摭秦六法，重新制定律令制度，作为《九章律》在法律思想上，主张“无为”，喜好“黄老之术”。高帝十一年（前196年）又协助高祖消灭韩信、英布等异姓诸侯王。高祖死后，他辅佐惠帝。惠帝二年（前193年）卒，谥号“文终侯”。

《中庸》中说：“君子戒慎乎其所不睹。恐惧乎其所不闻。莫见乎隐，莫显乎微。故君子慎其独也。”小心做人，人生未免太辛苦，可是现实中往往那些活得不尽如人意者更多的就是不在乎“小心”之人。《中庸》里把品德高尚的人描述为：在没有人看见的地方也是谨慎的，在没有人听见的地方也是有所戒惧的。越是隐蔽的地方越是明显。越是细微的地方越是显著。这样的人即使在一人独处的时候也是谨慎的，正好像孔老夫子所谓的“瓜田李下”：帽子被李子树的树枝碰歪了，也不敢去扶一下。

众所周知，萧何是汉朝的第一任宰相，是辅佐刘邦创立汉室天下的第一大功臣。刘邦即帝位以后，论功行赏，就把萧何排为第一。可是，许多人并不知道，萧何如此忠心耿耿地跟随刘邦，但是最后还是被刘邦怀疑，险丢掉了性命。刘邦当上皇帝之后，大杀功臣，他又怎么能独独落下萧何一个人呢？

在萧何帮助吕后诛杀了韩信以后，终于消除了刘邦的心腹大患。后来，萧何被封为相国，很多人都来祝贺，萧何自己也非常高兴。

当天，萧何在府中摆酒庆贺，喜气洋洋。突然有一个名叫召平的人，穿着白衣白鞋，进来吊丧。萧何见状大怒。召平对萧何说；“相国，您的大祸就要临头了。皇上在外风餐露宿，而您长年留守在京城，您既没有什么汗马功劳，又没有什么特殊的勋绩，皇上却给您加封，又给您设王卫队，这是由于最近淮阴侯在京谋反，因而也怀疑您了。安排卫队保卫您，这可不是对您的宠爱，而是为了防范您。希望您辞掉封赏，再把全部私家财产都捐给军用，这样才能消除皇上对您的疑心。”

萧何听从了他的劝告，刘邦果然很高兴。

同年秋天，英布谋反，刘邦亲自率军征讨。他身在前方，每次萧何派人送军粮到前方时，刘邦都要问：“萧相国在长安做什么？”使者回答，萧相国爱民如子，除办军需以外，无非是做些安抚、体恤百姓的事。刘邦听后总默不作声。使者回来后告诉萧何，萧何也没有识破刘邦的用心。

有一次，偶然和一个门客谈到这件事，这个门客忙说：“这样看来您不久就要被满门抄斩了。”萧何大惊，忙问为什么。

门客说：“您身为相国，功列第一，还能有比这更高的封赏吗？况且您一人关就深得百姓的爱戴，到现在已经十多年了，百姓都拥护您，您还在想尽办法为民办事，以此安抚百姓。现在皇上所以几次问您的起居动向，就是害怕您借关中的民望而有什么不轨行动啊！如今您何不贱价强买民间田宅，故意让百姓骂您、怨恨您，制造些坏名声，这样皇上一看您也不得民心了，才会对您放心。”

萧何长叹一声，说：“我怎么能去剥削百姓，做贪官污吏呢？”门客说：“您真是对别人明白，对自己糊涂啊！”萧何又何尝不知道这个道理，为了消除刘邦对他的疑忌，只得故意做些侵夺民间财物的坏事来自污名节。不多久，就有人将萧何的所作所为密报给刘邦。刘邦听了，像没有这回事一样，并不查问。当刘邦从前线撤军回来，百姓拦路上书，说相国强夺、贱买民间田宅，价值数千万。刘邦回长安以后，萧何去见他，刘邦笑着把百姓的上书交给萧何，意味深长地说：“你身为相国，竟然也和百姓争利！你就是这样‘利民’啊？你自己向百姓谢罪去吧！”

刘邦表面让萧何自己向百姓认错，补偿田价，可内心里却窃喜，对萧何的怀疑也逐渐消失。

从此以后，萧何对刘邦更是诚惶诚恐，恭谨有加了。刘邦也照旧以礼相待。但萧何从此对国事总是保持沉默寡言、小心翼翼，总算得了一个善终。

做人得明白他人的用心，并以此为行动的规则，这样或许可以救自己于危难之间。

刘墉巧整贪官

刘墉（1719—1804），字崇如，号石庵，另有青原、香岩、东武、穆庵、溟华、日观峰道人等字号，清代书画家、政治家。山东省高密县逄戈庄人（原属诸城），祖籍江苏徐州丰县。乾隆十六年（1751 年）进士，刘统勋子。官至内阁大学士，为官清廉，有乃父刘统勋之风。刘墉是乾隆十六年的进士，做过吏部尚书，体仁阁大学士。刘墉的传世书法作品以行书为多。嘉庆九年卒于京。谥文清。

相传刘墉有驼背，所以他在民间有个外号叫做“刘罗锅”。

大清王朝经历顺治、康熙、雍正，至乾隆时期，帝国疆域扩大国力强盛。英帝国的贪婪掠夺之心已久，为了将自己的势力延伸到中国，在乾隆皇帝八十大寿时，英国特意派出特使马嘎尔尼。假借祝寿之名出使中国，来到北京。

马嘎尔尼心里暗自盘算，清廷中最有权势的是满汉两中堂，他们是通往皇帝的钥匙，但是汉中堂刘墉清正廉洁，既不贪财，又不好色，软硬不吃，想要用钱色贿赂他太难了，于是，马嘎尔尼就在和珅身上打起了主意。

一天，马嘎尔尼备好重礼来到和和珅府上，“我是奉英国女皇之命前来中国为皇上贺寿，也是为了与大清国通好。还望和大人多多帮忙。”

看着马嘎尔尼送来的各种域外的奇珍异宝，和珅眼睛都笑得眯成了一条缝，口里连连称道：“贵国愿与我大清国通好，那是好事，那是好事，本官一定效力！”

“和大人，听说贵朝中还有一个刘墉刘大人，”马嘎尔尼接着说，“这位刘大人不像和大人这般好通事，还请和大人指教一二。”

和珅心想，要是让刘墉知道自己收受珍宝一事就不好办了，于是给马嘎尔尼出主意说：“你是大清国的贵客，你送给他东西，到时不管他收还是不收，我都有话说，一定会把刘墉给制服了，让他乖乖地听咱们的。”

次日，和珅亲自把马嘎尔尼带到刘墉府上，为双方作了引见。稍事寒暄后。马嘎尔尼对刘墉说：“刘大人，奉大英帝国女皇之命，我前来为贵国皇上庆贺八十大寿，以求两国友好，这中间细节之事，还请刘墉大人相助成全。只要大事能成，一定不会亏待刘大人的。”

刘墉中规中矩地说：“两国邦交大事，本官定当效力。本官为朝廷效力，不图厚报！”

“那是当然，刘大人高节，在下实在敬佩。一点儿小小的见面礼，还请大人笑纳！”说罢，马嘎尔尼令人将礼物呈上。刘墉一看，全是一些难得一见的珍宝，他猜想这必定是和珅在从中搞鬼，我若收下，他定会在皇上面前参我收受洋人贿赂；我若不收，他也会参我未能善待洋人。于是，他故意向马嘎尔尼推辞道：“我们中国有句古语叫无功不受禄，本官实在不敢收下马嘎尔尼先生的厚礼。”

“这是我的一点儿心意，”马嘎尔尼道：“刘大人若是不收，我会非常遗憾的。”

和珅赶紧在一边帮腔说：“是呀，刘大人，马嘎尔尼先生要是生气了，这就是不能善待外宾，违抗圣命的罪名咱们可是担当不起啊！哈哈！”

“既然如此，那本官就恭敬不如从命了。”于是刘墉命人收下礼物。

和珅见刘墉收下了礼物，心里别提多高兴了，一向以清廉闻名的刘墉竟然被自己抓住了收受贿赂的把柄，今后朝中还有谁敢与自己作对！出了刘墉府大门便对马嘎尔尼说：“刘墉既然收下了先生的礼物，这今后的事就好办了。不怕他刘墉不跟着我们走！”马嘎尔尼道：“我国政府一定不会忘记和大人的功劳！日后另有重谢。”

第二天一大早，刘墉就吩咐下人把马嘎尔尼所送的礼物抬到金殿之外。大殿里，文武百官朝拜完毕后，刘墉出班向皇帝启奏：“启奏皇上，昨日和大人与英使马嘎尔尼先生一同来到臣的府上。马嘎尔尼先生给臣送了许多的异国金银珍宝。臣不能与和大人相比，臣无功不受禄，而和大人为洋人办事，劳苦功高，受之无愧，而臣无尺寸之功，实在不敢收受，但是和大人却对臣说：'若不收礼物，惹洋人生气，就违犯了要善待洋人的圣谕'，因此臣又不敢不收。故暂且收存于府中。臣以为，马嘎尔尼先生是为了两国邦交大事而来，所以马嘎尔尼所赠与中国的一切东西，都应上缴国库，那些上等异国珍宝，臣不配享受，只有皇上才配享受，故臣将所有珍宝一一敬献给皇上，现在殿外候旨。"短短的几句话，刘墉不但把自己所收的礼物统统上缴了出来，还将和珅收受礼物之事公开于朝堂。尽管和珅恨得咬牙切齿，但在朝堂之上却是半个不字也说不出。

马嘎尔尼作为英国特使来中国，庆贺乾隆八十大寿。刘墉要是坚决不收其礼，未免太过矫情，驳了马嘎尔尼的面子，终归不是好事。再加上和坤的添油加醋，刘墉只好暂且收了礼，回头却又将礼物献给了皇上，可谓"一举三得事圆满"。既保住了自己的清廉，又揭露了和珅的贪婪，还照顾了中英两国的邦交。

刘墉素来以足智多谋著称，由这一件事就表现出了他不愧为大清朝的可重之才。

藤田田付诸行动的成功

藤田会长创立了日本麦当劳株式会社并把它建设成为拥有超过 3000 家连锁店和 30 亿美元营业额的大集团。

藤田田还写了 8 本关于营销策略的书，并让美国 R 玩具公司在日本打开局面。他的座右铭是："胜者为王"。

《中庸》中说："上焉者，虽善无征，无征不信，不信民弗从。"说自己很了得，却没有事情可证明，就如同默默无闻的做好事者一样，其业绩自然归于到万众之中去了，当你向别人说自己如何如何之时，别人估计也没有办法相信。当然，如果你真是个什么都不图的人，那大可不用在乎别人的信与不信，不过谁又真的能不食人间烟火呢？所以我们说：在上位的人，虽然行为很好，但如果没有验证的活，就不能使人信服，不能使人信服，老百姓就不会听从。还是一句话：实践决定一切。

现在日本有10000多家麦当劳店，一年的营业总额突破40亿美元大关。创造这一辉煌业绩的藤田田，年轻时有一段不凡的经历。

1965年，藤田田毕业于日本早稻田大学经济学系，毕业之后随即在一家大电器公司打工，1971年，他开始创立自己的事业，经营麦当劳生意。麦当劳是闻名全球的连锁快餐公司，采用的是特许连锁经营机制，而要取得特许经营资格是需要具备相当财力和特殊资格的。而藤田田当时只是一个才出校门几年、毫无家庭资本支持的打工一族，根本无法具备麦当劳总部所要求的75万美元现款和一家中等规模以上银行信用支持的苛刻条件。

只有不到5万美元存款的藤田田，看准了美国连锁快餐文化在日本的巨大发展潜力，决意要不惜一切代价在日本创立麦当劳事业，于是绞尽脑汁东挪西借起来。

事与愿违，五个月下来只借到4万美元。面对巨大的资金落差，要是一般人也许早就心灰意冷了。然而，藤田田却偏有对困难说不的勇气和锐气，偏要迎难而上遂其所愿。于是，在一个风和日丽春天的早晨，他西装革履满怀信心地跨进住友银行总裁办公室的大门。

藤田田以极其诚恳的态度，向对方表明了他的创业计划和求助心愿，在耐心细致地听完他的表述之后，银行总裁做出了“你先回去吧，让我再考虑考虑”的决定。

藤田田听后，心里即刻掠过一丝失望，但马上镇定下来，恳切地对总裁说了一句：“先生可否让我告诉你，我那5万美元存款的来历呢？”回答是“可以”。

“那是我6年来按月存款的收获，”藤田田说道：“6年里，我每月坚特存下工资奖金，雷打不动，从未间断。6年里，无数次面对过度紧张或手痒难耐的尴尬局面，我都咬紧牙关，克制欲望，硬挺了过来。有时候，碰到意外事故需要额外用钱，我也照存不误，甚至不惜厚着脸皮四处告贷，以增加存款。这是没有办法的事，我必须这样做，因为在跨出大学门槛的那一天我就立下宏愿，要以10年为期，存够10万美元，然后自创事业，出人头地。我坚信，在小事情上过得硬的人才干得成大事情。现在机会来了，我一定要提早开创自己的事业。”

藤田田一口气讲了20分钟，总裁越听神情越严肃，并向藤田田问明了他存钱的那家银行的地址，然后时藤田田说：“好吧，年轻人，我下午就会给你答复。”

送走藤田田后，总裁立即驱车前往那家银行，亲自了解藤田田存钱的情况。柜台小姐了解总裁来意后，说了这样几句话：“哦，是问藤田田先生啊。他可是我接触过的最有毅力、最有礼貌的一个年轻人。6年来，他真正做到了风雨无阻地准时来我这里存钱，老实说，这么严谨的人我真是佩服得五体投地！”

听完小姐介绍后，总裁大为动容，立即打通了藤田田家里的电话，告诉他住友银行可以毫无条件地支持他创建麦当劳事业。藤田田追问了一句：“请问，您为什么要决定支持我呢？”

总裁在电话那头感慨万端地说道：“我今年已经58岁了，再有两年就要退休，论年龄我是你的2倍，论收入我是你的40倍，可是，直到今天我的存款却还没有你多……我可是大手大脚惯了。光说这一句，我就自愧不如，敬佩有加了。我敢保证，你会很有出息的，年轻人，好好干吧！”

要取得成功，不光是靠智慧，最基本的就是行动。如果自己光凭脑子想，永远不付诸行动，那么永远也不会成功。

拿破仑说：“想得好是聪明，计划得好更聪明，做得好是最聪明又最好。”

成功开始于心态，成功要有明确的目标，这都没有错，但这只相当于给你的赛车加满了油，弄清了前进的方向和线路，要抵达目的地，还得把车开动起来，并保持足够的动力。

有一个雅典人没有口才，可是非常勇敢。有一天开大会，许多人做了精彩的长篇演说，许诺说要办许多大事。轮到这个人发言，他站起来，憋了半天只说出一句话：

“大家说的事情，我都要做！”

成功并不需要你知道多少，而是依靠你做了多少。所有的知识、计划都要付诸行动。不管你现在决定做什么事情，选定了多少目标，你一定要马上行动。

只有真正把目标付诸行动的人，才是真正的能够成大事的人。

徐达谨慎伴君王

徐达（1332—1385），明朝开国军事统帅。字天德。汉族，濠州钟离（今安徽凤阳东北）人。徐达出生于亳州（今安徽凤阳）一个农家，儿时曾与后来做了大明皇帝的朱元璋一起放牛。在其戎马一生中，他有勇有谋，用兵持重，为明朝的创建立下赫赫战功，是中国历史著名的谋将帅才，深得朱元璋宠爱。

徐达虽战功赫赫，却从不居功自傲。徐达每年春天挂帅出征，暮冬之际还朝。回来后立即将帅印交还，回到家里过着极为俭朴的生活。

“徐达兄建立了盖世奇功，从未好好休息过，我就把过去的旧邸赐给你，让你好好享几年清福吧。”

朱元璋的这些旧邸，是其登基前当吴王时居住的府邸，可徐达就是不肯接受。万般无奈的朱元璋请徐达到旧府邸饮酒，将其灌醉，然后蒙上被子，亲自将其抬到床上睡下。徐达半夜酒醒问周围的人自己住的是什么地方，内侍说：“这是旧邸。”

徐达大吃一惊，连忙跳下床，伏在地上自呼死罪。朱元璋见他如此谦恭，心里十分高兴，即命有关部门在此旧邸前修建一所宅第，门前立一牌坊，并亲书“大功”二字。徐达功高不骄，还体现在他好学不倦，严于律己上。放牛出身的徐达，少年无读书机会，每次出征时，他都携带大量书籍，一有时间便仔细研读，掌握了渊博的军事理论。因此每每临阵指挥，莫不料事如神，进退有据，且每战必胜，令人心服。

朱元璋曾赐予徐达一块沙洲，由于沙洲处于农民水路必经之地，徐达的家臣以此擅谋其利。徐达知道后，立即将此地上缴官府，1385年，徐达病逝于南京。朱元璋为之辍朝，悲恸不已，追封徐达为中山王，并将其肖像陈列于功臣庙第一位，称之为“开国功臣第一”。

徐达之所以能不居功自傲，除其个人良好的修养，还有更深层次的原因。

事实上，朱元璋登基后，从1380年至1390年，因清洗丞相胡惟庸牵连被杀的功臣、官僚共达3万人，1393年，有赫赫战功的将领蓝玉以及与其有关的人士均被杀，先后牵连被杀的竟有1.5万多人；洪武十五年的空印案，洪武十八年的郭桓案，被杀者更多达8万之众。

应该说，朱元璋用严刑重刑，杀了包括功臣在内的10多万人，实质上是强化其统治的手段，也是统治阶级内部残酷斗争的结果。另一方面，也与朱元璋个人品质有关。从小与朱元璋在一起的徐达，当然十分清楚“伴君如伴虎”的道理。因此，如果居功自傲，无异于引火烧身。与这样的皇帝在一起，只能共苦，不能同甘。所以，徐达“夹着尾巴做人”，既是个人良好品行的体现，更是保全自己的良策。

在封建社会里，不少人因为位极人臣，功高震主，而招灭门之祸。如韩信以勇略震主被擒，霍光以权势逼君被灭族。鳌拜因骄横欺君被诛。从某种意义上说，手握重权，如走钢丝，稍稍失去平衡，就会从钢丝上摔下来。实际上，做人，不仅仅是在权力场上要把握分寸，对富贵的追求也应该适可而止。有道是盛极而衰，历史上多少名门望族，转眼间就会衰败下来，如刘禹锡诗云：“朱雀桥边野草花，乌衣巷口夕阳斜。旧时王谢堂前燕，飞入寻常百姓家。”

徐达是真正的智者，他明白像他这样的大功臣该如何做人行事。唯一保护自己平安的策略就是谦恭做人，小心处世。

谨慎为人的做事原则，在任何时候都是不能放弃的。徐达以谨慎保性命，因为他深知自己的处境。

李广身先士卒做表率

李广（？—前119），陇西成纪（今甘肃静宁）人，中国西汉名将。汉文帝十四年（前166）从军击匈奴因功为中郎。景帝时，先后任北部边域七郡太守。武帝即位，召为中央宫卫尉。元光六年（前129），任骁骑将军，领万余骑出雁门（今山西右玉南）击匈奴，因众寡悬殊负伤被俘。匈奴兵将其置卧于两马间，李广佯死，于途中趁隙跃起，奔马返回。后任右北平郡（治平刚县，今内蒙古宁城西南）太守。匈奴畏服，称之为飞将军，数年不敢来犯。元狩四年，漠北之战中，李广任前将军，因迷失道路，未能参战，愤愧自杀。

汉朝伐匈奴的名将李广，是位匈奴人闻之丧胆的虎将，有“汉代飞将军”的美名。然而，他却是一个木讷刚直的人。遇到皇帝恩赐犒赏时，他总是毫不吝惜地与士兵们分享。吃饭的时候，等全体士兵都到齐都吃上饭，他才开始用餐。行军途中，到泉水井垣处，待全体部下解渴后，他才饮用。总之，一切以部下为先。因此，他的部下都能效忠他。

司马迁评价李广：“桃李不言，下自成蹊。”即桃树李树虽然默默不语，但是它会开出芬芳的花朵，结成甜美的果实。所以人们自然而然地会聚集在它们周围，开出一条道路。这与孔子所说的“德不孤，必有邻”意思相似。一个人要想有良好的人缘，也要像李广一样，处处以人为先、以己为后。领导者更应如此。

一个能够真正与下属融在一起，与下属同甘共苦的人才是真正的领导。只有真正做到了如此，才不仅能够得人心，而且还能把事情做好。

当一个领导以要求士兵的原则要求自己时，与人民同甘共苦，才能铸就更大的辉煌。

管仲适时易主成大事

管仲（约前723或前716—前645）：姬姓，管氏，名夷吾，谥曰“敬仲”，中国春秋时期齐国颍上（今安徽颍上）人，史称管子。春秋时期齐国著名的政治家、军事家。周穆王的后代，管仲少时丧父，老母在堂，生活贫苦，不得不过早地挑起家庭重担，为维持生计，与鲍叔牙合伙经商后从军，到齐国，几经曲折，经鲍叔牙力荐，为齐国上卿（即丞相），被称为“春秋第一相”，辅佐齐桓公成为春秋时期的第一霸主，所以又说“管夷吾举于士”。管仲的言论见于《国语·齐语》，另有《管子》一书传世。

齐桓公即位后，管仲、召忽等陪同公子纠继续在鲁国避难。齐桓公为了永除后患，派鲍叔牙率领大兵压境，迫使鲁国庄公杀掉公子纠，引渡管仲和召忽回齐发落，在将要进囚车的时候，召忽仰天痛哭道：“为儿子者死于孝，为臣下者死于忠，这是人的本分。”说罢一头撞在大柱上，倒地而死。管仲却很识时务地说：“自古有死臣也有生臣，我要入齐为公子纠伸冤。”说完，便径自走进囚车之中。

当时，鲁臣施伯的分析认为齐国名义上是讨回管仲发落他，实际上是要重用管仲为齐国的振兴服务。因此施伯就要求鲁庄公除掉管仲，当鲍叔牙得知鲁庄公要杀管仲的消息后，立刻派人去同庄公交涉，说：“管仲曾经亲手射杀我们的国君，我们国君对他恨之入骨，想要亲手杀死他。”庄公无话以对，只得将管仲连同公子纠、召忽的尸体交给齐国使节。

管仲回齐国之后，入朝去拜见齐桓公，便向桓公谢罪。桓公亲手将管仲扶起，对管仲说：“寡人有事要向你请教。齐国是大国，先君僖公曾经威服过诸侯，人们称之为小霸。但是，自从襄公以来，政事荒废，国力空虚。现在我刚刚即位，人心不定，国势不张。我想修理国政，立纲陈纪，不知你有什么良策？”

于是，管仲向桓公陈述了怎样治国图霸的观点。管仲把满腹雄韬伟略细细讲给齐桓公，令齐桓公深服不已。

拜相以后，管仲着手落实其“政之所兴，在顺民心；政之所废，在逆民心”的民本思想。在发展农业生产上，提高土地利用率；在手工业和商业方面，他将工匠安置在靠近官府的地段，商人安置在市场附近，以利于各安其业。他加强货币的铸造和管理，注意调整物价，放宽关、市的征税，做到通货积财，富国富民；坚持以“四维”即：妇、义、廉、耻，教导百姓，令百姓臣服，君令得以顺利推行，国势大振。

管仲采取了一系列政治、经济、军事等措施，使齐国由一个分封在海滨的百里小国，一跃成为春秋时期举足轻重的大国。试想，当时管仲在齐桓公面前，若一味示忠，引剑自刎，还会有齐国这番大事业吗？

管仲没有像召忽那样以死追随主公，而是做出了明智的选择，终于使齐国成为春秋一霸。

岛村芳雄以诚信发家

岛村芳雄是日本赫赫有名的富商，他是在几年时间内迅速富起来的，人们问他：“您在短时间内成为富商的秘诀是什么？”

岛村芳雄说：“诚信，我是从一毛钱的诚信起家的。”

岛村先生原来是一个做小规模批发生意的普通商人，干了几年以后，他看到周围的很多商人都因为诚信博得了同行们的尊敬，渐渐体会到诚信在商业交往中的作用，于是就想出来一个赢得信誉的好方法。

日本的渔民很多，麻绳是他们必不可少的生产工具，如果能够做麻绳生意，一定会很快富起来，于是他就决定做批发麻绳的生意。他先从一家生产麻绳的厂家进麻绳，每根麻绳的进价是五毛，照理说加上运输费、保管费、搬运费，每根麻绳卖出去的价格肯定要高于五毛钱。可是岛村却又以每根麻绳五毛钱的价格卖给了东京一带的工厂和零售商，自己不但一分钱没赚，还赔上了一大笔钱。一年以后，人们都知道有一个“做赔本买卖”的商人，这个人叫岛村芳雄，于是订货单像雪片一样飞到岛村的手中，他的名字也像长了翅膀一样飞到人们的耳朵里。

聪明的岛村找到生产麻绳的厂家，说："过去的一年里，我从你们厂购买了大量的麻绳，而且销路一直不错，可是我都是按进价卖出去的，赔了不少钱，如果我继续这样做的话，没几天我就要破产了。"

厂方看了岛村开出的货单后，果然是原价销售，考虑到现在向岛村订货的客户很多，于是就决定让五分钱，同意以每根麻绳四毛五分钱的价格卖给岛村。

岛村又来到他的客户那里，很诚实地说："我以前为了扩大自己的影响，原价出售麻绳，现在我的钱已经都赔得差不多快光了，再这样下去，我就要关门停业了。我刚从麻绳厂回来，他们决定每根麻绳给我让五分钱，你们是不是商量一下，给我加一点。"

客户们看了进货单，知道岛村说的是实话，于是就决定每根麻绳加五分钱，以每根五毛五分钱的价格买岛村的麻绳。

由于岛村诚实，总明明白白地跟厂家和客户说自己在中间赚了多少钱，赢得了人们的信任，人们都愿意和他做生意。

老实做人，就是为人处世要坚持原则，诚实守信。社会的存在和发展，离不开法律体系和道德体系的维护和推动。作为社会的一分子，每个人的言行都应遵循共同的准则，符合社会的利益。老实做人，包括在道德上严守清白，精神上追求高尚，行为上坦荡磊落；在言与行的关系上，做到表里如一，言行一致；在对人对己的态度上，坚持严以律己，宽以待人。老实是立身、立信、立行的基础。今天在改革开放和发展社会主义市场经济条件下，我国社会经济成分、组织形式、就业方式、利益关系和分配方式日益多样化，人们的价值取向和行为方式发生了很大变化，怎样做人的问题更加突出。但不管历史条件和社会环境如何变化，老实做人这条原则不能变，否则事业就难以发展，社会就不能进步。

诚信做事，是老实做人在行为上的要求。在现实生活中，人们面对各种各样的问题和矛盾，以什么样的态度和方式处理问题，解决矛盾，反映着一个人的追求，也决定事物的不同结果诚信做事，就是要办实事，求实效，踏踏实实地，远离浮躁，其目的是为了使主观认识与客观实际相符合，把事情办实办好。任何事物都有其自身的规律，只有按照事物的本来面目来认识事物，化解矛盾，解决问题的过程，就是坚持实事求是的过程。诚信做事不仅是一种严谨的态度，也是科学的方法。以这样的态度和方法作保障，思想就可以找到现实的土壤，结出丰硕的果实；行为上才能防止出现做而不深，做而不细，做而不实的问题。

第九章

BAIWEIMINGRENCHUSHIZHIHUI

名人中庸之道

社会人际关系越复杂，做人也就越难。于是为人处世也不得不顾虑多端，如履薄冰。为了保全自己，应学会审时度势，随机应变。待人接物不妨刚直与圆滑同时施展，对善良君子自然要宽厚，但对待邪恶小人就不能心慈手软。有道是："识时务者为俊杰"，待人处世也应灵活变通。

林肯隐恶扬善巧用人

亚伯拉罕·林肯，美国第16任总统。他领导了美国南北战争，颁布了《解放黑人奴隶宣言》，维护了美联邦统一，为美国在19世纪跃居世界头号工业强国开辟了道路，使美国进入经济发展的黄金时代，被称为“伟大的解放者”。另有多个国家的城市以林肯命名。

《中庸》中说：“舜其大知也与！舜好问而好察迩言，隐恶而扬善，执其两端，用其中于民。其斯以为舜乎！”尧舜是我们中国人在做人目标上的偶像，他们有什么独家的奥秘吗？有，孔老夫子就总结道：“舜可真是具有大智慧的人啊！他喜欢向人问问题，又善于分析别人浅近话语里的含义。隐藏人家的坏处，宣扬人家的好处。过与不及两端的意见他都掌握，采纳适中的用于老百姓。这就是舜之所以为舜的地方吧！”

中国有句俗语：“好事不出门，恶事传千里。”从这个规律上讲，恶有易于传播、易于感染的特点。如果让恶易于传播、易于感染对于除恶来说不仅丝毫起不到帮助作用，反而会使恶愈来愈多，加大除恶的难度。除恶的关键实在是不在于让恶事传千里而是应将恶该隐的隐下来，换用确实行之有效的方法积极地去解决除恶的问题，这才是儒家隐恶扬善的真正目的。

美国南北战争时，林肯总统任命格兰特将军为总司令；当时有人告诉他，说格兰特嗜酒贪杯，难当大任。林肯却说：“如果我知道他喜欢什么酒，我倒应该送他几桶，让大家共享。”林肯总统并不是不知道酗酒可能误事，但他更知道在北军诸将领中，只有格兰特能够运筹帷幄，决胜千里。后来的事实证明，格兰特将军的受命，正是南北战争的转折点。这也说明了林肯的做人艺术，对待一个缺点和优点都十分明显的人，自然不能苛求他是“完人”，如果别人的长处能够帮助自己，那么何不把他的缺点容忍下来，充分利用其“善”的一面呢？

当然，林肯之所以懂得做人的这一诀窍，可真是好不容易才学会的。在这以前，他曾先后选用了三四位将领，选用标准都在求所用之人必须无重大缺点。但其结果，虽然北军拥有人力、物力的绝对优势，而在1861—1864年间，却毫无进展。

反之，在南方的李将军领导下，从贾克森起，几乎没有一位将不是满身都是大小缺点。但李将军并不在意，因为他知道他所用的人每一位都各有所长，而李将军正是善用他们的长处，使他们充分发挥。所以，在那段时期中，林肯麾下每一位“无缺点”的将军，一个一个都被李将军指挥下的“一技之长”的将领击败了。

不过，随着聪明的美国总统领悟了“隐恶扬善”的中庸之道以后，战争局势就不可避免地转变了。

做人难吗？按照舜的做法，也无非就那么两条：隐藏人家的坏处，宣扬人家的好处。可是真正要做到这点容易吗？你就敢保证自己没有动过打别人小报告的心思？你就真的觉得别人的优点不会引起你的嫉妒？所以，要做到隐恶扬善，更得有博大的胸襟和宽容的气度。反过来想想，对于在你身边的人来说，不隐你的善扬你的恶就算是谢天谢地了，岂敢奢望他隐你的恶而扬你的善！

当然，这里的恶，并不是大奸大恶，而是一些小的缺点，在某些方面并不影响其本身技能的发挥。若是对大奸大恶之事也进行隐的话，那样不仅不能发挥其原本的才能，或许还会助纣为虐，酿成大错。

前秦丞相王猛用人之长，避人之短

王猛字景略，北海剧（今寿光境内）人，东晋十六国时前秦丞相。出身贫寒，曾以卖畚箕为业："博学好兵书，谨重严毅，气度雄远，细事不干其虑。"曾在华阴山隐居，待机建功立业。东晋大将桓温入关时，他身着布衣见桓，"谈当世之事，扪虱而言，旁若无人"，传为"扪虱谈兵"的历史佳话。他拒绝桓温之聘，后被秦王苻坚聘用。

评价一个人时，永远不能因为一点过失就抹杀他的功劳。有的人才缺点很明显，明显到简直让人接受不了的地步。有的人才就是因为缺点太多而被弃之不用。其实我们只是看到了人才的缺点一面，没有看到人才的优点一面。大凡人才一般都是峰高谷底，缺点和优点都很突出。所以深谙中庸之道者会巧妙地避开人才的缺点，或者抑制他的缺点，而用好他的优点，发挥他的长处。

370 年 6 月，前秦丞相王猛统帅六万军队征伐前燕。前燕太傅慕容评率 30 万大军抗击秦军，两军相持于洛川。在决战前夕，王猛为了弄清敌情，做到知己知彼，派大将邓羌手下的一个将军徐成前去侦察燕军的情况，并规定日中必须返回报告。可是徐成却违犯军令，到晚上才回来报告。王猛很生气，按军法要把徐成处死。这时邓羌出来替徐成说情。说敌众我寡，马上就要开战了，徐成是一位大将，应当赦免他的死罪，让他戴罪立功。王猛不同意，认为不杀徐成，军法没有信誉。邓羌因为徐成是自己的部将，极力请求："徐成是我的部将，虽然他违犯了军令应该处斩，但我愿与他一起效力死战，以赎死罪。"王猛还是不同意。

邓羌是个急性子人，他看王猛这么冷酷无情，气得返回军营，集结军队要攻打王猛。王猛问他为什么要这样做。邓羌说："受命讨远贼，今有近贼，要自相残杀，所以我要先除去这个近贼。”王猛觉得邓羌这个人既讲朋友信义，又有股子敢做敢为的冲劲，是位可用之才。于是为了笼络安抚邓羌，对邓羌说：“将军请息怒，我现在就放了徐成。”邓羌见徐成被赦免了，也觉得自己做得有点过分，便亲自到王猛营中道歉。王猛对此显得毫不在意，他拉着邓羌的手说：“我在试探将军呢，将军对自己的部下都这么讲信义，何况对国家呢，我不怕燕国军队了。”

不久，两军决战开始了。由于敌众我寡，王猛考虑必须派一员猛将冲进敌阵，首先挫败敌人的锐气。然后指挥全军一鼓作气，猛打猛冲，就可以打败燕军。这时王猛想起了邓羌。于是他让邓羌率领所部打先锋，并诚恳地说：“今日之战，非将军不可以成功，希望您努力。”可是邓羌毛病就是多，他又和王猛讲起价钱来了，说：“您要是给我一个司隶校尉的职位，我让您无忧无虑，保证打败燕军。”王猛说：“这不是我所能办到的，我只能给您一个安定太守万户侯的官职。”邓羌见王猛没有答应自己的要求，不高兴地走了。一会儿大战开始了，王猛召邓羌出击，邓羌居然在帐里睡大觉不答应。没办法，王猛只好亲自到邓羌营中，当面满足了邓羌要官的要求。邓羌这才改变了消极的态度，让部下狂吃豪饮一顿，待到酒足饭饱之后，便与部将徐成一起率军冲入敌营，旁若无人，搴旗斩将，打得燕军丢盔卸甲，溃不成军。王猛乘胜追击，大破燕军。事后，王猛看着邓羌，由衷地赞赏说：“真是一员猛将啊！”这就是王猛用人的特点。实际上邓羌已经犯下了三条大罪。一是为部将说情，徇私枉法；二是带兵攻打王猛，犯上作乱；三是临战要求司隶之职，要挟丞相。这三条哪条都是杀头之罪。但是作为政治家的王猛，能够容其所短，用其所长，调动将士们的积极性。试想，如果王猛要是因这三条罪中的哪一条把邓羌杀了，还会有洛川之捷吗？

金无足赤，人无完人。世界上没有十全十美的人，谁见过毫无缺点的人呢？一个人的优点与缺点往往是相互依存的，就像一面镜子的两面，有正面就有背面。还要看到，我们开创事业，工作本身就带有探索性和风险性，谁敢保证没有一点闪失。如果求全责备，天下就无人可用了。既然是“完人”，那就是什么都会，什么都行，一个人的能力和精力是有限的，如果他什么都会，那不过是浮浅的一知半解而已。这种人，与其说是“完人”，不如说是庸人，无能之辈。如果用这种“完”人，事业的成功就无望了。

善于利用人，抓住他的优点、才能，真正做到为己所用。

司马光坚持自己的做人之道

司马光，北宋时期著名史学家、散文家。北宋陕州夏县涑水乡（今山西运城市夏县）人，汉族。（但宋人袁说友著《成都文类》记，司马光是在他父亲司马池任光山知县时，生于县衙官舍的，该观点已为当今主流，多数专家学者认同），字君实，号迂夫，晚年号迂叟，世称涑水先生。赠太师、温国公、谥文正。司马光自幼嗜学，尤喜《春秋左氏传》。

谁都想做真正的强者。中庸之道并不是要求大家畏畏缩缩不敢坚持自己的志向，相反，做人的中庸之道就是要使自己做大做强，人做到什么地步才能被称为是强？身强力壮？那只是匹夫之勇。出将拜相？历史上那么多的将相不也流下来诸多的骂名？中庸之道讲求的是既有原则性。又有灵活性. 一切都恰到好处。所以，品德高尚的人和顺而不随波逐流，这才是真强啊！保持中立而不偏不倚。这才是真强啊！国家政治清平时不改变志向。这才是真强啊！国家政治黑暗时坚持操守、宁死不变。这才是真强啊！

人什么时候最强？就在坚持自己做人之道的时候！

北宋著名的政治家、文学家司马光，可以说是儒家尊敬的圣人，他向来秉性刚直，在从政活动中也能坚持自己的志向，积极贯彻执行有利于国家的决策方略。而在举荐贤人、斥责奸人的斗争中，他也敢触犯龙颜，宁死直谍，当廷与皇上争执，置个人安危于不顾。

仁宗得病之初，皇位继承人还没确定下来。因为怕提起继位的事会触犯正在病中的皇上的忌讳，群臣都缄口不言。司马光此前在并州任通判时就三次上奏提及此事，这次又当面跟仁宗说起。仁宗虽然没有批评他，但还是迟迟不下诏书。

司马光并不打算就此收手，又一次上书说："我从前上呈给您的建议，马上应实行，现在寂无声息，不见动静，这一定是有小人说陛下正当壮年，何必马上做这种不吉利的事。那些小人们都没远见，只想在匆忙的时候，拥立一个和他们关系好的王子当继承人，像'定策国老'、'门生天子'这样大权旁落的灾祸，真是说都说不完。"仁宗看后大为感动，不久就立英宗为皇子。

英宗并非仁宗的亲生儿子，只是宗室而已。司马光料到他继位后，一定会追封他的亲生父母。后来英宗果然下令让大臣们讨论应该给他的生父什么样的礼遇，但谁也不敢发言。

司马光一人奋笔上书说："为人后嗣的就是儿子，不应当顾忌私亲。濮王应按照成例，称为皇伯。"这一意见与当权大臣的意见不同。御史台的六个人据理力争，都被罢官。司马光为他们求情，没有得到恩准，于是请求和他们一起被贬官。

司马光在他的从政生涯中，一直坚持这种原则，被称为"社稷之臣"，宋神宗也感慨地说："像司马光这样的人，如果常在我的左右，我就可以不犯错误了。"

司马光一生从不说谎话，他评价自己时说："我没有什么过人之处，只是平生的所作所为，皆问心无愧。"百姓全部敬仰信服他，陕州、洛阳一带的百姓被他的德行所感化，一做错事，就说："司马君实会不知道吗?"

司马光一生清廉简朴，不喜华靡。史书上记载着他这方面的许多小故事，传为美谈。就连他的政敌王安石也很钦佩他的品德，愿意与他为邻。据说，司马光的妻子死后，家里没有钱办丧事，儿子司马康和亲戚主张借些钱，把丧事办得排场一点，司马光不同意，并且教训儿子处世立身应以节俭为可贵，不能动不动就借贷。最后，他还是把自己的一块地典当出去，才草草办了丧事。

司马光的品格德行、修学治史，一直受到人们的高度评价。但对他的政绩，人们却时褒时贬。

保守派主政的时候，对其政绩大加褒扬，宋哲宗还敕令保守派的翰林学士苏东坡撰写神道碑文，洋洋几千言皆是赞美之辞。

改革派当政时，司马光不仅没有政绩可言，而且被列入奸相之列。宋绍圣年间，御史周铁首论“温公（司马光死后谥号）诬谤先帝，尽废其法，当以罪及。”朝廷不仅夺去了所有封号，而且还把其墓前所立的巨碑推倒。王安石的学生章淳、蔡京主政时，为报复司马光等人尽废新法的做法，将其与三百零九名朝臣列人“元祐奸党”，并要在朝堂和各州郡立“奸党碑”。

但是在立碑时，发生了一件意想不到的事，石匠安民对蔡京说：“小人是愚民，不知道立碑的意图。但司马相公海内都称道他为人正直，现在却要列入奸党，小人不忍心做。”蔡京一怒之下便要处罚他，吓得安民一面求饶，一面哭诉：“大人的命令，小人不敢违抗。只是小人有一个请求：碑上刻匠人名字时，不要把小人安民的名字署上，以免留下千载骂名。”蔡京仔细一想，司马光虽然有错，但毕竟为人正直，享有威望。于是改变了主意，将司马光排除在奸人之外。

可见，司马光的人格不仅为百姓所称道，甚至连对手也为之折服。在封建时代，司马光是孔门的第三个圣人，位列孔子、孟子之下，同样在孔庙享配。时至今日，人们仍记得历史上有一“涑水先生”，他给后人留下了一笔巨大的精神财富。

志向，是指导我们做人的原则，原则不变，那么我们就不会轻易随波逐流。

中庸之为人就是要表现出：即使表面上做出“圆滑”的行为，其内心也要保持“方正”这样总有一天会像司马光那样得到世人的欣赏。

帕克以志向引导成功

凯利·帕克，逝世于2005年。帕克家族从帕克的祖父起就进入出版传媒界。他19岁加入父亲弗兰克爵士旗下《每日电讯报》，从零做起，什么都干，唯独因为诵读困难症而没当过记者。

志向是考察一个人是否能担负道义的重要参照，孔老夫子曾经针对子承父志做过评论："当他父亲在世的时候，观察他的志向；当他父亲死去以后，观察他的行为。如果他长期不改变父亲的原则，可以说是做到孝了。"《中庸》的这番论述就是对孔夫子思想的深入揭示，从我们现在看来，那些能继承前人志向为今生奋斗目标者，不但能够将代代人生薪火相传，而且也足以能够使自己的社会功用发挥到最大。

前澳大利亚首富凯利·帕克正是成功地继承了家族之志，并且将家族事业发扬光大的孝子。

帕克出生于传媒世家。他的爷爷罗伯特·帕克就是新闻记者，通过多年努力，逐渐拥有了自己创办的报纸。1934年，帕克的父亲弗兰克·帕克继承家族产业，并将事业扩展到包括畅销杂志、报纸及牧场、房地产在内的多个领域。弗兰克本打算让长子，也就是帕克的哥哥克莱德·帕克继承他的事业，没想到书生气十足、事事有主见的克莱德最后竟与独断专行的父亲彻底闹翻，一气之下远走美国。

弗兰克只得勉强培养他并不看好的次子帕克。据《悉尼晨报》报道，帕克从小有阅读困难症，而且非常懒惰，在学校里除了体育之外，各门功课极差。由于父亲对他管教极为严厉，他一度产生了严重的逆反心理，热衷于跑车、女人和赌博，几乎成了一个十足的纨绔子弟。

不过，自结束了学生生涯之后，帕克身上的优点逐渐显现出来。他非常聪明，而且具备投资天分，20 世纪 70 年代初，他就掌握了先机，提出除了报纸、杂志外，电视才是传媒业的主流，并将自己的主要精力放在“澳大利亚第九电视网”上。

帕克是一名体育爱好者，他将自己的爱好与事业结合起来。上世纪 70 年代，他首先将世界板球联赛的播映权高价买下，接着向其他体育项目进军。这为他的电视台赢得了广大观众。此外，他特别重视新闻时事节目的报道，不惜重金抢播世界或本地新闻。多年来，该台一直是澳大利亚收视率最高的电视台，广告收入非常好，成为帕克家族的主要摇钱树。

除了电视台，帕克还经营着《妇女杂志》等一系列畅销杂志，拥有墨尔本的“王冠”赌场，同时在澳门地区与当地“赌王”何鸿遷共同经营一家赌场。此外，他还投资房地产及化学工业，并经营矿山和牧场。

如今，帕克的大儿子詹姆斯·帕克将正式成为帕克各项事业的接班人。其实，由于帕克健康欠佳，詹姆斯曾一度代替父亲打理各项工作事务，但是由于经济界对这位少掌门缺乏了解与信任，帕克旗下产业的股票曾大幅贬值。为了减少损失，帕克不得不在 2001 年重新投入工作并在经营自家事业之余加紧培养詹姆斯接班。

如今，帕克昔日的工作搭档们对詹姆斯充满了信心，认为在帕克的调教下，唐姆斯已经具备了一个成功商人和媒体管理者的基本素质，而且通过多年来的工作实习，他对各主要公司的业务都相当熟悉了。

古往今来，不管是子孙也好，还是后辈也罢，凡是长盛不衰的团体，正是没有忘记“继人之志”这一“中庸”古训。帕克家族的成功也正是这一古训效果的有力证明，而且至少目前，他们仍然走在良性之大道上：“詹姆斯很坚强，很聪明……他已经成熟了，可以胜任未来的工作，他也有信心凭自己的能力，让帕克的事业有进一步的发展。”

坚持自己的志向，以志向引领自己的成功。

来到当今社会，做人要有精神，要有情趣，要有志向，要有所寄托。人的生命是有限的，有限的生命需要寄托，生活需要寄托，心灵需要寄托，感情需要寄托。把志向寄托在事业和正当有益的爱好上，有意义地充实生活内容，开辟和拓宽生活领域，这样的健康人生才是快乐的人生。

志向和寄托，是保持心理健康的重要因素之一。人的一生因找寻寄托而充满希望，因有所寄托而勇敢和执着，因失去寄托而无聊和浮躁。志向和寄托，是对人生的前途及事业目标的追求，对幸福快乐的追求，对理想的追求，对人生价值的追求。把精力寄托在事业和正当有益的爱好上，有意义地充实生活内容，开辟和拓宽生活领域，这样的健康人生才是快乐的人生。

古人也说，“志不立，天下无可成之事”。一个人有志向，有信念，才会有热情、有胆魄、有坚韧不拔的毅力。非凡的志向产生非凡的勇气，有了坚定的志向才能有所作为。

经商之道也是一种志向和寄托，是一种哲学，但归根结底是人道。做好生意，最重要的不是积累金钱，最关键的是要积累信誉、积累人心，如果真正拥有了人心，就有了源源不断的财源。李嘉诚先生说过：“我首先是人，然后才是商人。”经济学家茅于轼说：“财富并不是我们追求的最终目标，快乐或者幸福才是最终目标，财富只不过是得到快乐的渠道之一。何况有时候财富不但没有使人快乐，反而使人陷入了痛苦……”

人道最集中的体现就是人文关怀和社会责任感。为商之道提倡的是以义取利、以利济世、以和为贵、以儒兴商的儒商精神，塑造的是仁爱立人、见利思义、讲信修睦、乐于施善的儒商精神和人格，品味的是博学儒雅、亦文亦商、以商养儒、以儒促商的儒商生活，奉行的是重守诚信、谋利有度、宽厚圆融、内圣外王的儒商之道。商道与人道是一致的，经营企业与经营人生能够合二为一当为至高境界。

人的一生因找寻寄托而充满希望，因有所寄托而勇敢和执着，因失去寄托而无聊和浮躁。经营好人生，就是要对自己生命的每一分钟都要珍惜，就是要对自己认真负责任地投入，就要对志向和寄托投入值得。经营好人生，就是要提高生命的品质，让人生更有意义，就是把人生当作最高事业来经营，把奉献当作最高价值来实践。在经营人生的过程中，就要考虑投入与产出、投资与收益的关系，加强经营管理，降低经营成本，追求人生价值最大化；就要确立经营理念，明确经营定位，投资于人，打造人品，凝聚人心，发展人脉，广结人缘，做大人气，相信“没有最好的，只有最切合实际的”；就要营造经营环境，提高人格魅力，实现自身与外部环境的和谐；就要抓住商机，找准契机，抓牢显在的机遇，捕捉偶然的机遇，挖掘潜在的机遇，不放弃任何一个哪怕只有万分之一可能的机会；就要有承担风险的勇气和胆量，做好自己事业的“老板”，在其位，谋其职，司其政，负其责，不断把事业推向前进。

古代哲人说：“真我无名，生育人身；真我无形，化生德行；真我无相，长养心身。”每个人的心中都存在着真实的自己，每个人在世人面前都有真实的一面。真我是淳德的内化，我们的身就是德的载体，我们的心就是德的本体，一切德行都是身所在、心所生。

真我，就是自然之我。自然的原本就是最深刻与最透彻的，一切看似简单，一切其实并不简单，这其实也很自然。我们自然的努力着，自然的奋斗，自然的做着我们认为自然的事情，接受着不自然的挑战。一切原本自然，一切顺其自然。

真我，就是真实之我。我就是我，随意，真诚，真相怎么样，事实怎么样，就怎么样，不迷信、不妄语、不要阴谋、不屈膝求全，从容不迫。真我，就是真诚之我。实而不虚，客观真实。儒家的经典《大学》中说：“所谓诚其意者，毋自欺也。”《中庸》说：“诚者天之道也，诚之者人之道也。诚者不勉而中，不思而得，从容中道，圣人也。”

真我，就是本色之我。万事万物，本色所然。人的本色发挥要由一定的角色来实现，能不能把自己的角色扮演好，最终也要用“本色”二字来检验。一个人如果在世俗中、在茫然中、在失落中、在得意中失去了本色，就会在不知察觉中失去正确的立场，失去自我，失去人格。

真我，就是淡然超脱之我。“狂风落尽深红色，绿叶成荫子满枝。”经过岁月的打磨、风雨的侵蚀后，一切不再繁芜和轻狂，心态不再浮躁和冲动。此时的人生，不怨天，不尤人，心安理得，笑对天下。“宠辱不惊，看庭前花开花落，去留无意，漫随天外云卷云舒”，无所谓“假做真时真亦假”，无所谓“无为有处有还无”，世情冷暖，事业家庭，都拿得起、放得下，只有真心、真我，我们才能够成为人生的完美永恒！

孔子不做无谓之争

孔丘（前551年—前479年），字仲尼。排行老二，汉族人，春秋时期鲁国人。孔子是我国古代伟大的思想家和教育家，儒家学派创始人，世界最著名的文化名人之一。编撰了我国第一部编年体史书《春秋》。据有关记载，孔子出生于鲁国陬邑昌平乡（今山东省曲阜市东南的南辛镇鲁源村）；孔子逝世时，享年73岁，葬于曲阜城北泗水之上，即今日孔林所在地。孔子的言行思想主要载于语录体散文集《论语》及先秦和秦汉保存下的《史记·孔子世家》。

不认真不行，否则你做不好每一件事情；太认真也不行，否则你将丢掉做好一些大事情的机会。一个人不应留意他人的过失，他人所完成或未完成的事，而应注意本身的行为是否妥当。重要的不是看着远方模糊的东西，而是着手去做手边最重要的事情。

孔子东游列国，有一天看到两个穷人在指手画脚，好像为了一件极为平常之事而争论得面红耳赤，唾沫横飞。

孔子便询问他们在争论什么，原来为了一道算术题。瘦子说三五等于一十五，胖子坚持说三五等于一十四，各持己见争论不休，以至于几乎动起手来。

最后，二人打赌请一个圣贤作裁定，如果谁的答案正确，对方就将一天的食物给胜者。

这时，孔子来到他们的跟前。二人请圣人裁定。

孔子竟然叫认为三五等于一十五的瘦子将食物交给说三五等于一十四的胖子穷人。胖子穷人拿着食物走了。这种裁判瘦子当然不能答应。

他气愤地说："三五等于一十五，这是连小孩子都不争论的真理，你是圣人却认为，三五等于一十四，看样子也是徒有虚名呀!”

孔子笑道：“你说得没错，三五等于一十五是小孩子都懂的真理，你坚持真理就行了，干吗还要与一个根本就不值得认真对待的人讨论这种不用讨论也再明显不过的问题呢?”

瘦子穷人似乎有所醒悟，孔子拍拍他的肩膀，说道：“那个人虽然得到了你的食物，他却得到了一生的糊涂，你虽失去了食物，但得到了深刻的教训!”

瘦子穷人听了孔圣人的话点了点头。

有的人喜欢较真，这本无可厚非，但也要看较真的内容。事事认真，只怕也是功过各半，因为你可能浪费了太多的时间精力；事事不认真，更是不可能有什么好结果了。难就难在该认真时认真，不该认真时一笑置之也就是了。

对于自己真理的坚持，不需要与一个不知道真理的人较真。与其做些无谓的认真在浪费时间，还不如让他去坚持自己的谬论好了。

司马昭巧用人

司马昭（211 年—265 年），字子上，河南温（今河南温县）人。是司马懿与张春华的次子，司马师的弟弟，西晋开国皇帝晋武帝司马炎的父亲，司马昭继承父兄的权力，弑魏少帝曹髦，彻底控制了曹魏政权。掌权期间派邓艾灭蜀。其子司马炎称帝后，追尊为晋文帝。

司马懿的儿子司马昭，很有知人之明，他在派大将钟会和邓艾伐取蜀国时，做了一番细致独到的分析，可谓把钟会和邓艾紧紧地捏在手心里，不论二人反还是不反，都逃脱不了司马昭的控制。

当初，文王司马昭想派遣钟会征伐蜀国，下属邵悌求见文王说：“臣认为钟会的才能不足以担当统帅十万大军征伐蜀国的任务，否则只怕会有不测，请您再考虑考虑别的人选。”文王笑着说：“我难道还不懂得这个道理吗？蜀国给天下兴起灾难，使黎民不得安宁，我现在讨伐它，胜利如在指掌之中，而众人都说蜀不可以征伐，人如果犹豫胆怯，智慧和勇气就会丧失干净，智慧和勇气都没有了，即使他勉强去了，估计也打不了什么胜仗而只会大败而归。只要钟会与我们主意相同，现在派钟会伐蜀国，一定可以灭亡蜀国，灭蜀之后，即使发生了你所顾虑的事情，他又能做什么呢？凡败军之将不可以同他谈论勇气，亡国的大夫不可以与他谋划保存国家，因为他们心胆都已吓破了。倘若西蜀被攻破，残留下来的人震惊恐惧，就不足以与他们图谋起事了；中原的将士各自思乡心切，就不肯与他同心了，倘若作乱，只会自取灭族之祸罢了。所以你不必对这件事感到担忧，只是不要把我的这些话再告诉别人了。”

看来，文王不是不知钟会将要谋反，而是认为他谋反也会失败，但这之前钟会很有利用价值。

与此同时，文王派邓艾从小路偷袭成都，与钟会内外夹击。但不久，钟会就告邓艾谋反。等到钟会禀告邓艾有反叛迹象的时候，文王统兵将往西行，邵悌又说：“钟会所统领的军队超过邓艾五六倍，只要命令钟会逮捕邓艾就可以了，不值得您亲自领兵去。”文王说：“你忘记了你前一阵子说钟会要谋反吗？怎么又说可以不必我亲自去呢？我自己应当以信义对待他人，但他人也不应当辜负我。看着吧，我一到长安，事情就会自行结束了。”司马昭的军队到长安时，果然像司马昭所预料的那样，钟会已经死去了。

原来深谋远虑的司马昭深知二人必反，但又派二人前去，这是用其勇。的确，如果不是邓艾出奇兵从阴平小路偷袭成都，蜀国还不知道何时才能攻破。正是由于邓艾和钟会两人的内外夹攻，蜀国才破于一旦。但二人皆有反心，必然相互牵制，果然，钟会先是逮捕了邓艾，宣布反叛，然后又被部将所杀，邓艾亦被乱兵所杀。二人取了成都，却又拱手送给了司马昭。

即使钟会在蜀地反叛成功，司马昭也不怕，因为他早已断定，蜀地人心不可用，钟会成不了大事。司马昭导演的“糊涂”用人计谋，可谓是一场戏剧，既用之，又除之，不见血刃。由此可见，为人处世也要洞若观火，对人要了如指掌，不同的时候，不同的形势，对人要采取不同的对策，不可一味以不变应万变，否则难免会吃亏。

用人得会识人，司马昭的高明之处在于他已经把下属的性格看透了，不管怎么行动，都在他的掌控之下。所以他在做事时，才如此胸有成竹。

莫学周瑜用小聪明

周瑜（175–210）字公瑾，庐江舒县（今安徽庐江西）人。东汉末年东吴名将，因其相貌英俊而有“周郎”之称。周瑜精通军事，又精于音律，江东向来有“曲有误，周郎顾”之语。公元208年，孙、刘联军在周瑜的指挥下，于赤壁以火攻击败曹操的军队，此战也奠定了三分天下的基础。公元210年，周瑜因病去世，年仅36岁。

“赔了夫人又折兵”的典故，出自《三国演义》。讽喻那些设计整人整不到，反而贴了老本的人。

周瑜是庐江舒城人，与孙权的哥哥孙策同年，交情甚密，结为昆仲。周瑜人生得靓，资质风流，仪容秀丽，才学也无人比。在曹操屯兵百万虎视长江沿岸的形势下，东吴议降者甚众。军心涣散，如非脱颖了周公瑾。东吴早归属曹操了。

却说刘备没了甘夫人，周瑜知道了这个消息，心生一计，要孙权的妹妹嫁与刘备，让刘备来入赘，然后把刘备幽囚在狱中，却使人去讨荆州换刘备。等讨得荆州，再对付刘备。遂派吕范为媒人，往荆州说合。不想诸葛亮听到消息，猜定是周瑜的计谋，遂让刘备应允。并让赵子龙保护刘备，临行前授予三个锦囊，内藏三条妙计。东吴那边，孙权之母听得消息。见了刘备一表人才，即真心实意要把女儿许配与他。周瑜和孙权不想此事弄假成真，又不敢公开囚禁和杀害刘备。刘备劝说娘子去荆州，娘子应允，于是二人商定去江边祭祖，乘机逃离东吴。周瑜派兵追赶，却被娘子挡了回去。正当周瑜准备孤注一掷时，却见诸葛亮早在岸边等候，刘备等已登了船，往荆州而去。岸上乱箭射来，却是去得远了。刘备的兵望着急急追来的吴兵，大叫“周郎妙计安天下，赔了夫人又折兵!”

周瑜自持胜券在握，不想遇到了诸葛亮。这“赔了夫人又折兵”，实际上正是周瑜聪明反被聪明误的结果。俗语说：“偷鸡不成反蚀把米”，也正是说明耍小聪明不但得不到最终结果，还要做赔本生意，落人耻笑。

《红楼梦》中的王熙凤也算是文学作品中“聪明反被聪明误”的典型。凤姐在贾府算是一个巾帼英雄了，她想尽多种办法，使用种种计谋，想使贾府振兴起来．或者至少维持着大家的局面。然而她的努力，她的鞠躬尽瘁，却换来贾府上下的不满，最终还落得个悲惨的结局。应了书中对她的判词：“机关算尽太聪明，反误了卿卿性命。”

其实，聪明是一笔财富，关键在于怎么使用：财富可以使人过得很好，也可能使人毁掉。真正聪明的人会使自己的聪明，那主要是深藏不露，或者不到刀刃上，不到火候时不要轻易使用，一定要貌似浑厚，让人家不眼红你。耍小聪明往往是招灾引祸的根源：无论做什么事，不能耍小聪明。

好算计人的小人，无不以为自己聪明、妙算，但因为用心险恶，都维持不了长久。既要整人，又不便明言，这就注定了败局。设的计见不了人，是奸计；奸计不得人心，天人共愤，自己虽精心谋划，却未免心虚。有一丝透露，就心惊肉跳。且再秘密的事，也还有透风的墙，人家一旦知道了，也就“夫人”赔了“兵”也折了。一个时时处处事事显露精明的人，不会取得别人的信任、同情和爱护、栽培，因此不会取得真正的、伟大的成功。

藏锋露拙，明哲保身确是一个不错的方法。

藏锋露拙与锋芒毕露，是两种截然相反的处世方式。锋芒引申指人显露在外表的才干。有才干本是好事，是事业成功的基础，在恰当的场合显露出来是十分必要的。但是带刺的玫瑰最容易伤人，也会刺伤自己。露才一定要适时、适当。时时处处才华毕现只会招致嫉恨和打击，导致做人及事业的失败，不是智慧者的所作所为。有志于做大事业的人，可能自认为才气很高，切记要含而不露，该装傻的时候一定要装得彻底，有了这把保护伞，何愁事业不成功?

锋芒是额上的角“人不知而不愠，不亦君子乎!”可见人不我知，心里老大不高兴，这是人之常情，尤其年轻人，总是希望在最短时间内使得人家知道你是个不平凡的人。使全世界都知道，当然不可能，那么使全国人都知道，还是不可能；那么使一地方人都知道，仍是不可能，那么至少要使一个团体的人都知道，要使人知道，当然要引起大家的注意，要引起大家的注意，只有从言语行动方面用力，于是言语锋芒，行动锋芒是刺激大家的最有效方法。但是你细细看看你的同事，尤其是处世已有历史，已有经验的同事，他们却与你完全相反；“和光同尘”，毫无圭角，言语如此，行动亦然，个个深藏不露，好像他们都是庸材，谁知他们的材，颇有出于你上者；好像他们都是讷言，谁知他们颇有善辩者；好像都是无大志，谁知颇有雄才大略。不愿久居人下者，他们却不肯在言语上露锋芒，在行动上露锋芒，这是什么道理?因为有所顾忌，言语锋芒，便要得罪旁人，得罪旁人，旁人便成为你的阻力，成为你的破坏者；行动锋芒，便要惹旁人的妒忌，旁人妒忌，他们也成为你的阻力，成为你的破坏者。你的四周，都是你的阻力，你的破坏者，在这种形势之下，把你的立足点都被推翻，哪里还会实现你的求知放人之目的!青年人往往多树敌，与同事不能水乳交融，就是因为言语锋芒，行动锋芒的缘故，言语所以锋芒，行动所以锋芒，是急于求知于人的缘故。处世已有历史，已有经验的同事，所以“以腼合欢”，是受过这种教训的缘故。

你也许说，如此办法，不是永无人知么?只要有表现你本领的机会，你把握这个机会，做出过人的成绩来，大家自然会知道。这种表现本领的机会，不患没有，只患把握不牢，只患做的成绩，不能使人特别满意，你已有真实的本领，你留意表现的机会，你没有真实的本领，快快从事预备。易曰:“君子藏器于身，待时而动，”无此器最难，有此器，不患无此时。锋芒对于你，只有害处，不会有益处。额上生角，必触伤别人，你不磨角使平，别人必将力折你的角，角被折断，其伤必多。锋芒就是额上的角，既伤人，也伤己！

嫉贤妒能，几乎是人的本性，所以有才华的人会遭受更多的不幸和磨难。

《庄子》中有一句话叫“直木先伐，甘井先竭”。一般所用的木材，多选择挺直的树木来砍伐；水井也是涌出甘甜井水者先干涸。由此观之，人才的选用也是如此。有一些才华横溢，锋芒太露的人，虽然容易受到重用提拔，可是也容易遭人暗算。

隋代薛道衡，13 岁时，能讲《左氏春秋传》。隋高祖时，作内史侍郎。炀帝时任潘州刺史。大业五年，被召还京，上《高祖颂》。炀帝看了不高兴，说：“这只是文词漂亮。”

炀帝自认文才高而傲视天下之士，不想让他们超过自己，御史大夫乘机说道衡自负才气，不听驯示，有无君之心，于是炀帝便下令把道衡绞死了。天下人都认为道衡死得冤枉。他不正是太锋芒毕露遭人嫉恨而命丧黄泉的吗？

那么，遇到这种情况怎么办呢？《庄子》中提出“意怠”哲学。“意怠”是一种很会鼓动翅膀的鸟，别的方面毫无出众之处。别的鸟飞，它也跟着飞；傍晚归巢，它也跟着归巢。队伍前进时它从不争先，后退时也从不落后。吃东西时不抢食、不脱队，因此很少受到威胁。表面看来，这种生存方式显得有些保守，但是仔细想想，这样做也许是最可取的。凡事预先留条退路，不过分炫耀自己的才能，这种人才不会犯大错。这是现代高度竞争社会里，看似平庸，却能按自己的方式生存的一种方式。

南朝刘宋王僧虔，东晋王导的孙子。宋文帝时官为太子中庶子，武帝时为尚书令。年纪很轻的时候，僧虔就以善写隶书闻名。宋文帝看到他写在白扇子上面的字，赞叹道：“不仅是字超过了王献之，风度气质也超过了他。”当时，宋孝武帝想一人以书名闻天下，僧虔便不敢露出自己的真迹。大明年间，常常把字写得很差，因此而平安无事。

所以有才华的人不必要把自己也算作才华之列。一个不会自我保护的人有才华，却使才华过早的埋没；而不能为社会作更多的事。

在洛阳有一位男子因与人结怨而处境困难。许多人出面当和事佬，但对方一句话也听不进去，最后只好请郭解出面。为他们排解纠纷，郭解晚上悄悄地造访对方，热心地进行劝服，对方逐渐让步了。如果是普通人，一定会为对方的转变而沾沾自喜，郭解却不同。他对那位接受劝解的人说："我听说你对前几次的调解都不肯接受，这次很荣幸能接受我的调解。不过，身为外地人的我，却压倒本地有名望的人，成功地排解了你们的纠纷，这实在是违背常理。因此。我希望你这次就当作我的调解失败。等到我回去，再请当地的有威望的人来调解时才接受，怎么样?"这种做法实在是异于常人，细想起来真是一种使自己免遭众人嫉恨的明智之举。既保护了自己，又留下了为人称道的美名。谁能说郭解不是大智之人呢?比较起来，那些极力显示自己才能的人，不过是小聪明罢了。

《老子·洪德》章说："大巧若拙，大辩若讷。"意思是最聪明的人，真正有本事的人，虽然有才华学识，但平时像个呆子，不自作聪明；虽然能言善辩，但好像不会讲话一样。无论是初涉世事，还是位居高官，无论是做大事，还是一般人际关系，锋芒不可毕露。有了才华固然很好，但在合适的时机运用才华而不被或少被人忌，避免功高盖主，才算是更大的才华，这种才华对国家对人对己有真正的用处。

据《史记》中记载，孔子曾经拜访过老子，向他请教礼。老子告诫孔子说："一个聪明而富于洞察力的人身上经常隐藏着危险，那是因为他喜欢批评别人。雄辩而学识渊博的人也会遭遇相同的命运，那是因为他暴露了别人的缺点。因此，一个人还是节制为好，即不可处处占上风，而应采取谨慎的处世态度。"

老子还告诫孔子说："君子盛德，容貌若愚。"这里的盛德是指"卓越的才能"。整句话的意思是，那些才华横溢的人，外表上看与愚鲁笨拙的普通人毫无差别。此外，据《庄子》的记载，当杨子去请教老子时，老子也谆谆告诫他不要太盛气凌人，而是要谨言慎行、谦虚待人。无论是谦虚还是谨慎，可能会让有些人觉得是消极被动的生活态度。实际上，倘若一个人能够谦虚诚恳地待人，便会得到别人的好感；若能谨言慎行，更会赢得人们的尊重。

老子还告诫世人："不自见，故明；不自是，故彰；不自伐，故有功；

不自矜，故长。”这句话的大意是，一个人不自我表现，反而显得与众不同．一个不自以为是的人。会超出众人；一个不自夸的人会赢得成功；一个不自负的人会不断进步。相反地，老子告诫世人：“企者不立，跨者不行。自见者不明，自是者不彰，自伐者无功，自夸者不长。”

如果一个人锋芒毕露，一定会遭到别人的嫉恨和非议。甚至引来杀身之祸。历史上和现实生活中的这种例子比比皆是。

以静制怒的麦金利

威廉·麦金利（1843—1901）是美国历史上的第 25 任总统，生于俄亥俄州，在老威廉·麦金利和南希·艾利森的八个孩子中排行第七。父亲是铸铁厂老板。在 1843 年，麦金利到阿勒格尼学院学习了一段时间，并且在内战爆发时，正在一所国家学校教学。应征参加联合部队，战争结束时成为享有主要志愿者的荣誉。他研究法律，在俄亥俄州开一个办公室，并且与一位地方银行家詹姆斯·萨克森的女儿爱达·萨克斯顿结婚。

当麦金利做美国总统时，特派任某人为税务主任，但为许多政客所反对。便派遣代表前往进谒总统，提出咨问，要求说明出派该人为税务主任的理由。为首的是国会议员，身材矮小，脾气暴躁，说话粗声恶气，开口就给总统一顿难堪的讥骂。如果当时总统换成是别人，也许早已气得暴跳如雷，麦金利却视若无睹，不吭一声，任凭他骂得声嘶力竭，然后才用极和婉的口气说：“你现在怒气应该可以平和吧？照理你是没有权利这样责问我的，但是，现在我仍愿详细解释给你听……”

这几句话把那位议员说得羞惭万分，但是总统不等他道歉，便和颜悦色地说：“其实我也不能怪你。因为我想任何不明究竟的人，都会大怒若狂。”接着便把理由解释清楚。

其实不等麦金利总统解释，那位议员早已被他折服了。他私下懊悔不该用这样恶劣的态度责备一位和善的总统。他满脑子都在想自己错了，因此，当他回去报告咨询的经过时，他只摇摇头说："我记不清总统的全盘解释，但只有一点可以报告，那便就是——总统并没有错。"

这故事告诉我们：向来为人所轻视的"忍气吞气"具有极大的妙用，不发怒不但使麦金利的解释获得极有效的助力，而且使那位议员从此彻底悔悟，以后永远不再做出令人难堪的举动。有些狡猾的人，往往故意用种种狡计，使你大发脾气，你一发脾气，便做出种种不合理的事，这结果无异使你自投圈套，自讨苦吃。

在一个不易发怒的人面前，更不可发怒，否则你一定将遭遇无法挽回的难堪，像那位责骂总统的议员一样。同时如果你欲制服一个大发脾气的人，再没有比"低声下气"更好了。这在孙子兵法上也有一招，叫做："以柔克刚"。

刘备：计躲曹操论英雄

蜀汉昭烈帝刘备（161—223），字玄德，涿郡涿县（今河北涿州）人，据说是汉中山靖王刘胜的后代，三国时期蜀汉开国皇帝，公元221—223年在位。政治家，庙号烈祖。

孔子说："小不忍则乱大谋"，其中一个重要性是人要忍耐，凡事要忍耐，包容一点。如果因一点小事不能容忍，脾气一来，就会坏了大事。许多大事失败，常常都由于小地方搞坏的。人人都有个性，人人也都有发挥自己个性的方法，但是一个人的成功与否往往并不是靠个性说了算的。毕竟决定你的前途的关键还在于你的上司这个有个性的人，所以如何通过伪装自己的个性适应你的上司便是值得探讨的课题。

在《三国演义》中讲了这样一个故事：刘备驻扎小沛时，吕布嫉恨他，亲自带兵出征攻打刘备，刘备战败跑去归附曹操。

俗话说：英雄识英雄，英雄爱英雄，英雄恨英雄，英雄杀英雄。刘备深深地懂得：自己任何政治锋芒的显露，都会招来杀身之祸。

刘备每天闭门不出，挑水灌园，但号称"一代枭雄"的曹操深信刘备决非平庸之辈。有一天，曹操与刘备煮酒论英雄，对刘备说："今天下英雄，唯使君与操。本初之徒，不足数也。"曹操之言，恰似一串惊雷，震掉了刘备手中的调羹、筷子。

其实这是刘备借当时天上滚过的炸雷，掩饰自己内心的惊恐——处于曹操的控制之中，刘备不得不借助"韬晦"之术保护自己。

由于当今社会的复杂性，人与人之间产生了各种各样的社会关系。其中上司与下属之间的关系是较难处的，其中难相处的原因大部分是由于上司自身造成的。

有些上司，他们利用手中的职权牟取私利、为难下属，或者对下属加以误导利用。下属们都认为，天下最痛苦的事情莫过于替一名无德、无才、爱玩手段的上司工作。对于这样的难缠上司，你必须有足够的心理准备，随时准备面对他的为难，甚至是对你的打击利用，要用恰当的策略去化解这些上司的"伎俩"，才不会在工作岗位上"屈死"。

吕不韦投资从政转契机

吕不韦（？－前235年），姜姓，吕氏，名不韦。战国末年著名商人、政治家、思想家，后为秦国丞相，卫国濮阳（今河南濮阳滑县）人。吕不韦是阳翟（今河南省禹州市）的大商人，故里在城南大吕街，他往来各地，以低价买进，高价卖出，所以积累起千金的家产。他以"奇货可居"闻名于世，曾辅佐秦庄襄王登上王位，任秦国相邦，并组织门客编写了著名的《吕氏春秋》，其门客有三千人。即《吕览》。也是杂家思想的代表人物。有关成语：一字千金。

秦昭襄王跟赵惠文王在渑池会谈后，为保障互不侵犯，把孝文王的中子异人送到赵国做人质。异人到赵后，赵孝成王想杀秦公子异人来报复秦国的进攻，平原君对赵王说："留着他，还可做赵国后退时的一个信物，杀他并没好处。"

孝成王答应不杀了，但从此减少了对公子异人的供给。

秦公子异人常常蓬首垢面地流落街头。商人吕不韦发现此人，以为奇货可居，就跟父亲说：

"种庄稼能得利多少？"

吕父说：

"一倍！"

吕不韦又问：

"经商呢？"

吕父说：

"十倍！"

吕不韦接着问道：

"要是打倒一个君主、另立一个君主，那利息该是多少呢？"

吕不韦父亲笑道：

"那可没有止境了！"

听了父亲赞美的话，吕不韦毅然决定割舍赵姬了。虽然没跟他父亲说明要做什么，但跟公子异人往来频繁起来，除却供给异人钱财、衣食外，还贿赂监视公子异人的赵人，让公子异人得以自由活动。因此公子异人感激吕不韦而跟他甚是亲近。一天，吕不韦请公子异人到家饮酒，特意让他最得意的赵姬来侍奉。赵姬跟吕不韦已同居有了身孕，而在敬酒时故意挑逗公子异人。她转动秋波轻盈地一笑，公子异人就全身酥软了；她再挑眉梢，抿嘴儿劝酒时，公予异人就有些神魂颠倒，把酒杯都碰倒了。赵姬借扶酒杯的时机，又摸了公子异人手一下，公子异人就呆若木鸡，两眼直勾勾地看着赵姬，一动不动。

吕不韦把这一切看得清清楚楚，他虽然喜欢赵姬，但是为了实现他夺国的目的，他也只好忍痛割爱了。于是在酒桌上就把赵姬许给了公子异人。秦公子异人乐得一个劲地许愿。

吕不韦怕夜长梦多，赵姬也怕逐渐露出真相，两人又亲热了几日。吕不韦对赵姬说：

“他既然上了钩，就得把他钩住。快点办婚事，将来你就是皇后了。那时可别忘了我！”

赵姬道：“我能离开您吗？”

公子异人与赵姬婚后，不久，生子名叫政。公子异人从此跟吕不韦亲密无间。一天，吕不韦对他说：“秦王年纪已高，君父安国君恐怕不久就要继位了，即位后就要立太子，您不早些回国，那二十几个公子，说不定谁就被立为太子，您就误事了。”

赵姬也这么说。

公子异人说：

“我没这么高的奢望，父亲不喜欢我，才推我出来做人质。我怎还敢盼望做太子？要能回秦国，那就算幸运了！”

吕不韦道：“不然！您及早回去侍奉华阳夫人，是能做太子的。您父亲很宠爱华阳夫人，而华阳夫人没儿子，您只要侍奉好华阳夫人，她收您做了儿子，安国君准能立您为太子。我再豁出几千两黄金，到秦国去替您办这件事，您等待好消息吧！”

公子异人立刻跪拜说：

“将来，我一定有厚报！”

吕不韦到秦国，先送给华阳夫人的姐姐千两黄金，又托她把另外几千两黄金送给华阳夫人，说是公子异人孝敬的。

华阳夫人的姐姐说：

“公子异人可真是个孝顺的孩子。”

吕不韦听她赞美异人，就立刻赶上去说：

“华阳夫人要是能有这个孝顺又好学的儿子，那就幸福无穷了。”

华阳夫人的姐姐也随声答应。

吕不韦于是进一步试探道：

“华阳夫人是安国君最宠爱的人，只要夫人同意，安国君也会同意。

您可跟夫人说说，收异人为儿子。”

华阳夫人被她姐姐说动了，就一同跟安国君商量，安国君刚一犹豫，华阳夫人抱住他开始撒娇，安国君便立刻同意了。

安国君让夫人找来吕不韦，说：

“迅速把公子带回秦国。”

吕不韦表示宁愿倾家荡产来帮助他们团聚。安国君给吕不韦三千两黄金做费用，华阳夫人又补上一千两，嘱咐吕不韦快办。

吕不韦到赵国，把金子先交给公子异人，并告诉他办成的经过，公子异人一再向吕不韦表示决不相负。

昭襄王四十九年围赵都邯郸，吕不韦对公子异人说：

“秦征伐赵国，赵国不屈服。如果赵王把气发泄在您身上，就危险了。”

于是跟公子异人商量出逃。但周围全有赵军防守出不得城，公子异人一筹莫展，吕不韦又拿出几千两金子送给守城的赵将，撒谎说：“我是阳翟商人，全家暂时住邯郸，秦围邯郸，就困在这里，思家又不得归。把资金全送给您，请行好放我回家。”

赵将得了金子，便放他们出了赵国都城。

出了城，经过秦军防地，吕不韦、公子异人、赵姬、赵政见了昭襄王，昭襄王让他们迅速回秦，也就一路顺风了。

到秦国，公子异人换上楚国服装，见安国君、华阳夫人。华阳夫人说：

“在赵多年，怎么穿上楚国服装？”

公子异人道：

“儿在赵国穿赵服，思念母亲就穿楚服。”

华阳夫人眉开眼笑道：

“我喜欢这样打扮，儿也喜欢这样打扮，真是亲生儿了！”

于是公子异人就称子楚，住在华阳夫人宫里。

昭襄王死后，安国君即位为孝文王，子楚为太子；孝文王死后，子楚立为庄襄王，赵政为太子，封吕不韦为丞相；庄襄王死后，政立为秦王。吕不韦宏大的夺国计划得以全盘实现。

在事业面前，每个人都面临着选择。有的人一生只选择一次或两次，但也有一些人命运驱使他们不得不多次择业。择业，有主动和被动的区别。无论是主动还是被动，都有成功和失败的可能。主动择业者不仅需要勇气、更需要胆识。吕不韦的投资从政，不能不说是一项极具风险的投资。为了达到自己的权力野心，吕不韦不仅割舍所爱，而且还不惜所有钱财，图谋大业。吕不韦的成功，至少可以证明这样几个问题，有真知灼见，才能敢大投入；敢大投放，才有大收获，但风险与收获共存。

吕不韦的大举措，不是常人能学得来的，但吕不韦敢作敢为的精神，值得那些想干一番事业的人借鉴。

第十章

BAIWEIMINGRENCHUSHIZHIHUI

名人的方圆之道

做人不可太方，亦不可太圆，能够真正做到方圆并处的人，才是绝对的能人。方圆也是一种处世之道。真正做到“方圆”处世的人，是大智慧与大容忍的结合体，有勇猛斗士的武力，有沉静蕴慧的平和。真正运用“方圆”之道的人，能承受大喜悦与大悲哀的突然发难。方圆之人，行动时干练、迅捷，不为感情所左右：退避时，能审时度势，全身而退，而且能抓住最佳机会东山再起。方圆之人，没有失败，只有沉默，是面对挫折与逆境时积蓄力量的沉默。

方圆之术

天动地静，天圆地方。《道德经》上说："天行健，君子以自强不息：地势坤，君子以厚德载物。"可见，方圆处世的略谋，乃是则天法地的大智慧，是顺应了天地万物生生不息的大规律。

外圆内方之人，坚忍的精神，有让的胸怀，有糊涂的智慧，有若愚的清醒，有脸上挂着笑的哭，有表面看是错的对……

商界有巨富，官场有首脑，世外有高人。他们的成功要诀就是精通了何时何事可"方"，何时何事可"圆"的为人处世技巧。

人仅仅依靠"方"是不够的. 还需要有"圆"的包裹。无论是在商界、官场，还是交友、情爱、谋职，等等，都需要掌握"方圆"的技巧，才能无往不胜。

现实生活中，在学校成绩一流的，进入社会却成了打工的；在学校成绩二流的，进入社会却当了老板。为什么呢？就是因为成绩一流的同学过分专心于专业知识，忽略了做人的"圆"；而成绩二流甚至三流的同学却在与人交往中掌握了处世的原则。正如卡内基所说："一个人的成功只有15%是依靠专业技术，而85%却要依靠人际交往、有效说话等软科学本领。"

有方无圆，则性情太刚，太刚则易折，在现实生活中经常愤世嫉俗，牢骚满腹，自命不凡却又处处碰壁；遇挫折缺少变通，很容易歇斯底里，自暴自弃，将自已推向极端。

有圆无方，则谓之太柔。太柔之人缺筋骨，乏魄力，少大志，在生活中难以有大作为。所以方圆相生才是为人处世之本。

人生不能没有方，但不可太刚；人生不能没有圆，但不可太滑。如何"方"之有度，"圆"之有限，完全在于你"存乎一心"。任何人在干事业的过程当中，要实现自己的理想，要使自己获利丰厚，就必须坚守方圆之道。我们不要为一时的得失而丧气，不要为一时的得意而忘形，要守持中道，坚持不懈，这样才能获得长足的发展，获得丰厚的利益。

为人处世需要内方外圆，太强必折，太张必缺。过于坚硬必被折断，过于扩张必会裂开。人与人打交道不能过于倔犟耿直，否则就是榆木疙瘩，死板一块。不懂人情世故，关系僵化，这样又怎能赢得美满人生呢？

只知方，不知变，通常碰壁，一事难成；只知圆，多机巧，却是没有主见的墙头草；方圆之理才是智慧与通达的成功之道：方正为本，坚持人生的大原则。古人说："智欲圆而行欲方"，意思是说人的智慧要圆融无碍。不仅要看到事物静止的、不变的一面，还要看到事物运动的、发展的一面；不仅要看到各个不同事物的个性和局部的状况，还要看到事物的整体和共性：不仅要看到事物的具体现象和应用，还要看到事物的本质；不仅能够坚守原则，以不变应万变，而且要有高度的灵活性，具体分析此时、此地、此人的具体情况，以求得最佳的解决方式。这是从"智圆"的角度来讲。

从行为上讲，人的智慧虽然应圆融无碍，在具体的作为上却不能模棱两可。也就是说，做人必须遵守一定的法度和规则，以便立足于社会之中。这就是"行欲方"的含义。所以说，方是做人的脊梁。

"方"如"刚"，"圆"为"柔"。万物过刚则易折，过柔则难以成形。惟有方圆相得，才能生生不息。

人生其实始终处于一场"方"与"圆"的辩证运动之中，该方时则须方，该圆时则须圆。只有方圆互生互变，才能无所不通。

从体和用的角度讲，圆为事物的体，即本质，是抽象的、混一的；方为事物的用，即现象和应用，是具体的，分化的。

张居正一箭双雕夺大权

张居正，汉族，湖广江陵（今属湖北）人。字叔大，少名张白圭，又称张江陵，号太岳，谥号“文忠”。明代政治家，改革家。中国历史上优秀的内阁首辅之一，明代伟大的政治家。

张居正是中国历史上杰出的政治家，在执政的十年中，他大胆地从政治、经济、军事各方面进行改革，促使国家安定，经济发展，一时出现官场清明，百姓富强的景象。就是这样一位有伟大作为的改革家，当年为了登上首辅之位，却也采取了一些圆滑的手段。尤其是他把一个把柄安到两个人身上的计谋，令人扼腕观止。

明穆宗隆庆皇帝逝世后，神宗朱翊钧即位，当时才10岁。隆庆皇帝遗命内阁三学士高拱、张居正、高仪辅政。实际上朝廷大权却由以下三个人分掌：宫内有太监冯保，宫外有内阁大学士高拱和张居正。

自明成祖后，太监位高权重，司礼监部的掌印太监、秉笔太监，尤为重要。当皇帝无心政事，热心玩乐时，批阅奏章的权力就落到了掌印太监、秉笔太监的手中，他们凭借着皇帝的朱笔，可以无限扩大自己的权力，以致司礼监的太监有“内相”之称。当年隆庆虽然不甚管事，但是政事也大都交予内阁处理。隆庆死后，问题出现了，秉笔太监冯保一心想做掌印太监，却遭到高拱的反对，以致谋权未果，由此二人就结了仇。隆庆死后，皇帝年幼，两位太后对冯保又极为信任，冯保就借此机会让皇帝升自己为掌印太监，而且掌管东厂事务。

冯保上台后，作为仇敌的高拱自然不快，所以紧锣密鼓地策动朝官上奏奏章，以此弹劾冯保。

二人一斗起来，最高兴的便是张居正了。当时高拱是首辅，张居正一直就想将名位排在他前面的高拱排挤下台，而自己独揽大权。于是他想出了一条一石二鸟的计策。

起先张居正与冯保套近乎，拉关系，与其称兄道弟。冯保贪财婪货，张居正就满足他的贪欲，让儿子张简修送去珍贵的礼物（其中有名琴七张，夜明珠九颗，珍珠帘五副，黄金三万辆，白银十万两及其他许多珍贵名玩），以博取冯保欢心。当冯保耗费大量钱财，给自己修建了生圹（墓穴）后，张居正还不避肉麻，亲笔给他写了《司礼监秉笔太监冯公预做寿藏记》，字里行间，高唱赞歌。而其时，明代一开始便借鉴唐宋两代宦官乱政的教训，前期对太监限制甚严，太监名声由此不佳。冯保见张居正与自己如此亲近，自然喜不自胜，将其视为知己，遇事都与张居正商讨，而且在李太后面前大肆诋毁高拱，却大大赞扬张居正。

笼络冯保的第一步成功后，张居正就开始实施第二步。他派一心腹扮作太监模样，混进宫去，在上朝的半路上装作要刺杀神宗，众太监将刺客拿住，但无论怎么审讯，刺客就是不讲谁是主使。冯保无奈，只得向张居正讨教。

张居正假模假式地说："这刺客扮作太监模样，分明是要嫁祸于您。权要大臣中，您与谁有过节呢?"冯保权衡之后，权要大臣就是指张居正自己和高拱了。冯保马上想起高拱对自己的轻蔑和种种非难，分明是高拱想要整死自己，于是回去继续审问"刺客"。

升堂时，冯保对刺客说："我知道是高拱派你来的。只要你招出高拱是主谋，我便不杀你，还保你做官。"刺客赶忙点头承认，画押写供。两宫太后和神宗见刺客招认，都被激怒了，决计驱逐高拱。

第二天，两宫太后传召群臣入宫，要宣布一份诏书。高拱以为是自己弹劾冯保的密奏发生效用了，正在下面暗自得意。等到宣诏时，才觉五雷轰顶：遭驱逐的竟然是自己！立即双膝发软，瘫软在地上。张居正假作关怀，将他搀扶起来，送出殿去。

高拱被解职回乡后，张居正便成了真正的内阁首辅。于是张居正又让"刺客"翻供。神宗听说刺客翻供，便亲自审问。刺客说原先的供词是一太监审问时教给自己的。他指了一下站在神宗身旁的冯保说："就是他!"神宗嫌冯保拿刺杀皇上的案子当幌子，竟依此作为打击政敌的圈套，心中生厌，自此开始疏远冯保。

张居正先伪造好了一个刺杀的把柄，用离间计让冯保把它发难在高拱身上，打倒高拱后再次翻供，把把柄稍加修改，又安在了冯保头上，以此实现了夺权大计。

马基雅维里说过：为了一个崇高的目的，手段是可以不计的。此话用在张居正身上再合适不过。他是一个“以天下为己任”的人，雄才伟略，有一整套治国理政的方略。然而，没有权力，纵使有满腔的政治抱负也是徒劳。

最初张居正以庶吉士身份入仕时，严嵩当政，权倾朝野，那时的张居正不过是个小官。他一面大量研读圣贤书，一面细心琢磨官场之道。张居正知道，严嵩是不可依靠的，他只会维护自己的权力，不会为百姓生计谋福。当然是绝对不能得罪的。此时的张居正在政治上是早熟的，也会写几篇诗文吹捧一下严首辅，不过真正能够依靠的，还是自己的座主徐阶。此时徐阶已进了内阁，对张居正很是赞赏，便引为己用，但是徐阶是个很小心的人，对严嵩他没看准机会绝不会下手。在这段等待期张居正把抱负藏在诗文之中，埋在心里，没有忘记，这样苦熬十几年，张居正内心十分苦闷。

然而在权力场上需要忍耐，只要你耐心等待，机会总会到来。徐阶看准时机，扳倒了严嵩，自己做了首辅。张居正也终于开始得到重用。然而，张居正入阁后又遇上头脑敏锐、精明强悍的政治对手高拱。张居正只得再次忍耐，尽管高拱对他傲慢无视，他仍然用谦恭与沉默表示更加激烈的无声对抗。他在寻找时机，准备反击。

张居正联合宦官冯保击败了高拱。事实上，在此后相当长的一段时期，张居正都保持着与冯保的联盟。明朝中后期，“权宦辈出”。凡是能够比较长久供职的外廷大臣，包括那些在政治舞台上叱咤风云的人物，都要有宦官来做为后援的。张居正抓住了这一点很好地让自己登上了权力的顶峰。

郑板桥巧惩盐商

郑板桥，是中国历史上杰出的艺术名人，“扬州八怪”的主要代表，以三绝“诗、书、画”闻名于世的书画家、文学家。他的一生可以分为“读书、教书”、卖画扬州、“中举人、进士”及宦游、作吏山东和再次卖画扬州五个阶段。

清朝政府的财政收入很大一部分是来自盐业，因此，清政府一直十分重视整治盐课。

清朝时期，盐业分官营和私营两种。私营，大都是私盐小贩，本小利小；官营的大盐商仗着权势，欺行霸市，囤积居奇，哄抬市价。私盐商贩经常因受排挤敲诈而破产。

那年，五十四岁的郑板桥从范县调往潍县任知县。他来到这个以盛产海盐而著称的小县城，面对眼前繁荣的盐业景象很兴奋，但又感到一种压力：要保证这里盐业的发展，治理好当地的经济秩序是很难的。

上任不久，郑板桥就遇到了一件官私盐商的诉讼案。郑板桥一见那个小贩，便知是个可怜的穷人：蓬头垢面，衣衫褴褛，骨瘦如柴。他贩盐卖，是生活所逼，迫不得已，郑板桥顿生怜悯之心。经升堂审理后，郑板桥很清楚这案件的内情是“官”压“私”，案子本身并不复杂，但处理起来却很棘手。如果明断官商不法，这虽然保护了盐贩的利益，但就将得罪官商，盐业的税收肯定会受影响；如果昧良心惩罚私盐贩，不仅于心不忍，而且也会招致私盐贩们的不满情绪，同样会影响盐税的收缴。郑板桥思来想去，忽然心生一计。他当即把惊堂木一拍，喝道：“私盐贩子竟然如此无理，今天我要杀一儆百，给你们点颜色看看。”

郑板桥随即命衙役抱来一些芦席，用细木片作托，扎好，中间挖一个大圆孔，名曰“芦枷”。他又画了许多竹子和兰花，题了字，贴在芦枷上。

然后让小贩套在脖子上，站在盐商的门口示众。大家都知道郑板桥不仅是个办事公正的清官，而且是个著名的大画家。他的诗、书、画堪称“三绝”，许多人想目睹为快，渴望能得到他的墨迹。那位小商贩戴着芦枷往盐商门前一站，立即引来许多人前来观画，整个县城都轰动了。

围观的人越来越多，大盐商颇为得意，认为这下可好了，再没人敢和自己抗衡了。

围观的人越聚越多，店门口被挤得水泄不通，店外人群熙熙攘攘，店内空空荡，大盐商这才感到不妙，盐贩示众影响了自己的生意，一天下来一笔买卖也没作成。第二天围观的人就更多了，大盐商感到好不晦气。当天傍晚，大盐商气急败坏地去见郑板桥，苦着脸恳求道：“大人，请您不要再让那私盐贩子在我门口示众了。”

“本县判处示众十天，怎么刚刚两天，你就来说情。”郑板桥故作惊讶地问。

“大人，我不是来说情的，私盐贩子戴着芦席枷，倒很轻松，可是我这两天的买卖却蚀不起，再这样下去，我的店就要关门了。”大盐商哭丧着脸说。

郑板桥板着脸，拈着胡须，冷笑一声道：“你们这些富翁可真难侍候！要戴枷示众的是你，请求脱枷的还是你。好！好！这回依你就是，下次要是再这样反复无常，戏弄本县，连你也要顶枷示众！”

说完，郑板桥命差役，给私盐贩解去刑枷，释放回家。大盐商又羞又恼又怨又恨，落得哑巴吃黄连，有苦说不出。从此，大盐商欺压敲诈私盐贩子的事情再也没有发生。

郑板桥当时只是一小小的县令，他官卑职小，人微言轻，但即使在这样的条件下，他仍能利用自己的为政智慧，巧妙地周旋于各种势力之间，为官一任造福一方。

范仲淹先见之明巧劝谏

范仲淹（989—1052），字希文，原名朱说。北宋政治家，文学家，军事家，谥号“文正”。汉族，祖籍陕西郴州（今陕西省咸阳市彬县），生于苏州吴县（今江苏省苏州市）。真宗大中祥符八年（1015）进士，恢复范姓，后官至参知政事（副宰相）。

宋庆历三年（公元1043年），劫盗张海将过高邮，高邮知军晁仲约揣度不能抵御，便让军中富民拿出金帛水酒迎接犒劳他们，以此让那些劫盗离开。这事情一传开，朝廷大怒，枢密副使富弼议欲诛晁仲约。

范仲淹上奏道：“如果一个郡县兵械足以迎战或防守，却遇到敌人不加以防御，反而犒劳贿赂他们，按法律理当必杀。但现在高邮无兵为械，况且小民之情，愿意拿出一些财物而免于杀掠，就是拿财消灾，他们心愿已足。现在若杀了高邮知军晁仲约，这不是法律的本意啊！”宋仁宗于是不再追问。

下朝后，富弼恼怒说：“方欲举法，而多方阻挠，何以整众！”

范仲淹私下里对富弼说：“祖宗以来，未尝轻杀臣下。这是盛德之事，为何要轻易破坏呢？况且今日你和我在这里，而朝廷同僚之间，同心者有几个？如果让皇上今日轻易就杀掉晁仲约，明日就可能又杀另外的人，这样一来，皇上以后杀人杀得手滑了，到时只怕我辈性命也未可保啊。”

富弼当时还不以为然。等到后来二人出京按抚边境，富弼从河北返回，到了国门却被拦住不让进去，他不知朝廷有何意图，夜里犹疑彷徨，辗转反侧，此时才深有感触，不禁叹道：“范仲淹真圣人也！”

凡事没有绝对的成规，对事情都要灵活处理，就算是法律规定的事情，也不例外。因为当初制定法律的时候，不是现时的局势；何况虽说法律面前人人平等。但全部按法律行事，也还是会造成一些不公正不公平之事。毕竟，法律不能包罗一切啊！

富弼建议诛杀晁仲约，这也没错，因为按晁仲约的所为，杀之未尝不可。若就此杀掉晁仲约，以逐步健全法制观念，也是有利于国家；但另一方面，也会带来隐患，带来意想不到的危机，甚至于直接威胁到他们自己的性命。正如范仲淹私下所说："日后皇上杀人手滑，只怕我等性命也未可保啊。"且不说杀人可能上瘾，就是杀例一开，杀一不愁杀二，杀人一习惯便成自然之事，甚至有极端者"杀人如草芥"。作为属下敢不谨慎再谨慎地预防么？

嵇康择友而交

嵇康，字叔夜。今安徽临涣人，史称"嵇康"早孤，有奇才，远迈不群，身长七尺八寸，美词气，有风仪，而土木形骸，不自藻饰，人以为龙章凤姿，天质自然，恬静寡欲，含垢匿瑕，宽简有大量。学不师授，博览无不该通。长好庄，老。与魏宗室婚，拜中散大夫。常修养性服食之事。弹琴咏诗，自足于怀。

嵇康是三国时北魏文学家，聪慧好学，博学多才，一时天下闻名，嵇康交友，更是讲究，常以竹量人，不三不四、不学无术、没有德性气节的人不与交往。由于他有了名声，来拜访的人很多，他常常躲起来，不予会见。

有一天，他正在竹林中写文章，忽听到有人进了竹林，便拿纸提笔，想写几句拒客诗，刚写好一句，脚步声近了，于是便扔下笔匆匆钻进密林深处躲了起来。来人名叫阮籍，也是个有名气的诗人，他走近竹屋一看无人，以为嵇康不在家，很觉扫兴。转身时，猛见桌上诗笺上有行字，仔细一看，写的是"竹林深处有篱笆"，墨迹还没有干。阮籍望着墨迹，思索着诗意，明白这是句拒客诗。阮籍嘿嘿一笑，提笔在那句诗的下面写了句

"篱笆难挡笛声转"。写罢，便拿起桌上的竹笛使劲吹了起来。

这一吹不要紧，来找嵇康的人循声而来，一会儿就来了五个人，他们是山涛、向秀、阮成，王戎、刘伶。那些人只见阮籍吹笛，不见嵇康，便向阮籍询问嵇康的去处，阮籍向桌上的诗笺努了努嘴，一语不发，微笑着只管吹他的"高山流水"。大家一看诗笺，明白了，于是一人一句联起诗来。

嵇康躲在暗处，原想来人见不到他就会回转的，谁知来人不但不走，反而越来越多，万般无奈，只好出面相会了。走近诗笺来看，只见上面写着："竹林深处有篱笆，篱笆难挡笛声转。笛声换来知音笑，笑语畅怀疑笔端。笔笔述志走诗笺，笔笔录下珠玑言。箴语共话咏篁句……"

嵇康一看诗笺，心想：来者都是有才之人，值得一交，于是便提笔在下边添了句："篁篁有节聚七贤。"从此以后，这七个人成了好朋友，史称"竹林七贤"。

友谊的前提是善于择人。与谄媚、奸佞、虚浮的人交往，就如同良木与山火相近其结果可想而知。与正直、诚信、多知的人相亲近，却能提高自己。

友谊是人生的一种需要，思想上互相欣赏，品行上互相砥砺，学识上互相帮助，事业上互相支持，生活上互相关心……谁能不需要呢？

朋友是彼此有交情的人，彼此要好的人。友情是一种最纯洁、最高尚、最朴素、最平凡的感情，也是最浪漫、最动人、最坚实、最永恒的情感。人人都离不开友情。你可以没有爱情，但是你绝不能没有友情；一旦没有了友情，生活就不会有悦耳的和音，就死水一滩；友情无处不在，她伴随你左右，萦绕在你身边，和你共渡一生。

大千世界，红尘滚滚，于芸芸众生、茫茫人海中，朋友能够彼此遇到，能够走到一起，彼此相互认识，相互了解，相互走近，实在是缘份。在人来人往，聚散分离的人生旅途中，在各自不同的生命轨迹上，在不同经历的心海中，能够彼此相遇、相聚、相逢，可以说是一种幸运，缘份不是时刻都会有的，应该珍惜得来不易的缘。

朋友相处是一种相互认可，相互仰慕，相互欣赏、相互感知的过程。

对方的优点、长处、亮点、美感，都会映在你脑海，尽收眼底，哪怕是朋友一点点的可贵，也会成为你向上的能量，成为你终身受益的动力和源泉。朋友的智慧、知识、能力、激情，是吸引你靠近的磁力和力量。同时你的一切也是朋友认识和感知你的过程。

朋友就是彼此一种心灵的感应，是一种心照不宣的感悟。你的举手投足，一颦一笑，一言一行，哪怕是一个眼神、一个动作、一个背影、一个回眸，朋友都会心领神会，不需要彼此的解释，不需要多言，不需要废话，不需要张扬，都会心心相印的。那是一种最温柔、最惬意、最畅快、最美好的意境。

朋友就是漫漫人生路上的彼此相扶、相承、相伴、相佐。她是你烦闷时送上的绵绵心语或大吼大叫，寂寞时的欢歌笑语或款款情意，快乐时的如痴如醉或痛快淋漓，得意时善意的一盆凉水。在倾诉和聆听中感知朋友深情，在交流和接触中不断握手和感激。

花落才有花开，有散才有聚。若没了那一份无奈，又怎懂得珍惜。我们总是不遗余力地追求那一个天长地久，我们总是千方百计去留住那一个结果，却不知天有老时地有荒，这世界哪有不变的情？却不知如果曾经拥有过美，便不需去强求什么结果。这世界许多东西没有永恒，这世界许多事情没有结果，而美丽依旧美丽，辉煌照样辉煌，又何必斤斤计较时间的长短，又何必兜兜转转寻求因与果。离别时，如果我们可以执手相互道珍重，又何必一定要留在一起重复那许多琐碎的岁月！分手时，如果我们可以轻轻松松挥挥手，又何必无所谓地去翻找昔日的海誓山盟，花儿落了，明日还会开，流星虽逝，美好的愿望依旧在心底。于是所有的日子都轻松，于是所有的负重都甜美，于是不会再后悔，于是不会遗憾未了又遗憾，于是过去了的成为回忆，于是今天拥有的不会再无奈。拥有过的，永远不会失去，没有得到的，亦无须苦苦追求，是你的，迟早都是你的，不是你的，永远都不会属于你。只要你不为天长地久而苦恼。

结交真正的朋友，寻找自己的知己。

郑庄公巧避内乱

郑庄公一生功业辉煌。他在位期间，分别击败过周、虢、卫、蔡、陈联军及宋、陈、蔡、卫、鲁等国联军。御燕、侵陈，大胜之；伐许、克息、御北戎，攻必克，战必胜，可谓战绩显赫。同时，郑庄公又是一个有战略眼光、精权谋、善外交的政治家。其过人的政治才能，也是他在春秋列国纷争中能小霸中原的重要原因所在。

忍耐是生命与生存的常态，它遍布于生活中的每个细节。可人总有耐心不够、心情不好的时候，于是，我们经常能够听到这样的话：“没办法，谁让咱是小百姓呢？我要是当了皇上，我……”其实，忍耐是无所不在的，它既在百姓的身上，也在帝王身上。聪明的人会运用忍耐，而不是抱怨忍耐；愚蠢的人经常抱怨，却不会运用忍耐。学会忍耐，会使顺利的事情变得更顺利，会使祸事变小。而抱怨除了能使情绪更加急躁以外，就没有其他的作用了。

忍耐往往是令人难受和痛苦的，有些忍耐更是让人刻骨铭心的。同是一母所生的郑庄公和共叔段，郑庄公眼看着自己的亲弟弟一步步滑向远处，却没有在事发的前端而加以制止，他一再忍让，纵容着共叔段走向深渊。待到时机成熟时，郑庄公一举把共叔段彻底击溃，其中的忍耐令人深思。

春秋时，郑国的郑武公娶了申国姜姓女子为妻，她名叫武姜，生下了后来的郑庄公和共叔段兄弟二人。郑庄公出生时难产，惊吓到了姜氏，所以就给他起名叫寤生，姜氏因此讨厌郑庄公，而偏爱共叔段。姜氏总想立共叔段为太子。为此她曾多次向武公请求，但武公始终没有答应她的要求。后来，武公死去，郑庄公即位以后，姜氏又向郑庄公请求把制邑封给共叔段。郑庄公对母亲说：“制邑，是一个险要的地方，虢叔曾死在那里，若是其他地方的话，我完全可以听从您的吩咐封给弟弟，可是这个地方不行。”

于是姜氏又请求郑庄公将京地封给共叔段，郑庄公这次答应了母亲的要求，将京地封给了共叔段，允许共叔段住在那里。从那以后人们便称共叔段为京城太叔。

郑国大夫祭仲对郑庄公说：“一般城邑的城墙如果超过百雉，就会给国家带来祸患。先王时的制度，大城不能超过国都的三分之一，中城不能超过五分之一，小城则不能超过九分之一。现在京城超过规定的数量，与国家的制度不合。将来您一定会因此而有祸患的。”郑庄公对祭仲说：“我的母亲姜氏要这样做，我又怎么能够避开这祸患呢！”祭仲说：“您的母亲姜氏哪里会有满足的时候呢？不如早点妥善处置了共叔，不要让他的势力滋生蔓延。一旦蔓延起来，那就难以控制了。蔓延的荒草尚且不容易清除，更何况他是您的爱弟呢？”郑庄公想了想，回答说：“多干坏事的人必然会自取灭亡。先生姑且等待事情的发展结果吧。”

不久后，太叔又命令地处郑国西部和北部的边境地区听命于自己。郑国很多大臣听说后都对太叔的做法不满。公子吕对郑庄公说：“国家不能容忍这种土地两属的情况，您打算怎么办呢？如果您要是想把君位让给太叔，那么我就请求前去侍奉他；如果您不是要把自己的君位传给太叔，就请您尽早除掉他。不要让百姓有疑心。”郑庄公说：“你不必急于这样做，他如果继续这样做下去，会有他倒霉那一天的。”

后来，太叔又公开把那些地区划归为自己的属邑，势力一直扩展到了廪延一带。公子吕又去对郑庄公说：“现在是该除掉太叔的时候了，他的势力雄厚了就会得到更多的人力。”郑庄公说：“他对我既不讲君臣大义，也不讲兄弟亲情，即使他的势力雄厚了，他也必然会自取灭亡。”

太叔在他自己的封地修建城墙，积蓄财物，修造铠甲兵器，又准备了大量兵卒战车，准备袭击郑国的国都，他的母亲姜氏也准备打开国都的城门做内应。郑庄公了解到了他们叛乱的日期，就对臣子们说：“他们要攻进国都，这是大逆不道呀，现在才真的可以动手了。”

于是郑庄公命令公子吕率领二百辆战车去攻打京城。京城的百姓知道太叔想与郑庄公作对，见到郑庄公的部队来，都叛离了太叔。太叔失去人心，军队也不愿为他效力，他只好逃走，到了鄢地。郑庄公又亲自统兵到鄢地去讨伐太叔。五月辛丑日，太叔又逃亡到共地去了。

这件事发生之后，郑庄公非常生母亲的气，便把他的母亲姜氏安置在城颍，并且向她发誓说："不到黄泉之下，决不再见面了。"

可是事后不久，郑庄公又对自己的这一举动感到后悔。郑国的大夫颍考叔负责掌管边邑颍谷，他听说了这件事情以后，便带着礼物到国都来拜见郑庄公。郑庄公赐给他食物，而他在吃的时候却把肉剩了下来。郑庄公见了询问他，他回答说："小人家里有老母亲，已经吃遍了小人供应的食物了，只是还没有尝过君主的肉羹，请允许我把这些东西带回去给我的母亲尝尝吧。"郑庄公听了，十分感慨地说："你有老母可以孝敬，唯独我却没有啊！"

颍考叔听到郑庄公的感慨，借机问道："我冒昧地问问您的这句话是什么意思呀！"郑庄公便把自己的母亲帮助自己的弟弟要攻打国都的事情告诉了他，并且向颍考叔表示自己已经感到后悔对母亲说的那句"不到黄泉，不再见面"的话了。颍考叔说："您何必为这件事情忧愁呢？如果挖地一直挖到涌出了泉水，你们母子在地洞里相见，谁又能说这不是在黄泉相见呢？"

郑庄公听了颍考叔的话大喜，他果然照颍考叔说的那么办了。地洞挖好之后，他命人将母亲姜氏请到地洞之中相见。郑庄公进入地洞后赋诗说："这个大地洞之中，非常和乐啊！"姜氏出洞以后也赋诗说："大洞之外，非常舒畅啊！"

从此以后，郑庄公母子俩和好如初。

《春秋》里面记述这段故事时，故事的名字叫："郑伯克段于鄢"。用这个名字是含有深义的，它意思是说，共叔段不能顺从兄长，所以不能称他为"弟弟"；而"克"字原本指两个国家的君主在战，既然共叔段不像弟弟，那么写郑庄公与共叔段便用了这个"克"字。在这个名字里，没有"郑庄公"三个字，而是将郑庄公称为"郑伯"，这是在讥刺他对弟弟共叔段过于放纵、疏于教诲。历史上很多人都同意这样的观点，认为郑庄公是故意在纵容弟弟，等弟弟越陷越深之后，再起兵讨伐，完全没有兄长对于弟弟的爱护。

郑庄公继承父亲的君位之后，成为了一国之君。作为一国之君，他却在忍耐中生活了多年，他要忍耐的是自己的母亲对自己的弟弟的宠爱。母亲为弟弟讨封地，他就得依从母亲之命给封地；弟弟违反国家的制度，他也要忍耐。大臣们看不下去，请求他制裁共叔段，他只是劝解说："不必制裁，他不义的事做得多了，必然会失败的。"

直到共叔段起兵谋反，他才下定决心发兵，将弟弟共叔段驱逐。虽然他一时气愤说不再见母亲，可是很快他就后悔了。在孝子颍考叔的帮助下，他终于和母亲和好如初。

也许历史会有另外一种可能，如果郑庄公早一些阻止弟弟共叔段，有可能会出现兄弟残杀、母子反目的局面，这在历史上不是没有发生过的事。

郑庄公的忍耐免去了兄弟间的互相残杀，又能与偏心的母亲和好如初，这对于郑庄公来说，也许是最好的结局了。

可见，忍耐也是一国之君的生存状态呀。

富兰克林因大事忍小事

本杰明·富兰克林（1706－1790），资本主义精神最完美的代表，十八世纪美国最伟大的科学家和发明家，著名的政治家、外交家、哲学家、文学家和航海家以及美国独立战争的伟大领袖。他一生最真实的写照是他自己所说过的一句话："诚实和勤勉，应该成为你永久的伴侣。"

富兰克林不仅是一位优秀的科学家，还是一位杰出的社会活动家。

有一次，富兰克林在参加议会时，受到一位议员的攻击。如果富兰克林当场和那位议员争论起来，活动就无法正常进行。为了活动能够顺利进行，富兰克林采用了避实就虚的策略。通过向其他人了解，他得知这位议员非常讲究绅士风度，家中有大量的藏书，自己也十分有学问。

几天以后，那位议员收到了富兰克林的一封信，信中言辞极其诚恳，目的是要借一本书。绅士风度的议员立即命人将书给富兰克林送去了。过了几天，富兰克林派人把书给议员还回去，随书还附了一封表示感谢的信。

这一切都显得那么自然、那么绅士，那位议员改变了对富兰克林的看法。

原本不屑与富兰克林说话的议员，在下一次的议会开始前，主动过来和富兰克林握手交谈，并且说，以后需要用书，尽管找他借。其他的事情他也会支持富兰克林。这样，富兰克林就把所有精力都用在工作上，而且得到了很多人的支持。

海瑞为人处世的灵性

海瑞，明朝著名清官。历任知县、州判官、户部尚书、兵部尚书、尚书丞、右佥都御史等职。为政清廉，洁身自爱。为人正直刚毅，职位低下时就敢于蔑视权贵，从不谄媚逢迎。一生忠心耿耿，直言敢谏，曾经买好棺材，告别妻子，冒死上疏。海瑞一生清贫，抑制豪强，安抚穷困百姓，打击奸臣污吏，因而深得民众爱戴。他的生平事迹在民间广泛流传，经演绎加工后，成为了许多戏曲节目的重要内容。

明朝大清官海瑞在初任地方县令时便采用打拉结合的策略很好地惩治了当地的豪强劣绅。海瑞一生为官清正廉明，在任期间因政绩卓越深受朝廷器重。1558 年，海瑞升任浙江淳安知县，上任之初他丈量土地面积分摊赋役，减轻百姓负担，结果触犯了当地豪强的利益，于是他们便暗中勾结当地的盗贼故意胡作非为，抢劫财物，甚至草菅人命，使百姓生活难以安定，每日太阳刚一落山各家便紧闭院门。

海瑞亲自明察暗访后摸清了这些盗贼的底细，在得知他们多是受当地豪强地主的支持后他故意佯装不知，然后定下了一条打击盗贼和豪强地主的妙计。次日，海瑞下令把当地所有的土豪劣绅都请到县衙来喝酒，由于他们不知海瑞葫芦里卖得什么药，所以索性大吃大喝起来。待众人差不多都酒足饭饱后海瑞突然站起身来拱手对着他们说："虽然我在贵县上任已经有段时日了，但因忙于公务一直未曾拜访各位，鄙人实在感到惭愧，所以今天特备薄酒招待大家，另外就是还有一件小事想请各位帮忙！"

豪强地主听后自然只知唯唯诺诺地答应，海瑞见状认为时机已到，便随手指着其中一个平时欺软怕硬、作威作福的地主说："你是附近有名的大地主了，今天既然吃了我的酒食，那就请你为我尽一份绵薄之力吧。由于近期盗贼猖獗，屡犯百姓，所以我想请熟悉当地形势的你帮我抓捕盗贼，每月至少要抓获10名，否则我便把你当作强盗来问罪。"然后，海瑞给在场的各位豪强地主分配了任务，那就是管理好各自所在区域的治安。

在座的众人听到都吓得心惊胆战，不知如何是好，因为他们怎么也没料到海瑞会提出这样的问题。海瑞暗中察觉出了他们的犯难之处，怕将他们逼急了会狗急跳墙，自己也难以收场，于是便缓和了下口气说："当然，你们也不要太担心，我让你们每人维持一方治安是为了造福百姓，真正要对付的是为非作歹的盗贼。只要你们每人都能够保持自己所在范围内太平无事，让百姓过上安稳的日子，每月抓多少盗贼还是可以商量的。"各位豪强地主听后这才松了一口气，都明确表态一定会协助官府查办盗贼。

海瑞为官清正是出了名的，所以这些豪强地主对其是既惧怕又憎恨，现在看到海瑞在知道事实真相后并没有对他们进行惩罚，反倒是给了他们悔过自新的机会，他们自然心中不胜感激，此后便再未派人做过鸡鸣狗盗之事，因此当地治安立即稳定了下来，百姓重新过上了安宁的生活。

打拉结合，刚柔并用，圆而不失其正，滑而不失其缓，海瑞先是义正辞严地给他们来了个下马威，以表明自己严惩盗贼的立场，但没有揭穿他们与盗贼的不法关系，然后又用软语借机拉拢豪强地主为己所用，配合自己完成治安管理，通过这种刚柔相济的措施最终实现了大治。

大仲马的希望之功

亚历山大·仲马（1802—1870），称大仲马，法国19世纪积极浪漫主义作家。大仲马自学成才，一生写的各种著作达300卷之多，主要以小说和剧作著称于世。大仲马信守共和政见，反对君主专政。由于他是黑白混血人的身份，其一生都受种族主义的困扰。2002年，大仲马去世132年后终于移入了法国先贤祠。

大仲马是19世纪法国浪漫主义作家，他生于1802年，于1870年去世。他的名字叫亚历山大·仲马。之所以习惯上把他称做大仲是为了区别与他同名的儿子，他的儿子当然地就被称为小仲马。著名的《茶花女》就出自小仲马之手。

大仲马创作的《基督山伯爵》《三个火枪手》等作品以人物形象鲜明、故事情节曲折取胜，他的通俗小说在艺术上取得了极高的成就，是世界通俗小说中独一无二的作品，因此享有“通俗小说之王”的称号。

大仲马的祖父原来是位法国侯爵，任炮兵总军需官，一名女黑奴为他生了一个男孩，这个男孩就是大仲马的父亲。大仲马的父亲原名托马斯·亚历山大，后来以仲马为姓入伍，他在军队中作战勇猛，智谋过人，很快就从一名小兵成为拿破仑手下的将军。

在大仲马3岁的时候父亲病故，大仲马只能与母亲相依为命，直到他13岁的时候他还没有读过书。幸运的是他认识了一位贵族朋友，这位朋友教他学习文学，认识并了解戏剧。所以，在大仲马的作品中，也包括很多戏剧作品。

有一位大仲马父亲的老朋友见大仲马的字写得很好，就帮他找了一份文书工作，使他在巴黎可以勉强糊口。他还经常替剧院做些抄写工作，贴补家用。后来他开始自己创作剧本，第一部剧本《亨利三世与他的宫廷》

就受到好评，他顺利地进入到了文学界。直到1844年。《基督山伯爵》出版，他成为家喻户晓的著名作家。

自从《基督山伯爵》出版以后，大仲马的名声越来越大，他的作品也越来越多，甚至其中还有别人替写的，所以对他的作品良莠不齐。大量的作品出版给他带来了大量的金钱，生性豪爽的大仲马有了钱生活就奢侈。他在巴黎附近的一处森林里花巨资修建了一座基督山伯爵城堡，建筑风格采用的是当时流行的哥特式，之后又以相同的名称建造了一座城堡式别墅。大仲马经常在城堡内宴请宾客。

虽然大仲马过上了豪华奢侈的贵族生活，但是，由于他的祖母是黑人，而祖父是白人，这样的出身使他总要忍受别人的鄙视和白眼。传说在一次聚会中，大仲马举起手中酒杯要与大文豪巴尔扎克碰杯，却遭到了巴尔扎克的拒绝，而且巴尔扎克还奚落他说："等我江郎才尽的时候，我才会去写剧本。"大仲马立即回击："那么你现在就可以开始写剧本了。"巴尔扎克听了，十分恼火地说："在我开始写剧本之前，还是先请你谈谈你的祖先吧。这倒是一个剧本的绝妙题材呀。"所有的人都明白，这是在讽刺大仲马是黑白混血儿。大仲马再次回击："我的父亲是克里奥人，我的祖母是黑人，我的曾祖父是猴子，我的家就在你家搬走的地方发源的。"

这个故事不论是真是假，都可以从中看出，大仲马虽然已经很富有了，但是依然要忍受周围人对他的种族歧视。

在出身阴影笼罩之下，大仲马心中依然充满了希望，希望就像灯塔一样，指引着他继续前行。大仲马在自己最喜爱的基督山城堡中刻下这样一句话："我爱爱我的人。"他希望他的爱也能换来人们对他的爱。大仲马在他的作品中写过这样的话："在上帝垂顾，为人类揭开未来之前，人类的全部智慧都包含在这两个词语中，这就是'等待'和'希望'。"

希望成了大仲马大脑中最为重要的。在他的著名小说《基督山伯爵》中，一系列引人入胜的曲折故事都是来自主人公对希望的追求。

《基督山伯爵》的主人公名叫埃德蒙·邓蒂斯，他是埃及王号远洋货船上的代理船长。邓蒂斯未婚妻的表哥费南也暗恋着表妹，便把邓蒂斯当做情敌，对他又嫉又恨。货船上的丹格拉尔怀有当上船长的野心，看着邓蒂斯即将走上船长的位置，他便与费南勾结在一起，设计陷害邓蒂斯。他们把一张告密条送到了当局的手里。

正在邓蒂斯满脸春风地举行婚礼的时候，他被抓走了。接管这桩案子的维尔福是一个假公济私的人，他看到密信的收信人正是他的父亲，如果这件事公布于众，那么他的前途就全完了。于是，他宣布邓蒂斯是极度危险的政治犯，将邓蒂斯判处了无期徒刑，并关到了孤岛上的监狱里。

被关在坚固、四面是海的监狱里，逃跑根本是不可能的。一开始，邓蒂斯还天真地期待着检察官会查清事实，宣判他无罪。渐渐地，邓蒂斯明白了，那是不可能的，翻案已经没有机会了。就这样，心中想念未婚妻的邓蒂斯，在孤岛的监狱里度过了 14 年。

但邓蒂斯心中还有希望，也正是希望引领着他认识一位囚徒神父，这位神父帮助邓蒂斯获得重生。这位神父也是一位心怀希望的人，他即使被关在这高墙围闭、四面临海的监狱里，依然怀着追求自由的心。他在偷偷地挖一条地道，可是，没想到由于计算出错，他的地道挖到了邓蒂斯的牢房里。

神父帮助邓蒂斯分析出陷害他的仇人是谁，还教会邓蒂斯好几种语言，并告诉邓蒂斯隐藏在基督山的宝藏。后来，神父病死了，

邓蒂斯钻进装神父尸体的麻袋，被狱卒扔进了海里。邓蒂斯用带的刀子割破了麻袋，游到了一个小岛上，终于逃出了监狱。

一只走私船将邓蒂斯带走，从此，邓蒂斯的名字不存在了，他改名为水手山巴。对当初帮助过他的人，即使是滴水之恩，他也以涌泉相报。再后来，富有、博学而又气质高雅的基督山伯爵出现了，

邓蒂斯正式开始了他十几年来梦寐以求的复仇计划。由于他拥有过人的智慧和用之不完的财富，他的复仇之路非常顺畅。所有的罪人都受到了应有的惩罚。

大仲马将自己对希望的追求融入了他所塑造的基督山伯爵的身上，充满着希望再加上持久的忍耐，终于使被置之于死地的基督山伯爵神话般地脱离了囹圄，走向成功。

希望，是忍耐的灯塔，是成功的动力，它不仅能帮助大仲马、帮助基督山伯爵，它也一定能帮助我们每一个人。

海伦·凯勒的希望之光

海伦·凯勒（1880 年—1968 年），19 世纪美国盲聋女作家、教育家、慈善家、社会活动家。她以自强不息的顽强毅力，在安妮·莎莉文老师的帮助下，掌握了英、法、德等五国语言。完成了她的一系列著作，并致力于为残疾人造福，建立慈善机构，被美国《时代周刊》评为美国十大英雄偶像，荣获“总统自由勋章”等奖项。主要著作有《假如给我三天光明》、《我的生活》、《我的老师》等。

第一天，我要看人，他们的善良、仁厚与友谊使我的生活值得一过。首先，我希望长久地凝视我亲爱的老师，安妮·莎莉文·梅西太太的面庞，当我还是个孩子的时候，她就来到了我面前，为我打开了外面的世界。我不仅要看到她面庞的轮廓，以便我能够将它珍藏在我的记忆中，而且还要研究她的容貌，发现她出自同情心的温柔和耐心的生动迹象，她正是以此来完成教育我的艰巨任务的。我希望从她的眼睛里看到能使她在困难面前站得稳的坚强性格，并且看到她那经常向我流露的、对于全人类的同情。

有视觉的第二天，我要在黎明前起身，去看黑夜变为白昼的动人奇迹，我将怀着敬畏之心，仰望壮丽的曙光全景，与此同时，太阳唤醒了沉睡的大地，下一天清晨，我将再一次迎接黎明，急于寻找新的喜悦，因为我相信，对于那些真正看得见的人，每天的黎明一定是一个永远重复的新的美景。依据我虚构的奇迹的期限，这将是我有视觉的第三天，也是最后一天，我将没有时间花费在遗憾和热望中，因为有太多的东西要去看，第一天，我奉献给了我有生命和无生命的朋友。

——摘自《假如给我三天光明》

这优美的文字出自于美国聋哑女作家和残障教育家海伦·凯勒笔下。

梅特林克夫人曾经说："海伦·凯勒是一个让我们自豪与羞愧的名字，她应该得到永世流传，以对我们的生命给予最必要的提醒。"美国著名作家马克·吐温对她的评价是："19 世纪出了两个杰出人物，一个是拿破仑，另一个是海伦·凯勒。"

得到如此之高的评价的海伦·凯勒生于1880 年，在她只有十九个月大的时候因猩红热失去了视力和听力，之后不久，又因为失去听力而丧失了语言表达能力。生活在黑暗而又寂寞的世界里是她的不幸，而遇到安妮·莎莉文老师则是她的幸运，那一年是1887 年，海伦七岁。安妮·莎莉文老师不仅教会海伦读书和说话，还教会和其他人沟通。1899 年 6 月海伦考入哈佛大学拉德克利夫女子学院，1904 年以优等成绩毕业，成为学识渊博的人。海伦通晓英、法、德、拉丁、希腊五种文字，她到过世界的很多地方，为盲人学校募集资金，她把自己的一生献给了盲人福利和教育事业。

海伦的一生丰富多彩，她共有 14 部书面世，并且都得到读者的喜爱。《我的生活》是她的处女作，内容是她自己的生活经历。这本书刚一出版就在美国引起了轰动，被称为"世界文学史上无与伦比的杰作"，后来这本书又被译成多种文字，在世界各国出版。《我黑暗中的光明》是海伦另一本书，是她的《我的信仰》一书的修订本。修订之后，这本书更具有条理性，给读者以震撼。生活在黑暗与无声中的她，感受到了更真实的光明与更多彩的乐章。

除了写书以外，海伦还喜欢划船、骑马、游泳。另外，她还对表演有浓厚的兴趣。1919 年，海伦的真实故事被搬上了舞台，演员就是她自己。1953 年一部纪录片《不可征服的人》在美国上映，这部纪录片讲述的正是海伦的生活和工作。一部描写海伦成长历程的剧本《奇迹的创造者》在1960 年获得了普利策奖，后来还拍成了电影。海伦出访过很多国家，她用她的演讲激励人们热爱生活。她一生获得过无数的称号与奖章，1964 年她获得了总统自由勋章。黑暗与无声是孤独的，她却用孤独创造出了辉煌。帮助她走出孤独的人是她一生中最爱的老师安妮·莎莉文。

海伦听不到、看不见也说不出，与家人沟通都十分困难。在她七岁的时候，家里为她请来了安妮·莎莉文做她的家庭教师。安妮老师自从见到海伦，就把自己的爱全部给了海伦，而且从此开始，她陪伴了海伦五十年，直到她去世。

安妮老师带着海伦接触大自然，她们在田野里奔跑，在河边嬉戏，在草地上打滚。在玩耍的过程中，安妮老师手把手地教海伦英文字母。但是，由于海伦听不见也看不到，安妮老师很难让海伦理解这些字母组成的单词代表的意思就是海伦每天能用手触摸到的东西。安妮老师从没有灰心过，终于有一天，海伦知道了，安妮老师教给她的 d、o、l、l 四个字母连在一起，就是安妮老师送给她的娃娃的意思，而 w、a、t、e、r 这五个字母连在一起，就是水的意思，是她每天喝的水，也是她在河边嬉戏的水。

迈出了这神奇的一步，安妮老师、海伦以及海伦的父母都无比兴奋，这意味着看不见也听不见的海伦能用手语字母学习和与人沟通了。从此开始，缤纷的世界向盲聋哑孩子打开了大门。

假如海伦在学习中遇到的困难是正常人的十倍，那么她对学习求知的热情就是正常人的百倍。在安妮老师的帮助下，她学会了盲文，这可以使她通过盲文书学习更多的知识。她还用手触摸别人的喉咙和嘴唇来学习发音。当她能够清楚地说出“爸爸”“妈妈”“妹妹”时，全家人激动得流下了热泪。对海伦的父母来说，这简直就是上帝带给他们的奇迹。

后来，海伦进入纽约聋人学校读书，学习数学、自然、法语、德语。很快，她便可以自如地用德语交淡。教法语的教师不懂手语字母，不得不进行口授，虽然学习非常困难，海伦还是很快掌握了法语。在纽约学习期间，海伦结识了文学界的许多朋友。马克·吐温为她朗读自己的精彩短篇小说，他们建立了真挚友谊。

海伦虽是盲聋孩子，她却要求自己像正常孩子一样生活、学习。她经常鼓励自己：“我要努力学习，我要上大学读书！我要去哈佛大学！”这一天终于来了。哈佛大学拉德克利夫女子学院以特殊方式安排她入学考试。她用手指在凸起的盲文上熟练地摸来摸去阅读试卷，然后用打字机打出她的答案。考试一共进行了 9 个小时，海伦通过了各科的考试，英文和德文还得了优等成绩，海伦通过努力实现了自己的理想，进入了梦寐以求的哈佛大学。

海伦就是这样，在安妮老师的帮助下，一步一步走向她一生的辉煌。五十多年的相处，她与安妮老师感情非常深厚、海伦的最后一部作品就是《老师》，她把自己对老师的爱全都倾注在这本书里。她为了写好这本搜集了20年的笔记和信件。可不幸的事情发生了，这些笔记和信件还有已经写好的大部分文稿却都在一场火灾中烧毁，连同它们一起烧掉的还有布莱叶文图书室、各国赠送的精巧工艺礼品。一般个人遇到这样的事大多会心灰意冷，可是无比坚强的海伦没有因此放弃，反而更加坚定了写完这部书的决心，她回到了打字机前，开始了又一次艰难的跋涉。10年之后，海伦完成了书稿。她很欣慰，这本书是献给安妮老师的一份厚礼，老师安妮也为此而感到无比骄傲。

袁枚方圆之高帽子

袁枚（1716－1797），清代诗人、散文家。字子才，号简斋，晚年自号仓山居士、随园主人、随园老人。汉族，钱塘（今浙江杭州）人。袁枚是乾嘉时期代表诗人之一，与赵翼、蒋士铨合称“乾隆三大家”。

善于奉承，就是俗称的拍马屁，其实也是一种艺术。能真正运用得好的，常常因此飞黄腾达。

马屁拍得过急不是什么好事，倒霉的是又偏偏拍到了对方的短处上，其结果当然是会自讨没趣的。拍马屁也要追求技术含量的，拍得过于生硬牵强便会让人感到莫名其妙；拍得过于直白明显便会让人心头生厌；弄不清状况胡乱拍往往适得其反，甚至因说错了话、拍错了地使自己洋相尽出！所以，掌握拍马屁的技巧是很有必要的。

奉承的方式主要有两种，一种是顺势而为的迎合，还有一种就是通过旁敲侧击找出对方与自己的共同爱好、兴趣，然后通过语言加强沟通了解，拉近彼此间的距离。阿谀奉承的话应该说得委婉含蓄，尤其是在公共场合拍马屁时更要注意这一点。风趣幽默的拍马屁语言能够更好地达到效果，这样可以营造开心欢乐的气氛，在轻松的场面下容易把话说得更加圆融。

在我国历史上有不少靠溜须拍马身居高位的官员，其中最著名的非明朝的宦官魏忠贤和清朝大贪官和珅莫属。和珅虽然是个大贪官，但他凭借自己的聪明才干和伶牙俐齿博得了乾隆皇帝的宠信，当了几十年的一品宰相。有一次乾隆南巡来到了山东境内，在行至一座名叫八方桥的地方乾隆帝诗兴大发，在远眺观赏周边的风景时禁不住吟道：八方桥，桥八方，八方桥上观八方，八方八方八八方。然后示意身边众臣谁能对出下联。由于这个上联难度颇高，一般人还真难以应答，正当众臣都在交头接耳之际，站在人群中的和珅突然灵机一动，站出来跪倒在乾隆面前高声对道：万岁爷，爷万岁，万岁爷前呼万岁，万岁万岁万万岁。乾隆帝听后龙颜大悦，自然对和珅倍增好感。通过这个拍马屁的事例可以看出，和珅不但精通拍马屁的时机和力度，而且他本人也确实有一定的文学才能。

清代文学家袁枚不但是当时名满天下的才子，他本人也十分精通处世之道，尤其善于给他人戴“高帽子”，说白了就是拍马屁，而且一拍一个准，很少有失手的时候。袁枚在考取功名后到地方任县令，在赴任前特意去向老师尹文瑞辞行。老师禁不住以长辈的身份叮嘱袁枚：“年纪轻轻你就受到了朝廷重用，以后行事定要谨慎，事先要做好充分准备。不知你此次赴任都准备了些什么？”

袁枚笑着说：“恩师，我并没有准备太多的东西，就是一百顶高帽子而已！”尹文瑞曾是乾隆时期的一名重臣，不但学识渊博，而且在品德操守方面也深受后人称道，当他听到袁枚准备了一百顶高帽子后自然很不高兴，便沉着脸色说：“年轻人应该脚踏实地，怎么老搞这些庸俗的东西呢？”袁枚听后恭敬地说：“现在朝廷上下的官员都爱听阿谀奉承之言，几乎人人都喜欢戴高帽子，不准备不行呀！毕竟，像恩师你这样极具德行和操守的官员已经不多了，所以还望恩师见谅！”尹文瑞听后禁不住频频点头，认为袁枚说得很在理，脸上也露出了笑容。袁枚从老师那儿回来后不少同学问他与老师谈了些什么，袁枚笑着说：“看来多准备几顶高帽子还真有用，刚才老师那里我已经送出一顶了！”

没有谁不爱赞美之言，但给他人戴“高帽子”则要掌握好分寸尺度，不能言过其实，也不宜单刀直入，要让人听后的感觉不是在阿谀奉承，更没有溜须拍马的味道，这样的高帽子对方听后心里才会美滋滋的。